U0874993

数商模型

实现共同富裕的路径

江俐兵◎著

光明日报出版社

图书在版编目（CIP）数据

数商模型 ：实现共同富裕的路径 / 江俐兵著.
北京 ：光明日报出版社，2024. 10. -- ISBN 978-7
-5194-8320-3

Ⅰ. F71

中国国家版本馆 CIP 数据核字第 2024U3G705 号

数商模型：实现共同富裕的路径

SHUSHANG MOXING ： SHIXIAN GONGTONG FUYU DE LUJING

著　　者：江俐兵

责任编辑：许黛如　胡慧红　　　策　　划：张　杰

封面设计：回归线视觉传达　　　责任校对：舒　心

责任印制：曹　诤

出版发行：光明日报出版社

地　　址：北京市西城区永安路106号，100050

电　　话：010-63169890（咨询），010-63131930（邮购）

传　　真：010-63131930

网　　址：http://book.gmw.cn

E - mail：gmrbcbs@gmw.cn

法律顾问：北京市兰台律师事务所龚柳方律师

印　　刷：香河县宏润印刷有限公司

装　　订：香河县宏润印刷有限公司

本书如有破损、缺页、装订错误，请与本社联系调换，电话：010-63131930

开　　本：170mm × 240mm

字　　数：300千字　　　印　　张：17.5

版　　次：2024年10月第1版　　　印　　次：2024年10月第1次印刷

书　　号：ISBN 978-7-5194-8320-3

定　　价：128.00元

课题与数商模型研究支持：

商务部国际贸易经济合作研究院

建立全国绿色消费积分制度研究，绿色消费积分价值结算制度研究与监管标准

国家市场监督管理总局发展研究中心

数商制度与监管标准研究 数商技术规范标准申报

浙江大学数学科学学院

平台数学经济创新模式设计——数商生产型消费共富模型研究

推荐序一

党的二十大报告提出全面建成社会主义现代化强国、以中国式现代化推进中华民族伟大复兴的宏伟目标，并明确提出加快建设网络中国、数字中国，加快发展数字经济。随着人类社会进入数字经济时代，数字化已经广泛地渗入人们日常的生活、工作和学习的各方面。未来社会将会源源不断地产生大量的数字资产。这些数字资产将成为重要的生产要素，在社会经济发展过程中发挥着关键作用，成为驱动中国经济增长的新引擎。数字经济催生的各种新业态、新模式，也将成为中国经济新的重要增长点。

数字经济推动了社会全面的创新发展。首先，数字经济的发展催生了大量的创新型企业。企业以人工智能、大数据、区块链和 5G 技术为依托，不断推动自身的创新发展，优化资源配置，提高生产效率，研发出新的产品和技术，实现技术的不断迭代和升级。其次，数字经济也推动了商业模式的创新发展，基于各种互联网新技术，催生新的商业生态和创新模式，推动了新质生产力的发展，实现了生产力和生产关系的变革，使社会经济的发展进入一个新的发展时期。从 2012 年到 2022 年，我国数字经济规模从 11 万亿元增长到 50.2 万亿元，多年稳居世界第二；数字经济占国内 GDP 的比重由 21.6% 提升到 41.5%，数字经济对社会经济发展的引领支撑作用日益凸显。

数字经济对人们生产和生活的影响是广泛且深远的。它的作用和影响力，不亚于人类社会从农业社会进入工业社会，使得社会生产力得到极大的释放。工业化生产通过机器代替了部分的体力劳动者，社会生产能力快速提高，大量物资被生产出来，人们的生活水平日益提高。数字经济时代的到来，在更大程度上用机器替代了体力劳动和部分的脑力劳动。虽然机器人的思维是人类通过编程实现的，它们在某种程度上还不能取代人类的思考能力，但在已经实现的程序化思维中，智能机器人的思维能力甚至已经超越了人类的思维能力。智能机器人的算法机制非常发达，可以在较短的时间内处理大量的数据且不会感到疲劳，这是人脑所无法比拟的。数字经济带来了更加智能化的生产方式，创新能力得到空前的释放，数字技术和实体经济融合日益深化，不断培育发展新动能。

习近平总书记指出，“要利用互联网新技术新应用对传统产业进行全方位、全角度、全链条的改造，提高全要素生产率，释放数字对经济发展的放大、叠加、倍增作用”。在没有互联网的时代，人们的经济活动都在线下进行。由于受到时间和空间的局限性影响，人们的经济活动范围和影响力有限。有了互联网之后，仿佛为人类社会打开了另一个平行的时空，数字化活动在互联网上可以毫无障碍地开展。比如，过去人们销售商品，需要把商品摆放在店铺内，只有进入店铺的人们才能看到。在互联网上，任何一件商品上线之后，可以被任意地方的任何人同时看到。互联网销售突破了时空的局限性，在销售能力和销售速度上都是空前的。直播出现后，一个网红主播几小时的带货量可能是几千万元或者上亿元，这在传统的销售领域是难以想象的。互联网技术和应用的不断创新，实现了数据的全面循环和流通，推动着数字经济的繁荣发展。

数商模型正是基于数字经济这一社会背景提出的，是数字化在商品流通和销售过程中的应用。过去传统的商品流通，仅仅是实物的商品流通。在数商模型下，商品的流通是指数字化的商品流、智能化的物流和电子化的现金流。它颠覆了传统的商品销售和流通方式，形成了新的以互联网技术为基础的商品流通方式。在传统的商品流通环节中，大量的数据未能记录和保存，也就无法发挥它们的作用。基于互联网的商品流通过程，经济活动的各个环节都将被数字化并被详细地记录和存储，大量的数据就此产生。这些数据可以被筛选、加工和分析，用于商品经济活动的决策过程，发挥数据作为生产要素的职能。在数商模型中，由消费者作为数商参与商品流通和销售的经济活动以数字化方式被记录下来，通过对他们所贡献数据的记录和评估，使其参与商品价值的分配过程。

数商模型的角色“数字代理商”“数字批发商”“数字零售商”正是对传统销售角色的数字化。在传统的销售模式和分销渠道中，有代理商、批发商和零售商等角色，它们在商品流通过程中承担了不同的职责，又共同完成和实现了商品的销售过程。在互联网时代，传统的代理商、批发商和零售商并没有完全消失。在数商模型中，它们又以新的身份出现了，即“数字代理商”“数字批发商”“数字零售商”。它们由分散在数商模型 App 各个手机端的消费者构成，根据他们各自所做的贡献和贡献内容，成为“数字代理商”或“数字批发商”或“数字零售商”，参与数字化商品的流通和销售过程，实现了“共同参与”“共享红利”的发展模式。

“数商”是基于互联网经济和数字经济而产生的新概念。首先，数商的活动都是基于互联网的，他们通过各自的手机端网络加入数商生态，通过日常在手机端的操作实现了网络销售体系的搭建和数字化商品的信息流通。正是由于数商的活动是基于互联网的，它们才能够实现数字化。其数据可以被记录、分析、筛选和应用。其次，数商的活动经数字化记录后，将转化为数商生态中重要的数字资产。这些重要的数字资产，能够为数商生态中的企业带来巨大的经济价值，可以实现资源优化配置、为增长提供新的动力、推动企业上市等。

习近平总书记指出，“要构建以数据为关键要素的数字经济，推动实体经济和数字经济融合发展”。《数商模型》一书的出版，可以帮助实体企业加快数字化转型，实现在销售和流通环节的数字技术创新、模式创新，推动形成供给与需求、生产与销售互促互动的良性循环。该书有利于加快数字中国建设、大力发展数字经济，充分发挥数据作为重要生产要素的作用，引领社会经济进入新的发展阶段。

大湾区人工智能数字产业联盟秘书长

邱道勇

2024 年 7 月于北京

推荐序二

消费是经济发展的核心动力，是推动社会经济发展的重要引擎。2024年被定义为“消费促进年”，通过一系列措施激发国内消费市场的潜力，推动经济持续健康发展。具体措施包括提高居民收入、扩大社会保障覆盖范围、优化消费环境等。在提高居民收入方面，国家将加大对低收入群体的扶持力度，提高最低工资标准，加强职业技能培训，增加就业机会。在优化消费环境方面，国家将加强各市场监管，打击假冒伪劣、欺诈行为，保障消费者权益。同时，国家还将加强基础建设，提高物流配送效率，降低流通成本，为消费者提供更加便捷、高效的购物体验。

《数商模型》这本书正是以研究消费作为出发点。消费是经济发展的核心动力，数商模型的提出是以重启消费、拉动内需。推动新一轮经济发展为目标。当前，面对复杂的内外部环境，不断做强消费的引擎作用，以消费的可持续增长有效促进经济循环通畅，是提振经济发展信心的重要任务。国家统计局数据显示，2023年全年社会消费品零售总额471495亿元，比上年增长7.2%，最终消费支出对经济增长的贡献率达到了82.5%，印证了消费复苏的势头。2024年作为“消费促进年”，将大力推进数字消费、推动传统商业数字化改造，扩大绿色消费、健康消费等，通过坚持业态的融合，推动部门联动，打造多元化、数字化和智能化的消费场景，来促进消费。

数商模型是如何促进消费的呢？第一，数商模型是从消费端来研究问题，解决影响居民消费的主要因素即就业和居民收入。数商模型让消费者成为消费经营者，从消费端参与商品的销售和流通环节，通过向数商生态贡献数据来参与商品价值的分配。“数商”从业者对象是消费者，消费者做了商品流通环节中总代理、批发、零售商的事，分享了总代理、批发商、零售商的这部分价值。

根据数商模型的构建，每个数商融数字零售商、数字批发商、数字代理商三个角色为一体，可以获得三笔不同比例的收入。当数商为数字零售商这个角色时，按照销售商品的数字零售商分配比例生成零售收入；当数商为数字批发商这个角色时，按照销售商品的数字批发商分配比例生成批发收入；当数商为数字代理商这个角色时，按照销售商品的数字代理商分配比例生成代理收入。这就解决了居民的就业和收入问题。居民收入增加了，必然相应地增加消费开支。

数商模型推进了数字消费，推动了传统商业数字化改造。从企业端来看，传统的销售模式遇到了壁垒，企业之间的竞争越来越激烈，产品价格降低导致利润越来越薄。在这种情况下，产品并没有因降价变得好卖，反而是激烈的恶性竞争让产品更难卖出去，国内市场变得越来越“内卷”。这就需要企业改变传统观念，改变传统的销售模式，进行数字化改造，建立以互联网技术为基础的数字化销售体系，通过技术推动商业模式的创新。

数商模型，通过建立由数商构成的网络销售渠道，可以帮助生产型企业将数字化的商品快速传递到终端的消费者。数商模型引入“大数据”“云计算”“区块链”等先进的互联网技术，其营销过程由算法机制来实现。数商作为数据提供商，为数商生态贡献了大量的数据。这些数据将为数商生态中的企业发展和产品销售提供重要支撑。数商生态系统可以为所有入驻企业提供基于算法的经营策略和销售策略，使企业能够更精准定位和高效运转，使企业的产品能够快速匹配到目标消费者群体，并最终促进销售过程的完成。这就解决了企业销售难的困境。

有了数商生态系统之后，企业竞争将转向对数商生态的竞争。企业的经营策略将会高度依赖所加入的数商生态。企业无须参与产品的营销和销售环节，只需负责生产消费者需要的产品和保障产品的质量、性能，产品进入数商生态后，数商生态会通过对产品和目标消费群体的数据进行分析，然后匹配合适的销售渠道，将产品销售出去。同时，系统还自动将商品流通过程中创造的价值，按照产品价值分配系统表在数商网络上进行分配。

第二，数商模型通过打造云仓供应链和现代物流，实现产品从生产企业的仓库直接配送到消费者手中，不再经过代理商、批发商和零售商之间的流转，因此避免假冒伪劣产品混迹其中，保障了消费者权益，优化了消费购物的环境。同时，智能化的现代物流配送，降低了物流成本，提高了配送效率，为消费者提供了更加便捷、更加舒适的购物体验。

《数商模型》通过提出基于互联网先进技术的新营销模式，有利于解决居民的就业和收入，解决企业销售产品的难题，从而推动生产和消费之间的良性互动。数商模型从源头、从问题出发，找到促进消费的内生动力，推动落实国家提出促进消费的各项政策措施。未来，越来越多的企业应用了数商模型，就有望解决越来越多消费者的就业和收入问题，从而实现在全社会促进消费的目的。

这本书的内容系统且全面，层层深入剖析，脉络清晰、内容翔实。首先，这本书从模型提出的背景、理论依据、互联网技术给出了详细论述；其次，对数商模型的设计、计算模型和绿色消费积分应用进行了系统介绍；再次，对数商模型的应用、监管和政策进行了综合分析，并给出相关建议；最后，论述了数商模型在赋能新质生产力和引领共同富裕方面的作用与意义。《数商模型》是一本值得推荐的好书！

经济学硕士，市场监督管理总局执法稽查局原局长

杨红灿

2024 年 7 月于北京

自　序

继 2021 年 10 月本人首本《通证经济引领实现共同富裕》一书出版后，续篇《数商模型》即将出版。本书是对如何实现共同富裕方式的进一步研究，提出了“数商模型”是实现共同富裕的重要路径。本书的出版，希望能为企业解决产品销售难问题贡献一点力量，希望为社会就业提供一点解决方案，希望为实现共同富裕提供一条路径。

在探索研究如何实现共同富裕过程中，发生的一些大事给了我深刻的影响，催促着我要加快进度、早出成果。

（1）党的二十大报告把实现全体人民共同富裕摆在更加重要的位置，将其作为中国式现代化五大特征和本质要求之一，并把“逐步实现全体人民共同富裕”写入了党章。

（2）国务院 2023 年第 1 号公报明确指出，促进形成与数字生产力相适应的新型生产关系，建立共同参与、各取所需、共享红利的发展模式。

（3）2022 年 12 月 2 日，中共中央、国务院印发《关于构建数据基础制度更好发挥数据要素作用的意见》，确立了数据是新型生产要素的地位。数据成为生产要素之后，目前还缺乏对数据利益分配激励机制的设计，需要探索完善收益分配制度，需要从新质生产力角度，从智能化、网络化、数字化为基本特征的新兴市场角度进行研究。

（4）以人工智能、大数据、云计算等为代表的新质生产力得到了广泛应用，推动了各行各业的数字化转型和智能化升级。数字经济已快速融入生产、分配、流通、消费和社会服务管理等各环节，深刻改变着生产方式、生活方式和社会治理方式。

（5）科技进入快速进步时代，人工智能，如数控机床、自动流水线、智能制造、人形机器人、智能自动设备等得到广泛应用。

本人在担任中国国际经济技术合作促进会通证经济工作委员会秘书长后，2023 年 5 月，又兼任了中国民营科技实业家协会共同富裕工作委员会秘书长，深感肩上的责任与重担。

通过对多年企业经营实践的总结、提炼和理论的探索，按照华罗庚“大统筹，广优选，建系统，理数据，策发展”的管理科学理论，运用菲利普·科特勒的消费股东理论和陈瑜教授的消费资本理论，以及对通证经济理论的研究，本人提出了共同富裕“数商模型”概念并展开了一定范围的实践。

首先，让我们来了解一下几个重要的概念。

（1）共同富裕。

共同富裕是全体人民通过辛勤劳动和相互帮助最终达到丰衣足食的生活水平，也是在消除两极分化和贫穷基础上的普遍富裕（引用“百度百科词条”）。共同富裕的本质是中国特色社会主义的本质要求和奋斗目标，是中华民族的优秀传统，是全体人民共同的愿望和追求。

（2）通证。

通证是价值（有用的或值钱的，包括有形物品和无形货币、品牌等）的载体，权益的凭证，如积分、优惠券、购物券、通行证、身份证、房产证、基金、证券、股票等。所有这些在商业活动中、在社会治理过程中、在金融活动中普遍使用的具有价值载体、权益凭证的工具统称为通证。

（3）通证经济。

通证经济是以通证为要素，协同相关资源发挥作用，推动生产力、生产关系发展的经济形态，也是共同参与，共享红利的经济形态，其本质是改变生产关系，改变财富的分配方式。它以先进的互联网、区块链和元宇宙等技术为依托，通过信息技术在商业领域的渗透、应用和创新，影响、改变甚至颠覆传统的商业运行模式，缔造出一种商品信息数字化、商品流通数字化、商品经营数字化和权益分配凭证化的经济形态。

（4）数商。

数商从经营主体定义是数字营销商，从数字身份角度是数据提供商，从经营模式定义是共同参与、共享红利的数字商业模型。

本书所指的数商，是指数字营销商，是数字营销商的简称，包括数字代理商、数字批发商和数字零售商三种身份，分别对应了传统商品流通渠道中的总代理、批发商和零售商的角色。

其次，让我们来了解下什么是数商模型及其意义。

数商模型就是在通证经济形态下，让消费者成为消费经营者，成为商品数字化流通过程中代理商、批发商、零售商的角色，分享总代理、批发商、零售商所获得的这部分商品价值，以及企业股权、上市企业股份分红收益的一种商业模型。

数商模型是企业数字化营销模型，解决的是企业销售难的问题。从“数商”的三种主体身份和其所对应的传统商品流通渠道中的总代理、批发商和零售商的角色来看，每个数商就是一个销售节点，节点网络就是企业产品销售渠道的数字化网络，是有效解决企业销售难的一种方案。

数商模型也是灵活就业模型，解决的是社会就业难的问题。由于“数商”参与门槛低，可让更多个人和家庭成为商品数字化经营的一环。不需要刻意推销，以自己的家庭消费为主，并可通过互联网工具向其他人分享自己的店铺，就是开发市场，实现灵活就业。

数商模型的本质是财富分配模型，是实现共同富裕的重要路径。在作为销售节点的同时，数商模型也为更多的个人，包括家庭提供了参与价值创造和价值分配的机会，从而也为更多的个人和家庭获得较为可观的收益。故数商模型也称为共同富裕数商模型，可让普通人都能更大程度、多种形式地参与社会财富分配，以实现共同富裕。

最后，数商模型的合规性、前瞻性和实践可行性。

我们特邀了浙江大学数学科学学院刘祥官等教授从数学模型理论上进行了科学论证，得出以下结论：数商模型是一种发展新模式，能够促进各层次人员逐步提高科学管理水平，能够促进共富的销售新模式。数商模型与以拉人头为基本特征的“传销模型”有本质的区别，不存在强制消费、不存在拉人头获利、不存在侵害别人利益。数商模式是可以促成一定比例的“数商”组团成员达到不同层次的共同富裕，是一种生产型消费的共富模型，在实现共同富裕上可发挥积极的作用。

数商模型的设计为通证经济下的企业提供了销售网络，为普通消费者提供了参与商品数字化营销的机会，是助推实现共同富裕的一种可落地的方案。

本书的著就与出版，得到了社会精英、友人和身边工作人员的精心付出与无私帮助。在此特别感谢中国国际经济技术合作促进会及中国民营科技实业家协会的全体同人，感谢杨春光理事长、李高东秘书长对本人工作的大力支持；感谢身边友人马文普先生、杨红灿先生、韩家平先生、刘祥官教授；感谢参与数商模型践行的企业家付华先生、于海军先生、周兆丰先生、邓明锋先生、黄莉女士。

感谢多年来一直追随相伴的伙伴应旭斌先生、俞根洪先生和秘书处工作人员。

感谢国促会通经委所有会员单位的支持！

祝大家身体健康、事业顺遂。

江俐兵

2024 年 7 月于北京

前　言

人类社会进入数字化时代后，出现了“通证经济”这一新的社会经济形态。通证经济是以通证为要素，协同相关资源发挥作用，推动生产力与生产关系发展的经济形态。通证经济的本质是改变生产关系、改变社会财富分配方式，建立共同参与、共享红利发展模式的新经济形态。

数商模型是通证经济形态下的商业模型，是通证经济的核心。数商模型以消费经营论、商品价值分配论和消费即销售为理论指导，在商品流通的过程中将消费者、经营者和投资者三者合一，把消费者转化为消费经营者，做了商品流通环节中总代理、批发商和零售商的事，分享了总代理、批发商、零售商这部分价值。数商模型旨在解决企业产品销售难的问题，旨在解决社会灵活就业问题；数商模型是居民家庭基于贡献数据赚钱的收入模型，让消费者以消费经营者的身份，参与商品价值的流通和分配，为实现共同富裕提供重要路径。

本书围绕通证经济下的数商模型，进行了系统且全面的研究和阐述。首先，从消费是经济发展核心动力为出发点，提出促进消费、拉动内需，就要解决居民就业和建立稳定的收入模型，进而论述了通证经济、数商模型的提出及其重要意义。其次，对通证经济这一新的经济形态进行了介绍，区分了通证经济和非通证经济。最后，本书的重点是对数商模型的原理、构建和应用进行详细的说明，具体包括理论依据、数商模型算法、绿色消费积分、云仓供应链和现代物流、结算中心等多个板块内容。本书各章节的重点内容，概括如下。

（一）关于消费是经济发展的核心动力

在本书第一章中，以消费是经济发展的核心动力，是推动社会经济发展的重要引擎作为出发点，对企业销售难、就业形势严峻和百姓不敢消费现象的背后原因进行了深入的分析，并提出解决居民就业和建立稳定的收入模型是重启消费的关键。

目前，我国居民消费面临着疲软的现象。传统的企业陷入销售难的困境。一方面，社会生产力的提高导致商品供过于求，大量的产品生产出来无法销售出去，造成了企业库存积压、再生产困难；另一方面，随着互联网消费的兴起，人们的消费理念和消费方式发生了很大的变化，销售方式也面临着数字化和智能化的发展趋势。传统的企业若不实行销售模式创新，将很难适应日新月异的消费市场，很难将商品销售出去。

针对上述问题，数商模型的提出，为解决灵活就业提供了新的思路，从依靠劳动力赚钱到贡献数据赚钱，构建基于数据贡献的价值分配模型，可以为家庭带来稳定的收入来源，可以有效促进消费、拉动内需，推动新一轮的经济发展。

（二）关于通证经济的介绍

通证经济的定义：通证经济是以通证为要素，协同相关资源发挥作用，推动生产力、生产关系发展的经济形态，也是共同参与、共享红利的经济形态，其本质是改变生产关系，改变财富的分配方式。通证经济以先进的互联网、区块链和元宇宙等技术为依托，通过信息技术在商业领域的渗透、应用和创新，影响、改变甚至颠覆传统的商业运行模式，缔造一种商品信息数字化、商品流通数字化、商品经营数字化和权益分配凭证化的经济形态。

具体来看，通证经济作为数字经济的延伸，进一步拓宽了数字经济的边界和应用场景。通证经济将信息、资源的数字化应用到商品的流通和销售过程中，搭建了基于无数网络节点的新的商品生产、流通和消费场景，取代传统店铺实物展示、流通和销售方式，构建了互联网生态下的商品数字化经营和商品价值重新分配的新商业生态系统。这种新型的商业生态系统，充分发挥了消费者的作用，使每个消费者成为通证经济链条上信息传递的重要参与者，也是整个商业生态系统中价值分配的主要受益者，更是一种经营更为便捷、流通更为高效和价值分配更为公平的商业生态系统，这是传统商业生态无法具备的功能。

通证经济最本质的特征是改变了生产关系，改变了财富分配方式。这种新的财富分配方式，可以引领人们实现共同富裕。值得一提的是，并非所有通证的应用都是通证经济的形态，只有改变生产关系的通证应用才是通证经济的形态。是否改变了生产关系，是否改变了财富分配方式，是通证经济和非通证经济的主要区别。

（三）关于数商模型的原理

为了适应通证经济这一新的经济形态，我们提出了"数商"的概念，并创建了适应于通证经济共同参与、共享红利特征的数商模型。"数商"即数据提供商，是指人们在商品流通环节中，参与商品数字化经营流通，成为商品数字化流通过程中总代理、批发商、零售商等角色。数商是数字经济时代出现的新名词，是基于数字经济产业数字化和数字产业化的过程中出现的一种新职业角色。人们作为个体拥有自身的消费、健康和娱乐等各类数据资源，通过网络节点将数据资源提供给数商生态系统，成为数商生态系统的贡献者、建设者和受益者。

数商模型实现了商品数字化流通，解决企业产品销售难的问题。数商模型消费者参与商品数字化流通，解决社会灵活就业问题，增加了居民收入。数商模型使消费者参与价值创造和价值分配，为共同富裕提供重要路径。

数商模型的基本原理是实现从劳动力赚钱到贡献数据赚钱，从根本上改变的是人们的赚钱方式，改变的是商品流通过程中财富的分配方式。在传统的经济模式下，人们依靠劳动赚钱。在通证经济的数商模型下，人们依靠贡献数据来赚钱，将数据作为生产要素来参与价值的创造和社会财富的分配。

（四）关于数商模型的理论与思维

数商模型的提出，是以"消费经营论""商品价值分配论""消费即销售论"为主要的经济学理论依据。数商模型也给企业带来了巨大的思维转变，从过去的产品思维到现在的数据思维，从过去的谈模式到现在的谈算法。

数商模型的三大理论依据：（1）"消费经营论"是数商模型的主要理论依据。"消费经营论"是把消费者转化为消费经营者，做了商品流通环节中总代理、批发商和零售商的事，分享了总代理、批发商、零售商这部分价值。"消费经营论”带来了消费者身份的改变。（2）“商品价值分配论”是数商模型的重要理论依据。“商品价值分配论”是指商品承载社会财富分配的价值和使命，无分配不商业、无分配不就业、无分配不消费。数商模型让消费者参与商品价值的流通环节，可以解决消费者的就业和家庭收入，从而使人们可以有钱消费。“商品价值分配论”为数商参与商品价值分配提供了重要依据。（3）“消费即销售论”是指以家庭为最小的经营单元，以家庭成员作为销售对象，以家庭年消费作为年销售总额。消费者在购买商品的同时，也完成了家庭店铺的销售过程，并因此可以获得一笔销售收入。数商模型中的家庭店铺，实现了消费即销售的理论。

（五）关于数商模型的构建

基于区块链技术、云计算技术和大数据等先进的互联网技术，搭建起数商模型的网络营销体系和价值分配体系。通过研发数商 App，可以搭建起数商模型的网络生态体系。

数商模型的网络营销体系，是由消费者构成了数商生态中产品的网络销售体系。每个消费者即为网络上的一个节点，他们通过手机端的 App 加入数商网络，成为网络的一个节点。数商生态就是由无数的数商网络节点所组成的。每个网络节点都代表一个数商，每个数商融数字零售商、数字批发商、数字代理商三个角色融为一体，构成了一个“数商”的组件模块。*N* 个组件模块组成了企业的新销售渠道或营销生态，这就是消费领域的数商基本模型。

数商模型的价值分配体系，即数商的收入模型。由于每个数商集数字零售商、数字批发商、数字代理商三个角色于一身，因此每个数商可以获得三笔不同比例的收入。当数商为数字零售商这个角色时，按照销售商品的数字零售商分配比例生成零售收入；当数商为数字批发商这个角色时，按照销售商品的数字批发商分配比例生成批发收入；当数商为数字代理商这个角色时，按照销售商品的数字代理商分配比例生成代理收入。

（六）关于绿色消费积分

绿色消费积分是数商模型中对消费者所做数据贡献值的价值记录凭证，是商品流通中财富分配的调节器。在数商模型中，绿色消费积分记录了消费者作为数商在整个商业生态中所做的贡献，这是对消费者个体价值的记录凭证。绿色消费积分的发行，是基于整个商业生态系统，它同传统的消费积分有着显著的不同。传统的消费积分是某个企业发行的，是一种促销行为，最终解释权归企业所有。而绿色消费积分记录是由整个生态系统生成的，是记录个体参与商业生态系统所做出的贡献值，是价值的一种记录凭证。

绿色消费积分作为价值记录凭证，是可以进行价值兑换和结算的。在新的商业生态系统中，绿色消费积分可以兑换商品或者服务；可以兑换企业的分红权；可以兑换上市企业的股票。因此，绿色消费积分的应用标志着企业把消费者纳入股东的序列，消费者成为企业的股东，参与股权收益分配。这是一种新的财富分配模式，是将数据要素作为生产要素，参与社会财富分配的一种新的分配方式。同时，绿色消费积分也是基于互联网技术对个体所做贡献的精确记录，实现个体参与整体价值分配的一种新的财富分配机制。

（七）关于数字供应链系统

数字供应链和现代物流体系是数商模型实施的重要配套系统，是现实中实物商品的主要流通渠道，实现了商品从厂家直接配送到消费者手中，不经过中间各代理环节的流转，大大降低了运输成本，节省了时间成本，提高了商品交付效率，提高了用户满意度，同时也避免了在商品流通过程中出现假货。

数字供应链和现代物流系统是“数商”运营的基本条件。数字供应链为数商模型的实施提供规模化的产品集中供应系统，是数商模型实施的重要组成部分。现代物流负责将产品直接从云仓供应中心配送到终端客户手中，是重要的实施载体。作为数商只需经营数字化的商品，实物商品经过数字供应链和现代物流系统完成配送。云仓供应链和现代物流实现产品从入库到配送再到消费者手中全过程的实时追踪，避免商品在代理商、批发商和零售商手中流转时，将假货混杂其中，以假乱真。

（八）关于价值结算中心

价值结算中心负责数商模型中所有绿色消费积分的兑付与结算，是数商权益兑付的关键。在数商模型中，绿色消费积分是对数商参与商品流通贡献值的记录凭证；绿色消费积分需要通过兑换商品或者服务、现金和企业股票等形式来实现其权益价值。价值结算中心负责将绿色消费积分兑换成消费者需要的权益，并进行资金的结算。

为了保障绿色消费积分持有者的权益，数商模型中设立了由第三方来负责的价值结算中心。生态运营企业在将绿色消费积分以贡献值的方式记录给数商时，其商品销售分账系统同时将相应价值的人民币现金分账给第三方结算中心结算账户进行结算，确保积分价值的真实性与用户权益。

（九）关于公共数据资产

对每个数商生态来说，会拥有大量的数商和数商所提供的消费数据，这些数据会形成一个公共的数字资产池。生态公共数字资产可以转化为生态内企业的生产要素，推动生态自身和生态内企业的可持续发展。生态公共数字资产是由所有数商共建共享的，其收益也将由所有数商共同参与分配，实现了共同参与、共享红利的发展模式。

数商模型是以家庭为单位来构建的，未来每个家庭都可能成为数商，通过家庭自身的消费和经营的其他家庭的消费来获得收入。每个家庭为数商生态贡献家庭消费的数据资源，同时也拥有了相应的数字资产。数商共同参与生态共建、共享生态红利，通过消费或者经营获得绿色消费积分，兑换成生态内上市公司的股票。在未来，不少家庭都将拥有家庭成员的数字资产，以及在数商生态内经营数字资产所获得的股票。这也意味着，股票和数字资产未来可能成为每个家庭的标配。

（十）关于数商模型应用与发展的监管

在数商模型的发展过程中，合规有序的成长是数商模型可持续发展的关键要素，数商模型亟待标准监管和引导。面对数字经济条件下市场体系的特征变化及治理挑战，政府要扮演好自己的角色，处理好与市场的关系，从优化公共政策供给、深入市场化改革、补足公共物品供给、构建激励与机制、风险防控治理等方面重新锚定数字经济中的“有为政府”，回应数字经济发展的时代需要。大量实践证明，只有“有效市场”和“有为政府”有机融合，数字经济才能更健康地发展。

（十一）数商模型赋能新质生产力

新质生产力代表生产力发展的方向，代表一种生产力的跃迁。它是科技创新在其中发挥主导作用的生产力，高效能、高效率、高质量，区别于依靠大量资源投入、高度消耗资源能源的生产力发展方式，是摆脱了传统增长路径、符合高质量发展要求的生产力，是数字时代更显创新性、更具融合性、更体现新内涵的生产力。新质生产力表现为战略性新兴产业和未来产业的发展，其核心是技术创新、管理创新和模式创新。数商模型作为一种新的模式，正是在新质生产力发展的背景下提出的。它符合新质生产力的基本特征和相关要求，成为新质生产力的代表。数商模型的提出和广泛应用，能够赋能新质生产力。

（十二）关于数商模型是实现共同富裕的路径

传统的电商只解决供应端的生产企业和经营者的收入问题，但消费端的消费者则无法参与进来，也无法参与财富的分配。数商模型打破了这一局面，数商模型将消费者和经营者、投资者合为一体，消费者作为数商取代了传统销售渠道的代理商、批发商和零售商，并分享了在传统商品流通过程中总代理、批发商、零售商等角色所获得的这部分商品价值。更为重要的是，数商模型还将消费者纳入企业股权、上市企业股份的分红收益，大大提高了消费者的收益分配权利，实现了财富的重新分配。这一举措在很大程度上改变了传统电商的利润和财富分配方式，使更多人能够参与并获得财富的分配，引领人们探索共同富裕之路。

数商模型未来可以在商业各个领域得到广泛应用，这将给人们的工作、生活和养老带来巨大的变化。数商为更多人提供了便捷的就业机会和工作岗位，人们只需要在手机上下载数商 App 就可以成为数商。数商搭建的数字化网络系统，使人们只要参与数据网络节点建设即可享受收入分配，在工作之余拥有更多休闲的时间。数商将每个家庭成员的数据信息转变为数字资产，家庭日常的消费即家庭店铺收入。解决了老百姓的就业和收入问题，人们自然就可以放心消费、有钱消费，以追求更加高品质的生活。数字资产和股票成为每个家庭的标配，这就意味着每个家庭有了长期稳定的收入，从某种程度上来说可以轻松解决家庭成员的养老问题。养老问题是在目前人口老龄化日益严重形势下，国家和社会各界都普遍关注和亟待寻找好的办法来解决的焦点问题。通过数商模型，可以为每个家庭带来长期稳定的收入，从而也为家庭成员的养老提供了坚实的保障。

本书通过以上 12 个章节，对数商模型引领共同富裕的社会背景、经济形态、理论依据、模型构建、配套服务和应用情况等方面展开阐述，深入探讨数商模型如何成为驱动数字经济发展的关键力量。从稳定就业、稳收入增长、拉动内需、激活消费主体、助力共同富裕国家战略落地等方面，彰显数商模型在现代社会中不可替代的价值以及数商模型在数字经济道路上的坚定步伐。

目 录

第四章 数商模型的理论与思维

第七章 数商模型的供应链体系

第八章 数商模型的价值结算体系

第九章　数商生态是最有价值的数据公司

第十章　数商模型的监管、政策和发展

第一章

重启消费背后的逻辑和关键

数商模型的提出是以研究消费作为出发点，消费是经济发展的核心动力，数商模型的提出是以重启消费、拉动内需，推动新一轮经济发展为目标。在技术创新的推动下，人类进入信息社会或者说是数字经济社会，通证经济作为新的经济形态出现了。通证经济是共同参与、共享红利的经济形态，是引领人们走向共同富裕的经济形态。数商模型是通证经济的核心，是基于通证经济的特征而提出的新的商业模式，是通证经济在商业领域的具体应用。数商模型推动了商业领域的模式创新，推动了生产关系的变革和财富的重新分配。这种新的财富分配制度，可以建立稳定的收入模型，可以让每一位老百姓都有钱赚、有钱花，这是重启消费的关键。

首先，消费是经济发展的核心动力，是推动社会经济发展的重要引擎。目前，在全球产能过剩的大背景下，消费动力不足，企业普遍陷入销售难的困境，市场上大量的产品销售不出去，市场竞争加剧、出口受阻、库存积压严重、企业利润下滑。其次，科技进步推动了生产领域的大变革，AI 技术和人工智能的广泛应用，取代了传统的人力就业岗位，导致大量劳动工人失业。失业就没有了收入来源和保障，百姓口袋里没钱是不敢消费的主要原因。

因此，解决百姓就业和建立稳定的收入模型，是重启消费的关键。只有解决百姓就业、稳定收入增长，才能够刺激消费、拉动内需，推动新一轮的经济发展。无论是政府还是企业，都需要转变发展思路、创新销售模式。政府应高度重视消费，重视企业的销售问题。重视消费，就要重视销售；重视销售，就要支持企业进行销售模式的创新。

第一节　企业陷入销售难的困境

传统的企业陷入销售难的困境。随着中国成为“世界工厂”，加之互联网技术、AI人工智能、云计算、自动化生产线等新兴科技的广泛应用，社会生产力得到极大提升，在为中国及世界经济提供丰富产品的同时，也导致商品供过于求，大量的产品生产出来却无法销售出去，造成了企业库存积压、企业利润下滑和生产困难。随着互联网消费的兴起，人们的消费理念和消费方式，发生了很大的变化，产品销售也面临着数字化和智能化的发展趋势。传统的企业若不实行销售模式创新，将很难适应日新月异的消费市场，很难将产品销售出去。

目前，企业普遍感觉到卖货难。一方面，社会进入产能过剩的时代，产大于销，市场上的产品已经堆积如山，企业还在继续投入生产，形成大量的库存和商品积压；另一方面，互联网的兴起，线上销售取代了传统线下的销售渠道。新业态、新模式的出现，对传统的销售体系形成了巨大的冲击，企业因此陷入销售难的困境。

一、产能过剩导致卖货难，企业陷入销售困境

“酒香不怕巷子深”的时代已经过去了，相对于产品短缺的20世纪，当前我们进入一个产品极为丰富、产品供过于求的时代，这是时代的进步和生产力提高的必然结果。在20世纪物资短缺的年代，企业只要生产出好的产品，拿到市场上就是“抢手货”，好的商品往往还供不应求。在物资相对短缺的年代，好的产品不愁销路，因此才有了“酒香不怕巷子深”的说法。

然而，这样的状况已经时过境迁。随着我国改革开放和综合国力的不断提升，社会生产力水平得到飞速提高。在政府加大招商引资和鼓励创新政策的指引下，各地建设的工厂越来越多，中国成为“世界工厂”，生产制造能力

得到极大提升，市场上的好产品可谓层出不穷，琳琅满目的商品令消费者眼花缭乱。随着人们收入水平的提高，消费也在不断升级。人们的消费观念和消费水平提升了好几个档次，消费能力得到显著提升。然而，相对于消费者消费能力的提升，产品生产能力提升得更加迅猛。生产能力的不断提升，远超过消费能力的提升，最终使社会进入产能过剩时代。

正如清华大学的孙立平教授在《加剧过剩：一场即将到来的风暴》里所讲的：在未来，这个世界上的矛盾与冲突，将会有相当一部分是围绕产能问题展开的。在过去的两三百年间，人类以极快的速度摆脱大自然对产能的约束，使得人类创造财富的能力日新月异。在技术的加持之下，大量的原材料被采掘出来，甚至合成出很多大自然没有的新材料。蒸汽和电力等取代人力成为新的驱动力，为财富的创造提供了人力所无法比拟的动能。现代的技术、设备、组织与管理，极大地提高了生产的效率。人工智能的应用，更展示了无须人力介入情况下财富创造的前景。因此，在产能的形成越来越容易，把大量的产品生产出来越来越不是问题的今天，一个全球性的产能过剩的时代正在到来。

人类社会进入产品供过于求、产能过剩的时代，企业面临的市场竞争越来越激烈。首先，是市场上的商品同质化严重。同类产品之间的竞争，主要就是看价格，降价成了企业间竞争的主要手段。企业通过降价销售所形成的“价格战”，导致产品利润越来越薄，企业生存空间不断被挤压。大量同质化的商品在市场上相互比拼，往往带来的是不断地降价和微薄的利润。企业的生存空间不断地被挤压，生存变得越来越艰难。以我国家电市场的“价格战”为例，各大品牌的彩电上市后，快速从四五千元降到了三四千元，产生上千元的价格降幅。然而，随着供给端产品数量的不断增多和消费者市场的不断萎缩，降价并不能真正解决企业的销售难题。随着产品利润越来越薄，企业的生存越来越难，生存空间也越来越小。许许多多的中小企业终究抵不住压力，走向倒闭。一些过去我们耳熟能详的品牌，逐渐退出市场，淡出消费者的视野。

其次，消费观念的转变给企业的创新能力提出更高的要求。目前，企业所面临的商业环境和人们的消费行为发生着巨大的变化。过去人们比较注重质量和品牌。企业努力生产出好质量的产品，以此来获得消费者的青睐。企业通过广告宣传，尤其电视广告之类的宣传，就很容易打出产品的知名度，依靠品牌效应获得消费者的认可和购买。如今互联网改变了人们的消费观念，人们往往追求更为新颖和更具创意的产品，对品牌的忠诚度明显降低。企业为了满足消费者多样化的需求，就需要不断提高自身的创新能力，在产品设计和研发上能够不断推陈出新，这将大大增加企业的产品研发和设计成本。

最后，企业之间的竞争从产品竞争转移到销售竞争。一旦企业研发了一款新产品，在市场上受到消费者的青睐，马上就会有其他的企业进入这个行业，生产出同款或类似的产品进行竞争。当企业新研发一款产品，如果不能快速打出知名度，抢占消费市场，就很可能被其他企业复制同款产品，抢去市场。因此，过去对企业而言最重要的是生产和质量，企业之间比拼的是生产规模和生产能力。如今，销售对企业更为重要，企业由过去比拼生产能力，转向比拼销售能力。企业如果不能够将产品快速销售出去，就会失去市场竞争力，导致产品形成大量的库存积压，进一步影响到企业进行再生产和扩大再生产的能力。而具备较强销售能力的企业，才能够快速抢占市场。

二、企业应该转变销售思路、创新销售模式

为了适应当前市场经济的变化，企业需要更加重视销售，需要通过转变销售思路、创新销售模式，走出销售难的困境。不仅要生产新颖和具有创意的商品，来满足消费者日益变化的消费需求。同时，还要打造新型销售渠道、销售网络和销售模式，从而能够快速将产品销售出去。

首先，要转变销售思路，采用适应互联网经济时代的网络销售方式。在没有互联网之前，人们主要以线下销售为主。除了传统的集贸市场和店面零售外，企业在产品销售过程中，还形成了代理商、批发商和零售商的销售渠道与体系。随着供应链体系的发展，一些传统的大超市通过集中供应链优势，满足消费者多样化的购物体验，深受消费者的喜爱，如我们耳熟能详的家乐福、沃尔玛、华润、大润发、物美等。

随着互联网消费的兴起，人们开始尝试并习惯于从网上购物，足不出户就可以下单、送货上门的便捷购物体验，受到广大消费者群体的喜爱。这时，出现了京东、天猫这样的大型网上购物平台。它们对线下的实体超市产生了巨

大的冲击。随后，抖音、快手等直播平台的崛起，使得产品营销全面从线下走到了线上。通过网红直播带货、明星直播带货、网购达人等，企业和消费者之间建立了更加直接的销售模式。传统的店面销售模式逐渐被网络销售取代，这是技术创新的必然结果。作为企业应该积极拥抱互联网和接受这种销售方式的改变，采用新的互联网销售方式来升级传统的销售方式。

第50次《中国互联网络发展状况统计报告》的数据显示，截至2022年6月，我国网民规模达到10.51亿，互联网普及率达到74.4%，网民人均每周上网时长为29.5小时，网民使用手机上网的比例达99.6%。可见，互联网已经在人们的工作和生活中占据着主要位置。无论是生产型企业还是经营型企业，如果还是以传统的销售模式进行销售，将很难适应时代的发展。传统的线下销售方式，逐渐被互联网销售取代。第一代互联网平台如淘宝和京东，发展成为巨型销售平台。随着快手、抖音等新兴平台的崛起，直播带货成为新的风向，其销售能力远超线下渠道的销售能力。适应互联网时代和互联网销售方式，也成为企业在销售过程中需要提升的重要环节。

其次，企业还应该重构和消费者的关系，进行销售模式的创新。在传统的销售过程中，代理商、批发商和零售商需要有实际的经营场地、大量的资金和人力投入，因此只有少数人可以成为代理商、批发商和零售商，他们赚取了商品流通环节中的利润。产品到了消费者手中，消费者就成为最终的买单人，他们需要支付产品的生产成本、流通成本及各个环节的利润。消费者虽为商品价值的最终实现做出了贡献，却无法参与商品价值的分配。企业和消费者之间形成了对立竞争关系，企业希望商品价格越高越好，消费者则希望商品越便宜越好。在供过于求的市场环境下，消费者拥有更大的主动权和选择权。消费者选择了哪些企业的产品，哪些企业才能够实现销售。通常情况下，消费者更偏向于购买较为便宜的商品，这就造成了企业之间的"价格战"。企业为了让消费者购买自家商品，不得不自动降价，以此来吸引消费者的购买。一个企业降价，其他企业也得随之降价。降价虽然看起来对消费者是有利的，但实际上企业会通过降低生产成本的方式来找回补偿，因此商品的质量也会随之下降，消费者实际上也没有得到太大的实惠。企业"价格战"的背后是商品质量的下降、利润越来越薄，最终导致一些企业走向破产和倒闭。因此，改变消费者和企业的这种对立竞争关系，进行销售模式的创新，让消费者成为消费经营者，参与商品的流通，参与商品价值的分配，就变得尤为重要。

本书提出的基于通证经济的数商模型，是在菲利普·科特勒与陈瑜教授两位经济学家的“消费股东”与“消费投资”理论基础上的升华。核心内容就是让消费者成为消费经营者，实现消费者、经营者和投资者三者身份的统一。让消费者通过互联网开设线上店铺，参与商品的销售环节，使消费者成为“数商”，即数字代理商、数字批发商和数字零售商，分享传统销售过程中代理商、批发商和零售商所获得的这部分商品价值，以及企业股权、上市企业股票等分红收益。从而使消费者在花钱的同时，还能够赚钱。这就使得消费者和企业之间建立紧密的联系，消费者成为企业产品的经营者，参与了企业产品的销售，分享了产品销售过程中所创造的价值。

数商模型对企业尤其是实体企业的发展助力尤为明显：一是彻底解决企业的销售难题。在数商模型下，所有的消费者、顾客都将是企业的推广员、销售员。这个群体的数量少则几十万，多则可达上亿，群体本身的消费就是一个庞大的市场。当这个群体与具体企业、平台、生态绑定消费时将从根本上解决企业的销售难题。二是企业专注研发，有利于提升市场竞争力。企业营销消耗了大量的资金、人力、物力资源，通过数商模型彻底解决销售难题，企业可以专注技术研发、企业管理，保持产品在技术、质量、外观、设计等方面的持续领先，从而更具市场竞争力。

三、政府应该鼓励和引导企业不断创新

2020 年 11 月，习近平主席在亚太经合组织第二十七次领导人非正式会议上发表重要讲话，首次提出了“数字营商环境”，强调“倡导优化数字营商环境，激发市场主体活力，释放数字经济潜力，为亚太经济复苏注入新动力”。2020 年施行的《优化营商环境条例》对政务信息系统整合、政务数据共享、运用数据加强监管等方面加以规定，重点关注利用数字技术优化政务服务。优化数字营商环境，有利于激发市场主体活力，释放数字经济潜力。

随着《优化营商环境条例》《关于构建数据基础制度更好发挥数据要素作用的意见》以及各地数字经济促进条例的出台，政府在数字营商环境法制建

设方面，需要统一完善相关法律法规，以规范市场秩序、保护创新成果、降低交易成本、提高资源配置效率，促进新质生产力持续发展。在数据要素市场建设方面，需要探索完善收益分配制度，实现对数据利益分配激励机制的设计，提高数据市场的数据质量，加强融合应用，建立对主体激励的有效措施。

以往政府为了提高 GDP，提高生产力，重点放在招商引资上，鼓励企业到当地去投资建厂，通过生产来带动就业和增加税收。然而，随着产能过剩和产品的供过于求，市场环境已今非昔比，政府如果继续沿用过去招商引资的思路，已经不再适应当前的市场环境。应该将眼光从招商引资移到重视消费上，要重视消费，就要重视销售。对一个城市和地区来说，生产都存在一定程度的饱和，都有众多具有品牌知名度的企业和大大小小无数家商户、农户等，他们面临的是如何将产品销售出去，解决产品销售难的困境。政府应该从市场上企业的实际需求出发，从优化营商环境入手，鼓励和引导企业进行创新，鼓励营销渠道的数字化建设，打造以消费者为中心的销售渠道。

在企业的创新发展过程中，离不开政府的保驾护航。政府通过营造良好的营商环境，鼓励企业在数字化建设方面不断创新和实践，促进新兴市场朝向智能化、网络化、数字化发展。使企业积极拥抱互联网和新的技术应用，借助互联网进行销售模式创新，改变传统的销售思路，打造新型企业和消费者关系。让消费者成为企业的股东，成为消费经营者，使消费者能够享有更大的权益和实惠，为解决企业销售难题，促进消费、拉动内需做出积极的探索。

第二节　科技发展带来就业形势的严峻

就业是人们收入的重要保障。随着科技的不断进步，人工智能和 AI 技术在各个行业的普及，智能化机器人正在逐步取代原本属于人的工作岗位，未来越来越多的人会面临着失业。工厂不再是就业的“主战场”，就业的“主战场”将由生产领域转向流通领域和消费领域。

科技带来了社会的进步，也带来了就业形势的变化。首先是在生产领域，科学技术的进步带来生产方式的日益智能化。原本属于劳动工人的很多工作岗位，被智能化机器取代，工人被挤出了劳动岗位。技术进步解放了劳动力，大量制造业的工人被挤出生产环节，失去了原本赖以生存的工作岗位和赚钱的机会。其次是在销售领域，随着互联网消费的兴起和电商行业的崛起，人们将更多的消费从线下实体转移到线上网络空间，导致很多线下实体商业和企业倒闭，导致这些行业的服务人员失业。互联网电商平台为商家和消费者提供了相对直接的信息传递和销售渠道，提出“去中间商”，试图排除传统的代理商、批发商、零售商。这就使得这部分人被挤出商品流通环节。技术进步和产业升级会出现新产业、新业态和新模式，带来新的就业机会和新的就业岗位，但就整个社会对劳动的需求来说，总体上对劳动力的需求还是降低了。新岗位和旧岗位就业人数和就业对象的不匹配，必然造成部分人群的失业。

一、生产领域人工智能的应用对失业的影响

技术正在以史上从未见过的速度改变着这个世界。科学技术是第一生产力，当人们沉浸在这一认知中，并全力以赴追求科技进步时，也逐渐意识到科技的发展，尤其是人工智能在生产领域的广泛应用，带来社会进步的同时，也带来了失业问题。

麦肯锡公司在近期发布的报告中预测，未来 10 年，全美有 1470 万年龄在 18 岁到 34 岁之间的工人会因自动化失业。人工智能的广泛应用，把大量的制造业工人挤出了生产制造环节。数控机床、自动流水线、智能制造，已经出现机器替代人工的情况。黑灯工厂就是因为大量采用机器人，并不需要照明来生产。自动炒菜机、自动洗碗机等厨房设备的出现，可能让厨师失业。自动驾驶可能令司机这个职业消失。英国牛津大学学者弗雷和奥斯本预言，在未来 10 ~ 20 年，美国 47% 的工作岗位将面临被自动化取代的风险。

我国正在加速智能化基础设施的建设，数字化和智能化成为企业发展的必然趋势。截至 2020 年，我国“5G+ 工业互联网”接入设备总量超过 7600 万台（套）。除汽车领域外，我国工业机器人应用占比已由 2010 年的约 50% 提升至 70% 以上，且呈逐步递增趋势。几乎不用“工业 4.0”战略推进的烘托，受企业家们热捧的智能、自动、数字化正在覆盖所有领域。智能化的广泛普

及，将取代传统产业中人们的就业岗位，带来更多人失业。

从科技进步的积极面来看，第一，科技进步使得生产过程更加高效，自动化生产线和机器人技术减少了人工成本，提高了生产效率。人工智能和大数据技术能够优化生产流程，进一步提高生产效率。第二，科技进步激发了人们的创新热情和创业精神，促进了新产品的开发和新企业的成立，新的技术和产品不断涌现，为市场注入新的活力。第三，科技的进步提高了人们的生活质量，提供了更优质的医疗、教育、交通和通信服务。科技进步将人们从繁重的体力劳动中解放出来，人们有了更多时间来享受生活。第四，科技的发展使得人们之间的沟通交流变得更加便捷和高效。虚拟现实和增强现实技术为人们提供了全新的沟通体验，无论是面对面的沟通还是远程交流，都得益于通信技术的不断进步，使人们能够更好地分享彼此的生活。第五，科技进步也促进了国际贸易，使得生产更加国际化，增加了国家的出口和进口。

尽管科技进步带来了诸多好处，但不得不面对的是，科技进步同样带来一些社会问题。比如，失业问题，智能化工厂节省了人力，对企业方来说降低了成本，增加了利润，是企业方乐意追求的结果。但从工人角度来看，他们失去了赖以生存的工作岗位，没有了工资，也就无法养活自己和家人。互联网也带来新的就业机会，然而新的就业需要新的技能。若一个人长期适应某种职业，在短时间内要完全抛弃原有的知识体系和技能，接受一个需要全新的知识体系和技能的工作岗位，也是一件不那么容易的事情。尤其到了中年之后，仍要和青年人一样学习，和青年人去竞争工作岗位，体力和脑力上也不再具有优势。

在现实中，中年人一旦失业将是一件极为痛苦的事情，一方面中年人有家庭、有父母、有子女要养。他们每天起早贪黑地工作，就为了能够养活家庭。失去了工作也就失去了保障，他们连同他们的家庭都将面临生计问题。为了适应新的工作岗位，他们不得不努力尝试学习新的知识和技能，等学会了又面临和年轻人的竞争。对用人单位来说，单位更偏向于录用充满活力的年轻人，所以对失业的中年人来说，找到一份心仪的工作是非常不容易的。

由于智能化并非发生在一个企业或者一个行业，而是大规模地应用在各个领域。随着深度学习、图像识别、自然语言处理等人工智能相关技术逐渐突破，其对经济社会产生深远而广泛的影响。从生产方式的智能化改造、生活水平的智能化提升，到社会治理的智能化升级，都对新一代人工智能技术、产品、服务及解决方案有着旺盛的需求。在终端行业应用的不断驱动下，人工智能产业规模不断扩大。在生产制造、物流和客户服务等领域，自动化和机器人技术的应用使得一些低技能和重复性工作可能减少或消失。例如，传统的装配线工人可能被机器人取代，而一些需要长时间监控或数据处理的职位也可能被智能系统替代。因此，从社会面来说，各个行业的工人都有可能面临失业。这种失业，并不像一个企业倒闭了，可以选择去另外一家企业工作那么简单。而是各企业同类型的工作岗位都在消失，体力劳动的工作岗位都将逐渐被智能化取代。智能化工厂大大降低了用人数量。比如，一家国产汽车品牌新建的焊装车间落成，“车间自动化率 100%”。这也就是说，这个产能近 50 万辆汽车的车间，工人数量是十位数，而同等规模的传统车间，工人人数在千位数。通过这个例子可以看到，用人数量的减少和工作岗位的消失，在智能化生产面前已是无法回避的事实。

二、流通领域互联网消费兴起对失业的影响

互联网消费的兴起成就了大的网络平台公司，却严重冲击了中小企业和商家。无论是对实体商业的冲击，还是网络销售平台“去中间商”的做法，其结果就是改变了整个产品的销售体系，导致中小企业和商家的倒闭，进而带来了一部分人群的失业。

对比网购的无房租、低成本和便捷性，线下实体店则受到高房租、高人工和高物流成本的影响，导致经营更加困难。首先，房租成本压力是实体店经营面临的一个重大问题。随着房价的上涨，门店租金也在不断攀升，这使得实体店的运营成本显著增加。然而，许多房东并不愿意根据实体店人流量的下滑来降低租金，而是坚持根据城市房价和地段来定价，这无疑增加了实体店的经营难度。其次，消费者购物习惯的改变也对实体店造成了巨大冲击。线上购物具有便捷性、商品选择丰富、价格比较和优惠促销等优势，吸引了大量消费者。相比之下，实体店在购物便捷性体验、商品种类和价格等方面往往无法与线上平台竞争。

此外，实体店在经营过程中还面临诸多局限性。比如，实体店主要服务

于周边消费者，客流量非常有限，不如在网络平台上同样开一家店，可以不受地域的限制，服务于全国。实体店的员工服务对客户满意度影响很大，员工的服务态度甚至比产品质量更能影响消费者的购买决策。任何一个消费者都不愿到服务态度不好的商家去消费。因此，对员工管理、监督和培训的任务就会变得比较繁重。实体店的库存管理和货源保障的机制也不够灵活，实体店往往是客户当场提货，需要店铺提前备足货源，因此库存压力较大。而线上销售则可以通过在线订单和厂家直接发货，商家无须积压库存，节省大量的人力成本和库存成本，同时配送及时还能够提高客户的满意度。

在传统的销售过程中，企业的产品需要经过代理渠道，即代理商、批发商和零售商多个环节，才能到达消费者手中。在这些环节中，对应多个实体企业，解决商品的流通、售卖和服务问题，都是需要人工来实现的，因此提供了大量的就业岗位。但随着网购的兴起，去中间环节的做法，使得传统的代理商、批发商和零售商都消失了，只剩下网络平台来为生产厂家和消费者提供买卖服务。这就使得商品在流通过程中所创造的价值全部归平台公司所有，代理商、批发商和零售商等传统代理被排挤出商品流通过程的价值分配。

20 世纪改革开放初期，只要摆个地摊、开个小店铺、搞个产品代理……就能很容易赚到钱。是因为他们参与了商品价值的分配。互联网兴起后，去中间商赚差价大行其道，降价、低价等低水平的竞争愈演愈烈，导致企业大量倒闭，店铺关门，产业链受到了严重的破坏。去中间商赚差价，其实就是把中间商从商品流通的价值分配中去除了，让他们失业了。因此，平台经济集聚和垄断了大量市场资源，作为个体要赚钱就越来越困难。

在网购的冲击下，实体商家面临经营困难、纷纷关店的局面，这也直接导致原本在这些实体商家工作的人员面临失业。大中型实体商家关门倒闭，使它们雇用的几十人、上百人店员失业。对于个体户，通常都是一对夫妻或者雇用少量的员工，他们背后更是一个个家庭的收入来源。实体店的倒闭，导致大量以此作为收入来源的家庭失去了收入来源，没有了生活的基本保障。2019 年的全国经济普查显示，平均一家个体户可以带动 2.37 个就业人口。按照 301 万家倒闭计算，仅个体户倒闭造成的失业人数就高达 700 多万人。2020 年小微企业年度注销数量高达 435 万家，为历史峰值水平。2023 年 1—12 月，全国注销企业 292 万多家，企业注销的背后是大量人员的失业。

三、数商模型解决就业的新思路

社会经济活动主要包括生产与消费两大环节，在科技快速进步的时代，制造领域吸纳就业人口地位已经被消费领域取代。在消费领域，随着互联网新业态的兴起，基于互联网的商业模式创新，给人们带来诸多就业的新机会。

从各行业就业数据看，消费领域所在服务业将是未来就业“主战场”。据中国社会科学院财经战略研究院发布的《平台社会经济价值研究报告》预测，到 2025 年，服务业增加值占 GDP 比重、服务业从业人员占全部就业比重将分别达到 59.05%、54.96%。与此同时，伴随国民消费结构进一步升级优化，服务消费占居民消费支出比重也将超过一半。

从就业角度观察，直播、社交电商和各种新零售等业态对于稳就业的贡献，早已经成为公论。在新营销行业发展最迅猛的 2017 年前后，发展历史最久的新营销业态每年提供社会就业岗位 3500 万个左右，其中专职从业人员 2500 万，兼职从业人员 1000 万左右。进一步优化营商环境，让直播、社交电商和各种新零售等业态充分发展，则在未来 10 年，有望提供稳定就业岗位在 6000 万～ 8000 万个。数商模型服务于直播、社交电商和各种新零售等业态，充分激发各类经营主体的内动力和创新活力，可进一步激发我国超大规模市场潜能，有效促进百姓就业增长，解决普通人的就业问题。

基于通证经济的数商模型，未来可以成为解决人们就业的新方式。数商模型适合于每个家庭。每个家庭都要有消费，无论消费多少，每日每月的消费累计起来也是一笔不小的数目。只要家庭注册了数商 App，便可拥有数字零售商的身份，每个月凭借自己家庭的消费就可以获得零售收入。若能够升级为数字批发商和数字代理商，将获得更多的经营性收入。

数商模型面向广大的消费者提供了就业机会，它不同于传统的代理商、批发商和零售商渠道，只能解决部分人员的就业问题。数商模型基于互联网和通证经济打造的是一个人人都可以参与经营并获得收入的生态系统。这个生态系统首先是面向消费者，让消费者成为经营者；其次，它可以无限放大，可以容纳无数的消费者。消费者越多，数商生态的数字资产就越多，从而可以创造更大的价值，发挥更大的作用。

综合来看，数商模型释放和拓宽就业空间在以下三方面发力：一是以科技创新引领现代化产业体系建设。技术进步虽然会替代一部分劳动力，但同时会带来一大批新产业、新业态和新模式，产业迭代带来的新供给必然创造新需求，其中就包括新型劳动力需求。二是数商模型能够充分激发更多的市场主体，尤其是微商、社交电商和各种新零售等业态的创业活力。只要这些微经济主体活力迸发，更好地释放潜能，提升效益，它们就对新型劳动力的需求是巨大的。三是数商模型让更多个人和家庭参与商品数字化经营环节，充分发挥数字化所具备的低成本、高效率的运营优势，使更多的消费者不仅个人也包括家庭参与价值的创造，参与价值的分配，这是数据要素优化分配的重要应用，为更多的个人和家庭提供了就业创收的机会。

就业是民生之基、财富之源。就业局势的稳定成为民生改善的坚实基础、经济企稳的有力支撑和社会稳定的“压舱石”。保住市场主体就能守住我国就业的基本盘，让 14 亿多人的大国保持就业稳定，不仅难能可贵，而且其中蕴藏着代表未来的巨大创造力。

第三节　口袋没钱是不敢消费的主要原因

人们的消费水平在很大程度上取决于收入水平。收入水平高了，自然愿意消费。收入不能保障，自然要减少消费。对大多数普通人而言，收入的主要来源是就业。由于口袋没钱，以及居民收入下降、预期收入不稳定、居民负债率上升等因素的影响，人们不敢消费了。

一、我国消费市场呈现疲软的态势

消费疲软是指人们的消费能力不足，通常表现为市场上商品和服务的销售量下降，消费者购买力减弱，市场活力不足。自 2020 年年初发生疫情以来，我国居民的消费开始出现疲软，尤其是在疫情三年之后，各行各业都受到了不同程度的冲击，从而开始表现出消费需求不足。在大环境的影响下，人们信心不足，未来充满了太多的不确定和风险。失业和收入水平的降低，人们迫于可支配收入的压力，也不得不降低自己的消费水平。

我国消费市场呈现疲软态势的具体表现。首先，是市场销售额的下降。由于消费者购买力减弱，商品和服务的销售量会明显减少，无论是实体店还是线上平台，都可能出现销售下滑的情况。其次，在消费疲软的情况下，消费者可能更加倾向于购买生活必需品，而对于非必需品的消费则会减少。此外，消费偏好也可能从高端向低端转移，低价商品和服务在市场上更受欢迎。消费者在购买商品或服务时，会更加注重价格因素，对于高价值或奢侈品的消费会明显减少。

消费是社会经济发展的重要引擎，消费疲软对社会经济有着重大影响。消费疲软会导致社会生产的成果难以实现价值转化，可能导致社会资源的浪费，甚至破坏社会再生产系统。因此，找到影响人们消费疲软的原因，对症下药，让百姓敢消费、愿消费，是当前我国社会亟待解决的问题，对社会经济的稳定发展起着重要的作用。

二、居民不敢消费的原因分析

人们不敢消费的原因是多方面的。根据当前社会经济发展的情况，归纳起来看主要有以下几点：第一，收入水平的影响。当人们的收入水平下降或人们感到收入不稳定时，他们可能更加谨慎地管理自己的财务，减少非必要的消费开支。当人们收入增加时，会增加生活开支。第二，就业形势的影响。就业会影响收入，进而影响消费者的信心和消费意愿。如果就业形势严峻，市场不景气，人们可能对未来持悲观态度，进而减少消费。如果就业形势乐观，工资出现上涨趋势，人们会认为未来将获得更多的收入，因而加大当前消费。第三，债务压力的影响。人们可能因为背负着高额的债务，如房贷、车贷或其他形式的贷款，而感到经济压力大，因此选择控制消费以维持债务的稳定或偿还债务。第四，经济不确定性的影响。当人们面临经济不确定性，担心未来经济状况可能恶化时，可能选择储蓄而非消费，以应对潜在的风险。

居民不敢消费受到多个因素的影响，但最根本的是让百姓有钱赚，赚到钱了，他们才愿意消费。口袋没钱或者钱不够花，是不愿消费的直接原因。通俗地讲，消费者的消费底气来源于消费者拥有稳定的工作和持续上升的收入。作为消费者，每天围绕的都是日常生活所需的柴米油盐酱醋茶、吃喝拉撒睡。因此，正常的消费底气首先必须确保自己的荷包鼓鼓，日常消费没有支付压力，同时稳定的工作和持续的收入，还能够保障未来的支出没有问题。在这种情况下，人们才能无顾虑地消费。

目前，经济结构的调整、产业的迭代升级，导致某些产业的消失和工人失业。对这些行业的工人来说，他们过去只擅长原来岗位的工作，而产业的消失则意味着同类型岗位的消失。他们不是在某家企业找不到工作，而是在整个社会也没有类似岗位的工作了。于是，他们只能转行去寻找新的行业和新的工作机会。这时，他们首先面对的是要掌握新的工作技能和知识，才能具备再工作的条件，这对他们来说是一项巨大的考验。

科技的进步，使人工智能取代了人力劳动的岗位。智能化生产将人们从繁重的体力劳动中解放出来，同时智能化生产对劳动力的替代，使人们失去了工作岗位。比如，以前的工厂流水线需要大量的工人，现在都被智能机器人取代。智能机器人的工作效率和质量，在某种程度上高于人工。智能机器人一次性投入后，就可以持续地生产，从投入产出比上也将比人工更划算。所以，从生产的角度来看，科技进步是对社会发展极为有利的。但从就业和劳动收入的角度来看，科技进步带来了失业，大量劳动者的工作岗位被取代，就意味着这部分工人失业，生活无法保障。

当前不得不面对的是整个经济环境的巨大变化。受到三年疫情的影响，各国的经济环境都不太好，也导致国与国之间矛盾的加剧。在内外环境双重压力之下，造成了很多企业停产、歇业、破产、清算，很多企业主背负沉重的创业负债或负债创业。财务无法掌控，人身自由受限，得不到应有的尊重。个人资产贬值缩水甚至归零，甚至连自身家人正常生活所需都无法保证。这种中小企业曾经提供了很多工作岗位，为百姓提供了就业的机会。但如今他们连自己一家的正常生活都无法保障。面对如此情形，太多人已经开始不敢创业、不敢创办企业了，这也意味着会失去更多的工作岗位。

基于以上种种原因，我们说口袋没钱，是百姓不敢消费的主要原因。由于居民收入下降、预期收入不稳定、居民负债率上升等因素，导致人们信心不足，从而不敢消费。

第四节　建立稳定的收入模型是重启消费的关键

解决老百姓的就业问题，建立稳定的收入模型，成为能够促进消费的关键条件和重要前提。传统的工作岗位消失了，就需要创造新的工作岗位，提出新的收入分配模型。因此，通过创造和提供新的基于互联网的工作岗位，建立稳定的收入模型是重启消费的关键。

收入水平决定了消费水平，因此建立稳定的收入模型是重启消费的关键。消费是经济发展的动力，那么收入就是消费的动力。收入提高了，人们自然可以购置更多的物品和享受更多的服务。收入水平有限时，人们只能在众多可选择的消费项中，选择满足基本需求的衣食住行用，过着相对节俭的生活。因此，要拉动内需，推动经济发展，需要通过拓宽收入来源，调整收入结构，建立稳定的收入模型。

一、从“出卖劳动力”到“贡献数据”赚钱

人类社会经历了原始社会、农业社会和工业社会之后，进入信息社会，也就是数字经济社会。在数字经济社会，人们的赚钱方式发生了很大的变化，这种变化也和生产方式的变化紧密联系。信息化社会的生产进入智能化阶段，人工智能的广泛应用取代了繁重的体力劳动。人们不再以出卖劳动力赚钱，而可以依靠贡献数据赚钱。

在以体力劳动为主的生产型社会，人们的收入主要依靠出卖劳动力。其理论依据是劳动价值论。劳动价值论最早是由英国经济学家威廉·配第提出的，随后古典经济学派的代表人物亚当·斯密和大卫·李嘉图对劳动价值论进行了继承和发扬，对劳动价值论做出了巨大贡献。马克思继承了亚当·斯密和大卫·李嘉图理论中的科学成分，用辩证法和历史唯物论论证了它的历史性质，并在劳动价值论基础上进一步创立了剩余价值理论以及后来的利润、

平均利润理论。劳动价值论自提出以来，在经济学发展史中占据了重要地位。劳动价值论决定了商品流通过程中价值创造和分配的方式，为人们通过出让劳动力创造价值并获得收入提供了理论依据，包括今天我们的工资制度都以此为依据。

然而随着时代的进步，生产力和生产方式发生了巨大的变化。过去依靠劳动力进行生产的岗位逐渐被智能化机器取代，劳动力创造价值的方式逐渐被人工智能取代。这一生产方式的变化，带来的是人们就业和收入方式的变化。劳动价值论作为决定商品价值和社会财富分配的依据，也将会发生相应的变化。在智能化取代人力的领域，商品的价值不再由工人的劳动创造，而是由智能化机器创造。智能化机器只需要购置费用，而不需要支付劳动工资，因此按劳分配的方式在这些智能化生产领域被取代了。人们需要根据变化了的生产方式，寻找到新的收入分配方式。

在数字经济时代，数据成为重要的生产要素。围绕“数据”这一重要的生产要素，人们找到了新的工作岗位和新的收入来源，即围绕数据贡献来作为分配的依据，建立新的分配制度。数商模型的打造，正是基于依据数据贡献来获得收入回报。数商模型，是让人们成为“数商”，拥有数字代理商、数字批发商和数字零售商等角色，参与数字化商品的流通和销售，进而参与商品价值的分配体系。数商模型中的数商，以贡献数据参与价值分配。这种分配方式，同传统的出让劳动力获得工资收入有着根本的区别。出卖劳动力赚钱的核心，是获得对劳动力补偿性的工资收入，是一种“打工型”收入；而以贡献数据赚钱，是根据贡献数据的价值参与商品价值的分配，是一种“分配型”收入。在后面的章节，会对“打工型”收入和“分配型”收入做更为详细的介绍。

二、数商模型打造了以贡献数据参与价值分配的新收入模型

本书旨在提出建立基于通证经济的“数商模型”，创造以贡献数据为工作内容的数商职业，并建立数商参与商品价值分配的收入模型，从而改变生产关系、改变财富分配模式，实现共同富裕的发展目标。

进入数字经济时代，数据成为重要的生产要素。因此，改变生产关系，建立起数据共建、价值共享的新发展模式，是时代发展的需要。纵观我国互

联网的发展历史，第一代互联网我们也称之为Web1.0，平台提供数据，用户使用平台。Web2.0我们称之为移动互联网，数据开始由用户共同参与创造，如微信，很多的数据是用户创造的；如抖音，内容均由用户创造。Web1.0和Web2.0我们统称为信息互联网，它的最大特点就是用户参与创造了数据，但是数据的价值跟用户没有关系。Web3.0阶段，我们称之为价值互联网。技术上，表现形式就是数据的存储是分布式的，不可篡改。但是Web3.0的本质是生产关系的变化，用户创造数据，共享数据的价值。因为在数字经济时代，数据成为生产要素，生产要素代表财富，用户共享数据价值，也就参与了这部分财富的分配。随着互联网的不断迭代发展，数据的创造方式和价值分配方式也在不断变化。基于这种变化，我们提出了实现数据共建、共享的数商模型。

数商模型是基于商品流通和消费环节而提出的，它赋予每个人参与商品流通和消费环节中数据贡献的机会。数商模型是从“数据贡献”的角度来构建模型。正是因为数据成为重要的生产要素，人们才需要获取数据，通过数据来创造价值。那么，这些数据从哪里来的？这就引出了“数商”这个职业。“数商”就是数据的提供商，就是贡献数据的人。他们依靠贡献数据来获得收入回报。具体来说，数商模型是在商品流通过程中，人们根据自己所提供的数据贡献参与价值分配，获得相应的收入回报。

数商模型是在数字经济社会的大背景下提出的，是适应数字经济时代发展需要的。消费者参与了商品的流通和提供了数据价值，也因此获得相应的收入回报。数商模型构建的收入模型，是不同于传统的收入分配模型。具体来说，实现了通过“依靠劳动力”赚钱到“贡献数据”赚钱的转变，这是一种新的收入分配方式，是一种适应了当前社会经济发展需要的新的分配方式。基于数据的贡献，可以让更多的人参与生态平台的建设，也给了他们获得稳定收入的机会。

构建基于数据贡献提供的收入模型，可以让更多人参与商品流通环节并参与商品价值的分配。在以“依靠劳动力”赚钱时，需要人们从事于某项具体的工作，然而由于工作岗位的有限性，就业市场出现了激烈的竞争。人们首先需要通过竞争获得某个工作岗位，才能参与劳动价值的贡献和收入价值的分配。所以，是否能够获得工作岗位对人们的收入影响非常大。一旦工作岗位的数量发生了变化，势必影响到人们的收入水平。数据贡献则是一种松散型的就业方式，没有就业人员和岗位的数量限制，任何人只要愿意就可以参与进来。因此，基于数商构建的收入模型，参与方式更加灵活，可以让更多的人有参与的机会，是一种更加稳定的收入模型。

第五节　拉动内需，推动新一轮的经济发展

消费是社会经济发展的核心动力。促进消费不是想办法让人们把口袋里的钱掏出来消费，而是应想办法如何让人们赚到更多的钱去消费。只有实现充分就业，实现人们收入水平的稳定增长，人们有钱了，自然愿意消费，从而达到促进消费、拉动内需的目的。

研究消费对经济的重要作用，可以通过考察美国经济发展史上的经济危机史。美国自 1783 年取得了对英国殖民者的独立战争胜利至今，发生过多次经济危机。经济危机是经济发展过程中周期爆发的生产相对过剩的危机。在美国经济学家的眼中，经济危机是生产相对过剩，但从市场运行的机制来看，所谓生产相对过剩，就是产品卖不出去了。产品卖不出去的原因是消费疲软、消费不足。所以，研究经济不能只研究生产，更要研究消费。经济活动大多是从生产开始的，以消费为终点，然后重启新一轮的生产和消费。

从需求角度观察。有效需求是推动社会经济发展的源泉。根据凯恩斯理论，有效需求是指商品的总供给价格和总需求价格达到均衡时的社会总需求。有效需求不足，会导致社会萧条。对个人而言，有效需求取决于购买商品的意愿和购买能力，没有购买能力就不能算作需求。影响有效需求的因素，包括商品本身的价格、相关商品的价格、消费者的收入水平、消费者的喜好、对未来商品的价格预期、人口规模。其中消费者收入水平是重要一环，让消费者参与商品价值分配，是有效增加购买力的手段。现在互联网平台经济取代了传

统经济，平台把原本属于代理商、批发商和零售商的钱都赚了，那么这些传统的实体商家以及在实体商家就业的人，都没有钱赚了。老百姓手中没钱了，消费能力降低了，自然无法实现促进消费、拉动内需的目的。

如何才能促进消费、拉动内需呢？最有效的解决办法就是让老百姓有钱赚、有钱花。让老百姓有钱赚、有钱花，就是要在促进就业、提高居民收入水平上做文章。我国有 14 亿多人口，是个超大规模的市场。如果能够发挥这 14 亿人口的消费作用，形成完备的产业体系和国内内循环体系，必定能够推动我国经济稳健发展。但如何发挥这 14 亿人口的消费作用呢？这是个非常值得研究的问题。就目前各地区经济发展的不平衡性和人口分布情况来看，还存在着诸多问题。比如，城乡差异使得农村的消费能力远远低于城市居民的消费能力；东部发达地区的消费能力远远高于中西部落后地区的消费能力；高收入群体的消费能力远远高于低收入群体的消费能力；不同年龄段人群的消费能力也不相同。但究其根本的原因，还在于收入水平。收入水平决定着实际的可支付能力，可支付能力决定了人们的消费水平。

数商模型是如何促进消费、拉动内需的呢？第一，数商模型是从消费端来研究问题，解决影响居民消费的主要因素即就业和居民收入。数商模型让消费者成为消费经营者，从消费端参与商品的销售和流通环节，通过向数商生态贡献数据来参与商品价值的分配。“数商”从业者对象是消费者，消费者做了商品流通环节中总代理、批发、零售商的事，分享了总代理、批发商、零售商的这部分价值。

根据数商模型的构建，每个数商集数字零售商、数字批发商、数字代理商三个角色于一身，可以获得三笔不同比例的收入。当数商为数字零售商这个角色时，按照销售商品的数字零售商分配比例生成零售收入；当数商为数字批发商这个角色时，按照销售商品的数字批发商分配比例生成批发收入；当数商为数字代理商这个角色时，按照销售商品的数字代理商分配比例生成代理收入。这就解决了居民的就业和收入问题。居民收入增加了，必然相应地增加消费开支。

第二，数商模型推进数字消费，推动传统商业数字化改造。从企业端来看，传统的销售模式遇到了壁垒，企业之间的竞争越来越激烈，产品价格降低导致利润越来越薄。在这种情况下，产品并没有因降价变得好卖，反而是激烈的恶性竞争让产品更难卖出去，国内市场变得越来越“内卷”。这就需要企业改变传统观念，改变传统的销售模式，进行数字化改造，建立以互联网技术为基础的数字化销售体系，通过技术推动商业模式的创新。

数商模型通过建立由数商构成的网络销售渠道，可以帮助生产型企业将数字化的商品快速传递到终端的消费者。数商模型引入“大数据”“云计算”“区块链”等先进的互联网技术，其营销过程由算法机制来实现。数商作为数据提供商，为数商生态贡献了大量的数据。这些数据将为数商生态中的企业发展和产品销售提供重要支撑。数商生态系统可以为所有入驻企业提供基于算法的经营策略和销售策略，使企业能够更精准定位和高效运转，使企业的产品能够快速匹配到目标消费者群体，并最终促进销售过程的完成。这就解决了企业销售难的困境。

有了数商生态系统之后，企业竞争将转向对数商生态的竞争。企业的经营策略将会高度依赖所加入的数商生态。企业无须参与产品的营销和销售环节，只需负责生产消费者需要的产品和保障产品的质量、性能，产品进入数商生态后，数商生态会通过对产品和目标消费群体的数据进行分析，然后匹配合适的销售渠道，将产品销售出去。同时，系统还将自动将商品流通过程中创造的价值，按照产品价值分配系统表在数商网络上进行分配。

第三，数商模型通过打造云仓供应链和现代物流，实现产品从生产企业的仓库直接配送到消费者手中，不再经过代理商、批发商和零售商之间的流转，因此避免假冒伪劣产品混在其中，保障了消费者权益，优化了消费购物的环境。同时，智能化的现代物流配送，降低了物流成本，提高了配送效率，为消费者提供了更加便捷、更加舒适的购物体验。

数商模型通过提出基于互联网先进技术的新营销模式，解决了居民的就业和收入，解决了企业销售产品的难题，从而推动了生产和消费之间的良性互动。数商模型从源头、从问题出发，找到促进消费的内生动力，推动落实国家提出促进消费的各项政策措施。未来，越来越多的企业应用了数商模型，就有望解决越来越多消费者的就业和收入问题，从而实现在全社会促进消费的目的。

在前面我们提到，在科技快速进步的时代，制造领域吸纳就业人口地位已经被消费领域取代。互联网的发展改变了传统的商业流通方式，互联网也带来诸多就业的机会。在商品流通领域，商业模式创新、销售模式创新，可以带来诸多的就业岗位，可以让更多的人重新就业，获得一份稳定的收入。消费是社会经济发展的重要引擎。促进消费、拉动内需，能够带动各行各业的繁荣发展，是社会经济可持续发展的重要推手。消费领域的创新模式和实践，将成为推动新一轮经济发展的关键。

新一轮的经济发展同上一轮的经济发展有什么区别呢？新一轮的经济发展是基于数字经济社会。人类社会经历了原始社会、农业社会和工业社会之后，进入信息社会，也就是数字经济社会。在数字经济社会，人们的赚钱方式发生了很大的变化，这种变化也和生产方式的变化紧密联系。信息化社会的生产进入智能化阶段，人工智能的广泛应用取代了繁重的体力劳动。人们不再依靠劳动力赚钱，而是依靠贡献数据赚钱。数字经济时代，数字成为重要的生产要素，人们通过贡献数据就可以赚钱。依靠贡献数据赚钱，是社会发展到数字经济时代的必然产物。数商模型的构建，改变了人们的工作方式和赚钱方式，是新一轮经济发展的重要特征。

第二章 通证经济引领共同富裕

作为社会主义国家，实现共同富裕是由我国的社会制度决定的，实现共同富裕是全体社会成员共同奋斗的目标。要实现共同富裕这个目标，就需要有相应的经济形态和经济制度与之相适应，通证经济作为一种新的经济形态，深刻地改变着社会经济活动的生产、分配、流通和消费方式。这种新的经济形态构建的是共同参与、共享红利的发展模式。

通证经济是以通证为要素，协同相关资源发挥作用，推动生产力与生产关系发展的经济形态。通证经济的本质是改变生产关系、改变社会财富分配的方式。通证经济正是基于将数据资源作为生产要素，协同相关资源建立起数商模型，让消费者成为消费经营者参与商品的数字化经营流通，成为商品数字化流通过程中总代理、批发商、零售商的角色，分享在传统商品流通过程中总代理、批发商、零售商等角色所获得的这部分商品价值，以及企业股权、上市企业股份的分红收益，从而实现更大程度上参与社会财富分配的目的，实现共同富裕。

第一节　通证经济是共同参与、共享红利的经济形态

国务院 2023 年第 1 号公报公布的《关于构建数据基础制度更好发挥数据要素作用的意见》指出，数据作为新型生产要素，是数字化、网络化、智能化的基础，已快速融入生产、分配、流通、消费和社会服务管理等各环节，深刻改变着生产方式、生活方式和社会治理方式。因此，要遵循发展规律、创新制度安排，促进形成与数字生产力相适应的新型生产关系；要坚持共享共用、释放价值红利，形成依法规范、共同参与、各取所需、共享红利的发展模式。

通证经济是基于区块链技术建立起的新的经济形态。这种经济形态同传统的经济形态最大的区别，在于支撑经济发展的技术力量发生了巨大的变化。通证经济是将互联网技术融入社会经济各个领域，实现了互联网技术和经济发展形态的深度融合。有了互联网技术的支撑，传统的经济形态发生了翻天覆地的变化。其中，最显著的变化，就是有了数据这个新的生产要素。

一、数据成为新的生产要素

在人类社会进入数字经济社会之前，生产要素是指土地、劳动力、资本和技术。随着数字化的发展，数据也成为重要的生产要素。数据的流通、处理及应用引导生产方式不断优化，带动了包括研发、制造、产业分工等方式的不断转型与创新。

数据作为新的生产要素是随着数据的数字化过程而产生的。没有互联网之前，人们的经济活动主要被纸质化记录，数据的获取和记录相对私密，数据的流通和使用也不是太便利。因此，人们对数据的使用具有很大的局限性，只是将数据作为已发生经济活动结果的一种记录。这些数据是相对私有而不是共享的，通常它们只被纸质化记录和存储，属于私有财产，由记录方拥有，

其他人在不被记录者和所有人允许的情况下是无权获得这些数据的。

由于是纸质化记录，大量的数据若要被记录下来，需要耗费不少的体力劳动，因此人们通常会选择记录那些较为有用的信息，如财务数据之类的；对于较为次要的信息则不会进行记录。因此，在整个社会经济活动中，能够保留下来的经济数据在量上也不足，没有引起人们足够的重视。然而，计算机的诞生和互联网技术的不断发展，实现了数据的数字化记录。计算机的存储容量巨大，可以轻松地存储和检索大量的数据。这种能力使得计算机与人脑相比，在处理大规模数据集、执行复杂算法和进行高速运算等方面表现得非常出色。正是由于计算机的这一特征，数字化代替纸质化记录之后，大量的数据可以被轻松地记录、存储和检索。人们借助计算机的辅助，对数据的管理能力远优于纸质化记录对数据的管理能力。

随着互联网的发展，人们的经济活动逐渐互联网化，很多线下的实体活动也同互联网发展相关联，这就为人们通过互联网获取经济活动的数据提供了极为便利的条件。比如，滴滴打车，过去人们只是在线下打车，计程车只记录公里数和费用，但有关乘车人的信息和车程信息都不能记录。有了滴滴打车软件之后，首先是车辆信息会被记录，乘车人的基本信息诸如手机号等被记录，乘车人的打车记录包括打车的时间、公里数、上车点和下车点、费用等诸多信息都会被记录。这就是传统线下活动和嫁接互联网后，信息记录上的巨大差距。基于互联网产生了大量的经济活动数据，不被关注或者不易被记录的数据，如今通过互联网全部被完整地记录下来。不仅如此，这些数据还在一定的程度和范围上实现了数据的共享。比如，传统商品交易往往只记录交易的日期、数量、金额。而互联网电商则详细地记录了交易的日期、时间、数量、金额、交易双方的个人信息、交易的物流信息和售后服务信息等。其中交易的个人信息未来就可以被用来研究消费者的消费兴趣和消费水平等情况。在数据处理技术方面，云计算技术的产生为其提供了强大的技术支撑和高效的解决方案。云计算技术是一种基于互联网的计算方式，它通过网络“云”将巨大的数据计算处理程序分解成无数个小程序。由多部服务器组成的系统对其进行处理和分析，得到结果并返回给用户。云计算技术可以在很短的时间内完成对数以万计的数据的处理，从而达到强大的网络服务。云计算技术具有许多特点，包括大规模、虚拟化、高可靠性、通用性、高可扩展性、按需服务和极其廉价等。云计算技术还呈现一些发展趋势，如全球公有云基础设施市场的持续增长、混合云的崛起、人工智能和机器学习在云计算中的应用等。这些趋势表明，云计算技术在未来将继续得到广泛的应用和发展，为全球范围内的企业和个人提供更加便捷、高效、安全的计算服务。云计算技术可以广泛地应用于各个领域，如金融云、制造云、教育云、医疗云、云游戏、云会议、云社交、云存储和云安全等。在金融领域，金融云可以利用云计算的模型组成原理，将金融产品、信息和服务分散到由大型分支机构组成的云网络中，提高金融机构快速发现和解决问题的能力，提高整体工作效率，改善流程，降低运营成本。在医疗领域，医疗云可以运用云计算的理念构建医疗卫生服务云平台，为人们提供更加便捷、高效的医疗服务。诸如此类，云计算为各种应用场景下的数据处理提供了高效的解决方案。

在数据存储和传输方面，区块链技术则成为一个革命的技术创新。区块链技术改变了传统的商业模式和社会运作方式，为数据的数字化应用提供更加安全、透明、高效的基础设施。区块链技术是一种去中心化、分布式、不可篡改的数据存储和传输技术。它以链式数据结构为基础，通过密码学算法保障数据传输和访问的安全。区块链中的每个数据块包含了一定的信息，包括交易信息、时间戳、链上地址等，并且每个数据块都被数字签名和加密算法保护，以确保其完整性和真实性。每个数据块都按照时间顺序链接在一起，形成一个不可篡改的数据链。其中的每个数据块都被称为“区块”，而整个数据链被称为“区块链”。区块链技术允许多个参与者在没有中心管理者或第三方干涉下达成共识，并且所有数据都是公开的、透明的。区块链技术的核心机制是共识算法，即多个参与者如何在没有信任第三方的情况下达成共识。最为广泛使用的共识算法是“工作量证明”（Proof of Work）和“权益证明”（Proof of Stake）。前者需要参与者通过计算难题来争夺区块链上的权利；后者则需要参与者抵押一定数量的数字资产来获得权利。此外，还有其他一些共识算法，如“权威证明”（Proof of Authority）等。目前，区块链技术已经被广泛应用于数字货币、供应链管理、智能合约等领域，并且还有很大的潜力可以被开发和应用。

通证经济的核心是数据，数据成为社会经济发展的重要生产要素，在社会经济活动中发挥着重要的作用。通证经济的出现和发展，离不开云计算和区块链等互联网技术，正是这些技术的不断出现，使得经济活动有了网络化、数字化和智能化的基础。数据的获取、记录、检索和应用进入一个新的发展阶段。数据在生产、分配、流通、消费和社会服务管理等各环节发挥着日益重要的作用，深刻地改变着生产方式、生活方式和社会治理方式，因此数据也逐渐成为推动社会经济发展的重要生产要素。

二、共同参与、共享红利的发展模式

通证经济作为一种新的经济形态，主要特征是实现了共同参与、共享红利的发展模式。通证经济是建立在日益成熟的互联网技术基础上，发挥数据作为生产要素的作用，从而实现让数据创造价值、让数据贡献者参与价值分配的新模式。这里，数据是来自人们日常的消费行为和经济活动，所以人人都是数据的提供者。当我们通过互联网进行相关活动，活动的行为轨迹和活动内容就会被互联网所记录和存储，我们因此也成为数据的提供者和贡献者。互联网记录的不是某个人的数据，而是所有人的数据，因此通证经济研究的对象是每个人，是人人都可以参与、人人都可以享有的经济模式。

在以往的经济发展形态中，无论是哪种生产要素，都是针对一部分的人群。土地归农民 / 地主所有，资本归资本家所有，劳动力归劳动者所有，不同的人群被赋予不同的身份，提供了不同的生产要素，发挥着各自不同的作用。而在通证经济时代，每个人都有一个共同的身份即消费者，人人都可以通过互联网进行消费。在人们的消费过程中，互联网记录了每一笔真实的消费数据，这些消费数据就成为数据资产的重要来源。所以，数据要素是一个人人都可拥有的要素，正是将每个人所贡献的数据汇集在一起才能发挥数据要素的作用。

通证经济时代，社会进入一个新的发展阶段，社会经济开始遵循新的发展规律。通证经济时代是一个个体更为活跃、更被尊重的时代，人人都可以成为经济活动的参与者、贡献者和分享者。每个人都以各自的存在和行为方式，为社会经济的发展贡献着力量。区块链技术的核心特征之一就是“去中心化”，指的是区块链发展过程中形成的社会关系形态和内容产生形态，是相对于“中心化”而言的新型网络内容生产过程。在区块链网络中，没有中心化的硬件或管理机构，每个节点的权利和义务都是平等的，各自发挥着自己的作用。以区块链技术为底层逻辑的通证经济，每个人都将成为平台的参与者和建设者，为平台创造价值。

通证经济模式下的共同参与，也决定了通证经济下人人共享红利的分配方式。人人都是参与者，每个人是如何参与的，为平台做出了多大的贡献，通过互联网技术将其以数字化的方式进行记录，形成重要的数据资产。这些数据在平台不仅仅被记录，同时也成为人人共享红利的分配依据。共享红利的前提，是要对每个人所做出的贡献能够进行准确的记录、存储和计算，而这些在互联网技术面前都变得轻而易举。通证经济以绿色消费积分作为价值记录凭证，记录了每个参与者的贡献值。海量的、详细的数据被数字化记录、被存储和智能化计算，从而为其参与红利的分配提供了科学的依据。

第二节　通证经济本质是改变生产关系、改变财富的分配方式

通证经济是以通证为要素，协同相关资源发挥作用，推动生产力与生产关系发展的经济形态。通证经济的本质是改变生产关系、改变社会财富分配的方式，建立共同参与、共享红利发展模式的新经济形态。值得一提的是，并非所有通证的应用都是通证经济的形态，只有改变生产关系的通证应用才是通证经济的形态。

关于通证经济的定义也有很多，我们研究了各种说法，抽丝剥茧地给通证经济下了最本质的定义。所谓“通证经济”是以通证为要素，协同相关资源发挥作用，推动生产力与生产关系发展的经济形态。这里通证是要素，是通证经济重要的成分。它协同相关资源发挥作用，目的是推动生产力和生产关系的发展。换句话说，通证作为要素，它是一种工具，是通证经济的重要

工具。有了“通证”这个工具要做什么呢？通证要协同相关资源发挥作用。这里的相关资源就是参与通证经济中的各类资源，包括但不限于土地、金融资本、商品的生产、流通和消费，消费者、经营者等，与通证经济活动相关的资源都可以归纳进来。通证协同这些资源要做什么呢？推动生产力与生产关系的发展，这才是最终要实现的目的。

一、关于生产力和生产关系

在马克思主义政治经济学中，生产力和生产关系共同构成了生产方式。由于人们在物质资料生产过程中，必然要同自然界发生关系，从而形成了生产力；同时，在物质资料生产过程中，人与人之间也要发生联系，从而形成生产关系。生产力与生产关系的结合和统一，构成了社会生产方式。生产力是具有一定生产经验和劳动技能的劳动者运用生产工具加工劳动对象进行生产时所形成的物质力量。生产力包含两个因素，即劳动者和生产工具。生产关系是人们从事生产活动要相互结成的关系。正如马克思所说：“他们只有以一定的方式共同活动和相互交换其活动，才能进行生产。”单独的个人是无法进行生产的。

从历史发展过程来看，原始人的生产，初期以人群为单位相互结合，后来以氏族、部落为单位相互结合，共同从事打猎、捕鱼、采集等生产活动，获取所需要的物质资料。随着金属工具的使用和氏族制度的瓦解，个体劳动逐步代替了氏族社会的集体劳动。个体农民及其家庭成员一起劳动，用自己生产的产品来满足家庭成员的需要。农民种地所用的农具、织布所用的织布机等，多数是由手工业者生产的。同样，个体手工业者的生产，也是以家庭为单位，但他们吃的粮食，大部分或全部要从农民那里换取。经过分工和交换，以家庭为生产单位的个体农民和个体手工业者们相互交换产品，从而相互结合起来。今天，社会经济活动的内容和方式发生了巨大的变化，但本质仍旧是不同的劳动者之间的分工和交换。只是人们进行结合和交换的内容与范围更加扩大，不仅是一个企业的经营者和生产者与另一个部门的经营者和生产者相互结合，而且是一个生产部门和另一个生产部门的经营者和劳动者相互结合，以至于在全社会范围内参与生产的经营者和劳动者都必须结合起来。否则，社会的生产就无法进行。

随着生产力的发展和生产关系的不断演进，生产力进入一个新的发展阶段，即科学技术推动生产力发展的阶段。生产力的要素是具有劳动技能的劳动者和生产工具，科学技术在生产力发展中起着决定性的作用。生产关系也随着生产力的发展不断演进，在生产过程中形成了生产、分配、交换和消费关系。生产力和生产关系作为社会生产方式的两方面，是相互结合的统一体，两者又是相互影响的。正如马克思所说："每个人借以进行生产的社会关系，即生产关系，是随着物质生产资料、生产力的变化和发展，而变化和改变的。"

二、通证经济下的生产力和生产关系及其变化

互联网技术作为一种科学技术推动了生产力的发展。生产力的构成要素即劳动者和生产工具，在通证经济形态下发生了新的变化。通证成为新的要素和工具，劳动者不再是传统意义上的体力和脑力劳动者，也包括数据的提供者，即消费者。从某种意义上来说，消费者制造了数据，提供了数据，他们这种行为本身也具有了劳动的性质。正在通证经济下，生产力的构成要素发生了变化。

在通证经济下，人们在商品经济活动过程中形成了的生产、分配、交换和消费关系变得更加密不可分。这不仅体现在这四方面相互结合和影响，更表现在商品价值的创造和再分配。在通证经济之前，商品价值的分配主要发生在生产、分配和交换领域，且仅仅为两者之间。有了通证这一要素，商品价值的分配领域扩大化了，由原来的生产、分配和交换，扩大到了生产、分配、交换和消费领域。过去在消费领域，消费者并不参与商品价值的分配，而在通证经济下，消费者也是平台的参与者、数据要素的贡献者。忽视消费者的价值，将消费者排除在价值分配领域之外，已经显得不合时宜了。消费者作为平台的一分子理应根据自己的贡献，参与平台的价值分配。这就形成一种新的生产关系。

所以，通证经济的本质是改变生产关系、改变社会财富分配的方式。在通证经济下，原有的生产、分配、交换和消费关系发生了变化。通证这一要素使得这四方面的关系更加紧密和不可分割。通证作为一种价值记录凭证，记录了生产关系中人们为生态所做的贡献，并进行数字化记录，这就为人们

参与生态的价值分配提供了科学的依据。社会财富的分配方式也因此发生变化。过去在消费关系中，消费者作为交换的一方，并不参与价值的分配。而在新的消费关系中，通证记录了消费者作为交换的一方，作为数据要素的贡献者，具有了一定的劳动属性，他们也应该参与社会财富的分配。这就在一定程度上，使得社会财富的分配扩大到更大的范围，使社会财富的分配更加公平。

如何判断一种经济形态是不是通证经济？核心在于其是否改变生产关系，是否改变财富的分配方式。如果仅仅是互联网技术的应用，提高了商业运行的效率，但没有改变生产关系，则看起来类似于通证经济，其本质并非通证经济。只有当互联网技术的应用深入地影响到生产关系，改变了生产关系，改变了财富分配的方式，才能被称为通证经济。这是我们区分通证经济的重要依据。

第三节　通证经济形态下的通证分类

在通证经济的形态下，通证分为两类：一类是代表个体价值的通证，即对个人在通证经济中贡献价值的记录，如记录个人劳动贡献的工分和记录个人消费贡献的绿色消费积分；一类是代表整体价值的通证，如股票和数据资产。代表个体价值的通证是个体参与贡献值的记录凭证，也是个体参与整体价值分配的依据。

通证经济是由生产力水平决定的，是科技水平发展到一定阶段的产物。在通证经济中，通证是价值的载体，权益的凭证，如积分、优惠券、购物券、通行证、身份证、房产证、基金、证券、股票等，所有这些在商业活动中，在社会治理过程中，在金融活动当中，已经普遍使用的具有价值载体、权益凭证的工具统称为通证。通证是一种工具，通证经济是一种经济形态。

通证正是根据个体贡献的价值来参与整体价值分配的依据，体现了多劳多得、按劳分配的原则。值得一提的是，并非所有通证的应用都是通证经济的形态，只有改变生产关系的通证应用才是通证经济的形态。

例如，电信公司充话费送的积分属于通证，但不属于通证经济的经济形态。因为积分没有改变生产关系，改变生产关系就是改变企业和顾客之间的关系，如同把顾客变成股东。显然，电信局积分通证的应用没有改变企业和顾客之间的关系，没有把客户变成股东，没有改变生产关系，也没有改变财富分配的方式。积分的使用只是优惠或奖励，而不是价值的分配。电信局充话费送给我们积分是通证的应用，但不是通证经济。因为消费者没有分享企业财富的分配，企业的市值也和消费没有关系，没有改变生产关系。这种通证的应用只是为了增加客户黏度，吸引消费者继续充值话费，只能算是一种营销方式。

历史上工分的应用是通证经济，因为工分的应用是建立在农村集体所有制的基础上，所有的村民都是村集体的股东，有权利获得宅基地、田地。工分代表的是一个家庭对集体组织贡献大小的记录凭证，在年底，凭工分兑换粮票、米票、肉票、布票等生活用品。村民根据工分的多少参与村集体整体价值的分配，多劳多得、少劳少得。工分的价值会随着每年集体价值的变化而变化，这就是共同参与、共享红利的模式。工分的应用改变了生产关系，改变了财富分配方式，是通证经济的一种应用形态。

然而，由于时代的局限性，工分的应用缺乏互联网技术和区块链技术的支撑，没有充分发挥其作用。工分实施的年代，生产力低下，制约了生产关系的发展。比如，工分由人工记录，生产集体的村长、队长、会计，甚至记分员等管理人员都有可能篡改数据，导致工分的权威性逐渐受到质疑。最终为了适应当时的生产力水平，不得不取消工分的应用。但工分作为一个时代的符号，代表的是一个家庭对集体组织贡献大小的记录凭证，村民根据工分的多少参与村集体整体价值的分配，实现了多劳多得、少劳少得。

在本书的第六章中，我们将提出在数商模型中，记录消费者数据贡献的价值凭证，即绿色消费积分。绿色消费积分是一种通证，它主要用来记录消费者在商业生态中的数据贡献，属于个体价值通证。消费者在数商生态中作为数商，可以是数字代理商、数字批发商和数字零售商。但无论消费者是哪种身份，只要消费者进行了消费或者参与了经营，都可以根据数商模型的绿色消费积分贡献值分配表和计算模型，获得相应额度的绿色消费积分。绿色消费积分在数商的账户中进行累计，成为其价值结算的凭证。消费者可以用绿色消费积分在生态中兑换产品和服务，也可以将绿色消费积分兑换成货币，同时也可以将绿色消费积分兑换成数商生态中企业股权或上市公司的股票，使个体价值通证参与整体价值通证的利益分配。

第四节　通证经济引领实现共同富裕

通证经济是改变生产关系、改变财富分配方式的经济形态。在商品经济循环过程中，商品承载着社会财富创造和分配的价值与使命。在商品经济环境下，人们通过参与商品生产或流通的某个环节，参与商品价值分配，从而获得社会财富。通证经济正是基于将数据资源作为生产要素，协同相关资源建立起数商模型，让消费者成为消费经营者参与商品的数字化经营流通，成为商品数字化流通过程中总代理、批发商、零售商的角色，分享在传统商品流通过程中总代理、批发商、零售商等角色所获得的这部分商品价值，以及企业股权、上市企业股份的分红收益，从而实现更大程度上参与社会财富分配的目的，实现共同富裕。

基于互联网的通证经济，改变了传统的商品流通方式。传统的商品流通方式主要是线下的实物流通。通证经济则是线下的实物流通和线上的数字化流通两种方式。在通证经济下，商品流通方式的转变为商业生态创新提供了网络环境基础，新的商业生态和新的经济业态出现了。这些新的商业生态和新的经济业务构建了新的生产关系，进而也构建了新的财富分配方式。这种新的财富分配方式将消费者群体囊括进来，以前的财富分配只在投资者、生产者和经营者之间分配，消费者是不参与分配的。基于通证经济的财富分配方式，将消费者变成了消费经营者，从而也参与了财富的分配。消费者群体是庞大的，如果将消费者纳入财富分配体系，可以使得社会财富在投资者、生产者和消费经营者之间进行分配，这种新的财富分配方式可以让更多人富裕起来。基于互联网、云计算和区块链技术的通证经济，可以让消费者参与商品的数字化的经营和流通，参与财富的创造，也参与财富的分配，这就为共同富裕提供了可实现的路径。

通证经济改变了生产关系，改变了财富分配方式。这种新的财富分配方式，可以引领人们实现共同富裕。那么，通证经济是如何改变财富分配方式，从而引领社会走上共同富裕之路的呢？本章节，就财富分配方式的改变做比较研究，从工厂化生产时的按劳分配，到数字化时代的按要素贡献值参与分配，对这两种分配方式进行说明和对比分析。

一、工厂化生产的财富分配方式

工业革命后，人类社会的生产方式进入工厂化生产时期。工厂化生产的财富分配主要是依靠资本和劳动力来参与分配，这种财富分配方式形成了资本主义制度。在资本主义制度下，拥有资本和资源的人，可以租赁场地和雇用劳动工人，进行工厂化生产，从而获得企业利润和社会财富，他们也因此成为资本家。工人们在工厂打工，依靠出让劳动力，获得工资收入，以维持自己及家人生活所需的各项开支，他们成为雇用工人。

马克思在《资本论》中对资本主义社会制度进行了深刻的剖析，通过深刻分析资本主义生产方式，揭示了资本主义社会发展的规律，以剩余价值为中心，对资本主义进行了彻底的批判。剩余价值学说揭示了资本主义经济制度的本质问题，即资本家如何剥削工人并获取利润。在资本主义生产过程中，工人通过出让自己的劳动力为资本家创造财富。工人所得到的工资只是他们劳动力价值的一部分，而资本家则无偿占有了工人创造的超出劳动力价值的部分，即剩余价值。从而实现了对工人的剥削。资本主义生产是以追求剩余价值为目的的，资本家通过不断扩大生产规模、提高劳动生产率等手段来增加剩余价值。这种生产方式决定了资本主义经济的不稳定性和周期性危机。随着生产的不断扩大和市场竞争的加剧，资本积累的速度加快，导致生产过剩和经济危机的爆发。由于资本家占有并支配剩余价值，工人阶级和资产阶级之间的利益对立和矛盾不断加深。

马克思通过剩余价值学说向人们展示了价值分配的不公平性。劳动工人拿到的工资，只是他们创造价值的一部分，而不是全部，这也是为什么依靠工资无法实现共同富裕。由于工人们创造的剩余价值被无偿占有，因此造成了分配不公，财富会逐渐集中到资本家手中。大部分的劳动工人只能靠劳动获得支付其生活开支的工资。若工人遇到了失业问题，他们的生计将无法维持。马克思提出了资本主义必然要向社会主义过渡，社会主义是实现了生产资料所有制，就是要建立一种让所有人都能够参与分配的制度，从而消灭剥削、消除分配不公和贫富悬殊，最终实现全体人民共同富裕的美好愿景。

二、数字化时代的财富分配方式

人类社会全面进入数字化时代后，出现了通证经济这一新的社会经济形态。通证经济是共同参与、共享红利的经济形态。共享红利，就是让每个人作为数据贡献者参与社会财富的分配。这是一种新的财富分配方式，这种分配方式建立在“数据贡献”和“价值分配”的基础之上，每个人都可以作为数据贡献者被记录，系统会根据每个人所做的贡献，使之参与商品价值的分配。这是一种真正能让每个人都富裕起来的分配制度，它将有助于引领人们走向共同富裕。

工厂化生产时，人们的收入来源主要是工资。工人们在工厂劳动，生产出大量的产品，工厂将产品卖出去获得利润，然后工厂给工人支付工资。这时，工人主要是依靠出让劳动力获得工资性收入。随着科技的不断进步，工厂化生产开始走向智能化，工厂对劳动工人的雇用越来越少，更多人涌向流通领域就业，因此财富分配的重心也从生产领域转向流通领域。在流通领域，人们对财富的重新分配，成为收入的主要来源。

在流通领域，商品承载社会财富分配的价值和使命。在商品经济环境下，人们通过参与商品流通的各环节，参与社会财富分配，从而获得财富。但在传统的销售渠道和方式下，对消费者来说，他们的每一笔消费，都是工厂、代理商、批发商、零售商等参与商品流通环节这部分群体的分配，消费者本身没有参与财富的分配。因此，在传统流通领域的财富分配方式也是不公平的，没有能够让消费者参与商品价值的分配，忽视了消费者的作用，也忽视了消费者的利益。

由于科技的快速发展，生产力得到极大的提高，商品极大丰富，出现了产能剩余。传统的中间商、互联网电商等商品营销模式逐渐失效，这就需要一种新的经济模式来适应当前生产力，通证经济应运而生。通证经济可以发挥消费者的作用，将消费者变成消费经营者，参与流通领域的商品价值分配。所谓价值分配，不同于工资性收入，它是根据每个人在价值创造过程中所做出的贡献，参与商品总价值的分配。贡献得越多，分配得越多。基于数据贡献进行价值的分配，其分配主要与消费者参与贡献的多少有关，贡献得多参与分配时分配得就多，贡献得少参与分配时分配得就少，因此这是一种相对公平的分配制度。通证经济可以让消费者参与商品流通和价值分配，并且使得每个人都有参与的机会，这就为共同富裕提供了可实施的基础。

通证经济是改变生产关系、改变财富分配方式的经济形态。它以个体对整体的价值贡献，也就是贡献值，参与社会财富分配。通证经济的最大特征是让消费者这个群体参与商品价值分配环节，打破了传统商品流通过程中营销模式的局限性。传统代理模式下，无论是代理商还是批发商、零售商，参与的是实物商品的流通，因此需要投入场地、资金和人员等，能够参与的数量是有限的。通常，一个地区只有一个总代理，一个代理商下面有几个批发商，批发商又对应着一些零售商。商品销售所产生的利润，只在他们之间进行分配。而通证经济的数商模型下，总代理、批发商和零售商的角色是基于网络生态系统、针对消费者设立的。消费者在自身消费过程中，就成为零售商，还可以成为批发商和总代理。每个消费者均可通过自身的努力，升级零售商成为批发商，再升级批发商成为代理商。

在通证经济形态下，人人都有机会通过自身的努力为生态做出贡献，并根据自身贡献的大小，参与生态的价值创造和分配，获得过去无法获得的财富。因此，我们说通证经济是共同参与、共享红利的经济形态，是因为它赋予每个个体参与贡献的机会，也赋予每个个体参与价值分配的机会。通证经济天然就成为与实现共同富裕的整个国家战略相匹配的经济形态。

总之，通证经济是以先进的互联网、区块链和元宇宙技术为依托，通过技术在商业领域的渗透、应用和创新，影响、改变甚至颠覆传统的商业运行模式，缔造出一种商品资源数字化、商品流通数字化和价值权证化的经济形态。通证经济通过将信息、资源的数字化应用到商品的流通和销售过程，构建互联网生态下的商品数字化经营和商品价值重新分配的新商业生态系统。这种新型的商业生态系统，充分发挥了消费者的作用，使每个消费者成为通证经济链条上信息传递的重要参与者，也是整个商业生态系统中价值分配的主要受益者，这是传统商业生态所无法具备的功能。

第三章

数商模型是通证经济的核心

“数商”即数据提供商或数字营销商，是指人们在商品流通环节中，参与数字化商品的经营流通，成为数字化商品流通过程中总代理、批发商、零售商等角色。“数商”是数字经济时代出现的新的名词，它是数字经济时代产业数字化和数字产业化的过程中，出现的一种新的职业角色。

“数商”的概念出现后，自然也就出现了“数商”模型。数商模型是生产力水平发展到一定阶段的产物，是通证经济形态下的商业模型。数商模型旨在解决企业产品销售难的问题，旨在解决社会灵活就业问题。数商模型也是居民家庭基于贡献数据赚钱的收入模型，数商模型为实现共同富裕提供了重要路径。

数商模型的基本原理是实现从依靠劳动力赚钱到贡献数据赚钱，从根本上改变的是人们赚钱的方式，改变的是商品流通过程中财富的分配方式。在传统的经济模式下，人们依靠劳动力赚钱。在通证经济的数商模型下，人们依靠贡献数据来赚钱，实现了将数据作为生产要素来参与社会财富的分配。

第一节 “数商”的基本概念

“数商”即数据提供商或数字营销商，是指人们在商品流通环节中，参与数字化商品的经营流通，成为数字化商品流通过程中总代理、批发商、零售商等角色。“数商”是数字经济时代出现的新的名词，它是数字经济时代产业数字化和数字产业化的过程中出现的一种新的职业角色。

在研究数商模型之前，我们首先要弄清楚“数商”的概念。“数商”是我们对通证经济下商品流通过程的深入研究后，对在商品数字化流通过程中消费者发挥作用的各种角色的统称。“数商”从业者对象是消费者，消费者做了商品流通环节中总代理、批发、零售商的事，分享了总代理、批发商、零售商的这部分利益。“数商”从经营主体定义是数字营销商，从数字身份角度来看是数据提供商，从经营模式方面来定义是共同参与、共享红利的数字商业模型。

在传统的商品流通过程中有总代理、批发商和零售商等角色，他们对实体经济商品流通发挥了重要的作用。到了通证经济时代，这些角色仍然存在，但他们的组织方式、发挥的作用和发挥作用的机制发生了变化。因此，我们提出“数商”这一概念来定义他们。“数商”这一概念体现的是各种角色为数商生态贡献了各类数据，他们成为数据的生产者和贡献者，因此被称为“数商”。

显然，数商模型中由消费者承担了数字商品流通中的总代理、批发商和零售商，但他们同传统商品流通过程中的总代理、批发商和零售商存有着本质的区别。在传统商业流通过程中存在的总代理、批发商和零售商等角色，在通证经济下的数商模型中也同样包含了这些角色，它们升级为商品数字化流通过程中的总代理、批发商和零售商。

那么，传统商品流通过程和商品数字化流通过程有什么区别呢？传统的总代理、批发商和零售商，同数商模型中的总代理、批发商和零售商到底有什么区别呢？对于这两个问题，我们接下来进行详细的分析。

首先，传统商品流通过程属于实物流通，是围绕着实体商品在运转。比如，传统商业流通中的总代理需要向企业订购一定数量的商品，才能够有资格成为总代理。作为总代理，需要有经营场所并将实体商品摆放在自己的场所来经营。因此，作为总代理通常是一家企业，该企业有员工和经营场地，能够具备商品经营和流通的能力，才能够承担起总代理的角色。传统的批发商和零售商也同样，他们比总代理商的体量要小，但仍旧需要有经营场地来摆放和展示商品，需要雇用人员来负责商品的售卖。批发商从总代理那里拿货，零售商又从批发商那里批货。最后零售商将商品销售给消费者，到此商品的流通过程就完成了。在这个过程中，商品需要经过总代理、批发商和零售商各个环节的流通，最后才能到达消费者的手中。

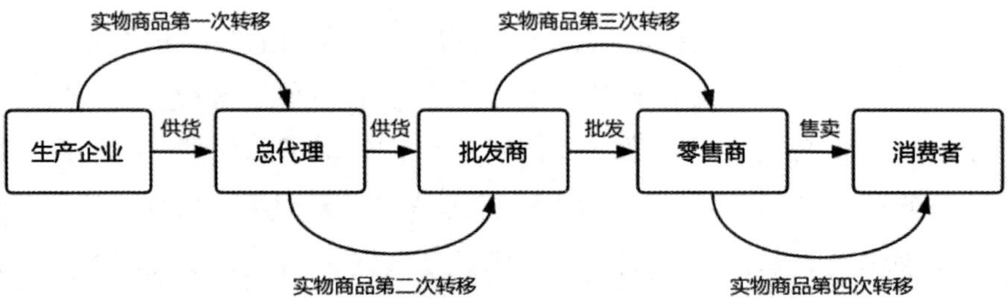

图3–1　传统的商品渠道销售过程

如图 3–1 所示，在传统的商品渠道销售过程中，生产企业到总代理、总代理到批发商、批发商到零售商、零售商到消费者，每个环节都伴随实物商品的转移。从图 3–1 中我们可以看出，商品从生产企业到消费者手中，需要经过四次转移，才能将商品送到消费者手中。这里面耗费了大量的时间、人力和财力成本，同时也可能出现商品的损耗。

在通证经济下的商品流通实现了数字化流通。商品数字化是指通过文字描述、视频拍摄获取商品的原始数据，并经过设计、编排、输出形成数字化的商品画像。数字化商品可以通过互联网技术从供给端直接展示给客户端的消费者，消费者可以随时在线查询商品信息、客服咨询和交流意见，实现了商品信息传达与交易的整个过程。数字化商品具备诸多优势，譬如，具有强大的多媒体交互功能，可以将商品信息融入声音、视频、图像等交互元素中，提升用户体验。数字化商品传递信息及时、准确、快捷，大大减少了信息传递的时间、财力和人力等各项成本。

商品数字化是数字化时代商业发展的重要趋势之一，它不仅改变了商品信息的呈现方式，还提升了消费者体验。目前，商品数字化在多个领域都有广泛的应用。例如，在制造业中，数字化技术可以实现生产管理数据化，提高生产效率和产品质量；在零售业中，数字化商场可以实现智能导购、电子结算等功能，改变了传统商品线下销售模式，搭建了基于互联网技术的新商业生态体系。商品数字化过程中，企业还可以利用大数据分析和人工智能技术，深入洞察市场趋势、消费者喜好和业务绩效等重要信息，从而更好地调整战略、优化运营和提供个性化的产品和服务。

商品实现数字化流通之后，商品的销售模式也因此发生了变化。数字化商品在流通过程中，在商品被销售出去之前，是不需要进行实物流通的，只需要将商品的画像、数据上传到互联网，通过互联网技术实现网络上的数据流通，即可实现商品信息的传递和交易。基于此，对传统商品流通过程中的总代理商、批发商和零售商而言，他们所扮演的角色和作用也随之发生了变化。首先，他们不需要进行实体商品的运输和展示，即他们不需要进货，不需要将商品放在自己的经营场所来展示和售卖。他们只需要借助互联网经营数字化商品（商品的画像数据），将数字化商品放在自己的网络店铺进行销售。其次，他们不需要实体的经营场所，数字化商品存储在互联网上并不占用实际空间；总代理商、批发商和零售商不再以进货数量作为标准进行分类，而是以他们在商品销售过程中所扮演的角色进行分类。原有的商品流通体系被打破了，新的商品流通网络体系形成了。

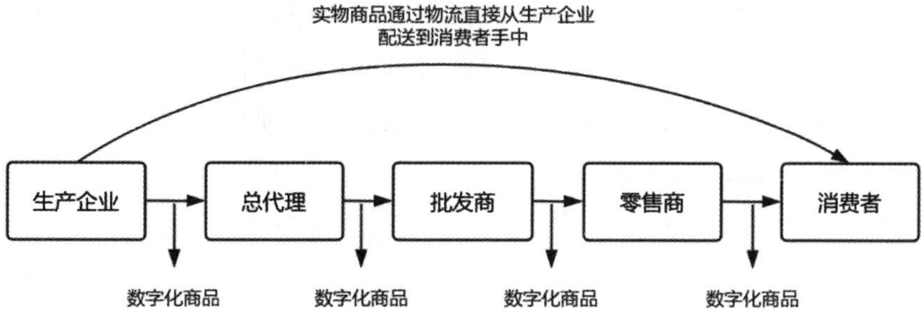

图3–2　数商模型下的商品渠道销售过程

如图 3–2 所示，在数商模型下，生产企业到总代理、总代理到批发商、批发商到零售商、零售到消费者之间都是数字化商品的流通。通过互联网实现流通，实物商品只需要从生产企业通过物流直接配送到消费者手中。这同传统的商品渠道销售有着根本的区别。在数商模型中，总代理、批发商和零售商在商品流通过程中的作用和发挥作用的机制发生了变化，他们经营的不再是实体店铺和实体商品，而是互联网店铺和数字化的商品，因此他们也有了一个新的身份，即“数商”。在商品互联网销售过程中，商品数字化，人们参与数字化商品的流通、经营和销售，实现了数据的生成、传递和流通，因此他们被统称为“数商”，即数字代理商、数字批发商和数字零售商。

那么，传统的总代理、批发商和零售商，同数商模型中的总代理、批发商和零售商还有哪些不同呢？这里还要讲一个重要的不同点，即数商模型中的总代理、批发商和零售商，是由消费者组成的。消费者是数商的从业人员。数商模型是构建由消费者组成的通证经济商品销售网络渠道，充分发挥了消费者的作用，使每个消费者成为通证经济链条上信息传递的重要参与者，也是整个商业生态系统中价值分配的主要受益者。

数商模型的设计，为通证经济下的消费者提供了参与商品数字化营销的机会，使之成为商品信息数字化流通和传递的重要网络节点。商品信息数字化流通取代了传统实物的流通，大大提高了商品流通的效率，节省了商品流通的成本。商品数字化流通和经营使得商品信息能够被快速且准确地传递给终端消费者。由于“数商”的这一性质，打破了传统销售模式下总代理商、批发商和零售商的身份限制，进入数商生态的消费者，均可成为数商模型中的总代理商、批发商和零售商。这里不再以进货能力作为评判的依据，而是以他们的实际消费能力和经营范围作为依据，让消费者个人成为数字化商品的总代理商、批发商和零售商。这一约束机制的改变，使得消费者能够参与数商模型所构建的数商生态体系。消费者为数商生态建设贡献了数据，也分享了数商生态所创造的价值和财富。

第二节　数商模型的核心内容

数商模型是生产力水平发展到一定阶段的产物，是通证经济形态下的商业模型。数商模型旨在解决企业产品销售难的问题，旨在解决社会灵活就业问题。数商模型也是居民家庭基于贡献数据赚钱的收入模型，数商模型为实现共同富裕提供了重要路径。

一、数商模型的商品数字化流通

如前所述，数商模式下的商品流通是商品数字化流通和商品实物流通相结合的方式。商品数字化流通是指通过文字描述和视频拍摄等方式，对商品进行画像，将商品信息整理后传到互联网上，商品数据信息进入新商业生态系统。商品数据信息将在互联网上进行展示和流通，新商业生态系统中的总代理商、批发商和零售商可以查看这些数字化商品，并将其陈列于自己的店铺内，进行数据信息的分享或者消费。数字化商品通过在互联网上的分享和传播，被消费者看到。消费者根据自己的需要下单购买某类商品后，商品的订单信息会反馈给商家和生态系统。生态系统有专门的订单管理模块，通过智能化的订单管理模式对商品订单进行处理，安排物流进行配送。此时，实物商品从生态系统的供应链系统发货，通过现代物流配送最终送到了消费者的手中。

在这个过程中，我们可以看到，传统的商品流通过程是实物商品和商品信息同步进行的。实物商品从厂家到总代理商，从总代理商到批发商，从批发商到零售商，再从零售商到消费者手中进行流转。数商模型下的商品流通过程，则是数字化的商品在互联网上经过总代理商的店铺到批发商的店铺，批发商的店铺到零售商的店铺，从零售商的店铺到消费者下单。在这个过程中没有实物流通，仅仅是商品数据的流通，各个环节仅仅是通过互联网页面的分享和添加等功能，即可实现数字化商品的流通。消费者下单后，生态系统收到订单，通过物流系统实现实物商品从厂家直接配送到消费者的手中，无须经过总代理商、批发商和零售商就可实现实物商品的流通。实物商品配送到消费者手中后，就实现了数字化商品和实物商品的结合与交易过程。

对比这两个过程，我们可以发现，新的商业生态系统相对于传统的商业生态系统由于流通和交易模式的变化，大大提升了商品流通和交易的效率。首先，数字化商品流通的速度和效率，以及传播的人数和次数在短时间内是相当可观的。比如，实物商品的流通需要经过两到三天的时间才能从厂家流通到零售商手中。数字化商品则仅仅是几秒的时间，就可以从厂家流通到零售商的手中，其效率得到了极大的提高。其次，数字化商品流通的规模远远大于实物商品流通的规模。即便是一个实力相对雄厚的总代理商，在成千上万的商品中也只能挑选有限的商品，这就受到总代理商投入场地和资金实力的限制。而数字化商品流通过程中，总代理商无须考虑场地和资金实力等问题，只要互联网服务器的空间足够大，就可以几乎不受限制地挑选任何商品进行售卖。当然，在实际运营中，总代理商会考虑商品销售的难易程度和消费者偏好，选择合适数量的商品进行售卖。数字化商品流通过程中，总代理商挑选商品的选择权和可选择空间将变得非常大。最后，总代理商、批发商和零售商在获取新的数字化商品和接收新商品信息的方面效率非常高。比如，某个新研发的商品一旦上市，总代理商就可以将新商品信息快速分享给批发商，批发商会快速地将商品信息分享给消费者，即零售商。数字化商品通过互联网的信息分享速度是传统实物商品信息传播速度所无法比拟的。这对新研发商品的厂家而言，几乎不用担心商品的销售问题。只要他们能够研发和生产出质量好并深受消费者喜爱的商品，通过数商模型强大的网络销售体系，就可以快速将商品信息分发给生态中的消费者，因此在商品的销售方面将不再是难题。

二、数商模型的数商角色划分

基于数商模型的新商业生态系统中，由消费者承担了数字化商品总代理商、批发商和零售商的角色。这是新商业生态系统同传统生态系统最大的区别。在传统生态系统下，对总代理商、批发商和零售商的条件比较高，通常由实体企业和实体店铺来承担，数量相对有效。他们主要承担了商品的流通，而并非商品的消费者。他们自身消费的商品通常需要通过别的渠道购置。而在新的商业生态系统中，打造的是由消费者担任总代理商、批发商和零售商的扁平化商品流通方式。消费者通过拥有家庭数字店铺成为零售商，形成了新商业生态系统最基本的网络节点；批发商除拥有自营的家庭数字店铺外，还负责管理和经营多个零售商；总代理商除拥有自营的家庭数字店铺外，还负责管理和经营多个批发商。以此形成由数商组成的数字化网络营销渠道。

数商模型是企业销售渠道数字化的重要表现，“数商”主体身份包括数字代理商、数字批发商和数字零售商三种，分别对应了传统商品流通渠道中的总代理、批发商和零售商的角色。从数据提供商角度论，每个数商就是一个数据节点，节点网络就是企业产品销售渠道的数字化网络。在这种关系下，“数字零售商”可以升级为“数字批发商”，“数字批发商”可以升级为“数字代理商”。这三个身份在本质上没有区别，只是权限和职责上的不同。

（1）数字零售商每个用户下载“数商生态 App”，注册后就可成为“数商”的第一个身份主体“数字零售商”。数商 App 是一个数字店铺，同时也是一个数据平台。数据商品只是其中一种数据，未来将会有更多场景的数据呈现。数字零售商是以家庭成员或朋友圈为销售对象，主要以家庭日常消费总额作为数字店铺的销售总额，并按照商品销售的零售部分价值获得收入。这个过程就还原了传统产品销售渠道的零售商角色与零售商的收入过程。

（2）数字批发商、数字零售商在经营好自家数字店铺外，还愿意投入时间和精力开拓其他零售商，则可升级为批发商角色。零售商升级为批发商后，除了可以获得自家店铺的零售销售收入外，还可以通过管理和经营其他的零售商，按照生态系统约定的比例获得批发商的销售收入。

数字零售商的数字店铺里都有一个开分店码，即把开分店码分享给身边的用户。身边的用户愿意申请成为“数字零售商”，那么数字零售商就增加了另外一个身份——“数字批发商”。这样一来，受邀成为数字零售商的用户的店铺只要有产品销售，数字批发商就获得了商品销售的批发部分的价值收入。以此类推，数字分店开得越多，获得商品销售的批发部分的价值收入就越高。

（3）数字代理商批发商在经营好自家数字店铺和其他零售商外，还能够投入时间和精力辅助下属的零售商成为批发商，则其自身可升级为总代理商角色。批发商升级为总代理商后，除了可以获得自家店铺的零售销售收入外，还可以通过管理和经营其他的批发商，按照生态系统约定的比例从批发商处获得总代理商的销售收入。

数字代理商的商业逻辑是协助分店开分店，在特定市场内建立影响力。当数字批发商开发的“数字零售商”也转化为“数字批发商”的身份后，原始的数字批发商就增加了另外一个身份——“数字代理商”；同时获得了商品销售的代理部分的价值收入。以此类推，数字代理商下属的数字批发商越多，数字代理商获得商品销售的代理部分的价值收入就越高。这个过程就还原了传统产品销售渠道的代理商角色与代理商的收入过程。

首先，从上述数字零售商、数字批发商和数字代理商角色的定义，可以看出他们都是从零售商这个最普通的角色升级来的，并非像传统商业生态中是由厂家来授权的。消费者进入数商模型的新商业生态系统后，根据自家数字化店铺来获得基本的零售收入。其次，根据消费者投入的时间和精力，根据其经营和管理的其他家庭数字化店铺升级为批发商的角色，并获得批发商的收入。消费者是否能够从零售商升级到批发商则全靠消费者自身的能力和其销售能力决定的，也就是消费者能够为新商业生态系统做出的贡献决定的。最后，消费者升级为批发商后，还可以通过继续努力，开发出其他批发商来提升其身份，成为总代理商的角色。消费者成为总代理商后，将承担更多的数字化商品的经营和流通工作，需要投入更多的精力和时间，也为生态系统贡献更多的数据，因此也将获得更多的收入分配。

三、数商模型的价值分配

数商模型最核心的内容，是其建立的基于数据贡献的价值分配体系。通过绿色消费积分来记录数商所贡献的价值并以此作为凭证参与分配，使得消费者不仅可以获得商品流通中的价值分配，同时还可以享有企业未来成长价值的分配，做到共同参与社会财富的分配。这就使得数商模型构建的营销体系同传统的营销体系有了根本的区别。传统的营销体系，只能使少部分人参与商品价值分配，而无法参与生产端企业未来成长价值的分配。数商模型可以让生态中的每个消费者都参与商品价值分配，同时还有机会参与生产端企业未来成长价值的分配。

表3-1　两种营销方式的对比

	传统营销模式	数商模型
参与分配方式	商品价值分配	商品价值分配、企业未来成长价值分配
参与者、受益人	代理企业、批发企业和个体工商户	生态中的每个消费者
结算方式	现金	绿色消费积分
收益方式	赚取商品差价	按照贡献值参与价值分配、兑换股票获得长期收益
收益期限	短期收益	短期收益+长期收益

在数商模型中，消费者是最大的贡献者和受益者。消费者既是生态系统的贡献者，是他们组成了商品的流通和销售体系，同时也是生态系统的受益者，参与生态系统所创造财富的分配。新的商业生态系统的核心内容，就是改变了传统商业生态系统的财富分配方式，使财富的分配可以在消费者之间进行重新分配，这为实现共同富裕提供了重要路径。

在传统商业生态系统中，个人作为消费者进入商业生态，进行了大量的消费，却没有任何的收入回报。他们贡献的所有消费数据及价值，推动了传统商业生态系统的繁荣发展，为企业或平台创造了大量的财富，但消费者自身却无法参与财富的分配，无法获益。可以说，消费者在传统商业生态系统中是纯粹的贡献者，他们为商业的发展贡献了力量，却没有进入财富的分配系统。这也导致财富分配出现了不平衡，乃至出现了分配不公、贫富差距等社会问题。

基于数商模型的新商业生态系统，彻底颠覆了这一传统商业生态，打造出使消费者也能够参与数字化商品经营和流通，并使得他们能够参与价值分配和获得收入回报的数商生态系统。数商生态系统，首先解决了消费者的就业问题，给予消费者数商的身份，使他们发挥了传统商品流通过程中总代理、批发商和零售商的角色作用，参与了商品的营销、推广等经营活动；其次也分享了总代理、批发商和零售商所获得的那部分利润。数商模型可以让每个人都成为数商，只要个人下载数商 App 进行注册，就可以免费拥有数商身份。

这就不同于传统销售渠道中设置的代理商、批发商和零售商的门槛，使人人都拥有就业的机会。作为个人不需要投入场地、租金和员工，便可以直接参与数字商品的经营和推广。

数商模型也充分体现了“多劳多得、少劳少得”的分配方式，每个数商都需要在生态中做贡献，通过绿色消费积分作为价值凭证来记录这种贡献值。绿色消费积分的获得有一定的计算规则，根据每个数商为生态贡献的消费数据来进行计算。这里的消费数据可能是数商的家庭店铺提供的，也可能是由数商推广的其他家庭店铺提供的，或者是数商推广的批发商所提供的。总之，数商为数商生态提供更多的消费数据，就可以获得更多的绿色消费积分。绿色消费积分越多，未来参与商品价值分配的权重就越大，可以获得的权益也就越多。

消费者在数商生态中，参与财富分配的方式也是多样的。消费者获得绿色消费积分之后，可以直接用绿色消费积分兑换生态中商家的商品；也可以将绿色消费积分结算为货币，用来支付家庭在其他地方的开支；还可以将绿色消费积分兑换为企业的股权和上市公司的股票，从而获得长期的资本收益和股票市场的资本收益。消费者通过绿色消费积分获得的分配权，相比以出让劳动力赚取工资的方式，在更大程度和范围上参与了商品价值和社会财富的分配。在出让劳动力赚钱的时代，员工获得的工资是其所创造部分价值的体现。而在数字经济时代，消费者以贡献数据参与分配获得的是其全部价值的体现。

数商模型所打造的这一新的商业生态系统，将使千千万万的消费者获益，他们既是生态系统的贡献者，也是生态系统的受益者。同传统商业系统相比，新的商业生态系统对于进入生态系统的每个人都更加公平和友好。既给予消费者参与生态系统数据贡献的机会，也给予消费者参与财富分配的机会。即实现了共同参与、共享红利的发展模式。

第三节　数商模型的基本原理

数商模型的基本原理是实现从劳动力赚钱到贡献数据赚钱，从根本上改变的是赚钱的方式，改变的是商品流通过程中财富的分配方式。在传统的经济模式下，人们依靠劳动赚钱。在通证经济的数商模型下，人们依靠贡献数据来赚钱，实现了将数据作为生产要素来参与社会财富的分配。数商模型实现了营销渠道的权力从制造端向消费端的转移。过去营销渠道主要由生产端的企业来打造和建立，数商模型的营销渠道则是由消费者来建立的。

一、数商模型实现了从劳动赚钱到贡献数据赚钱的转变

不同社会形态有着不同的社会财富创造和分配方式。回顾人类社会的发展历史，人类社会经历了原始社会、农业社会、工业社会和信息化社会的历史演变，在各个社会经济条件下出现了与之相适应的生产关系，以及与之相配套的职业角色和商业生态，每个时期人们创造社会财富和社会财富分配的方式都不相同。

原始社会是人类社会的最早阶段，这一时期人类主要依赖狩猎、采集为生，生产力水平低下，生产工具简单粗糙，主要以石器、木器和骨器为主。在原始社会，生存条件恶劣，人们通常生活在小规模的部落中，需要相互合作，共同抵御自然灾害和外来威胁。社会结构简单，人们通过亲缘关系和共同利益相互组织和结盟。由于生产方式的限制，人们通常过着游牧式的生活，随着猎物和采集资源的迁徙而迁徙。在采集和狩猎的过程中，人们积累了丰富的经验和知识，逐渐发展出了原始农业、原始畜牧业和原始手工业。原始社会的经济基础是生产资料原始公有制，土地、生产工具和其他资源都属于整个部落或公社共同所有，而不是归个人所有。在这种制度下，人们共同劳动，共同分享劳动成果。因此，原始社会不存在商品交换和私有制。人们通

过共同劳动和分享劳动成果来保障自身的生存和发展，虽然生产力水平低下，但人们凭借智慧和勇气，不断适应和改造自然环境，为社会的进步和发展奠定了基础。

农业社会是指以农业生产为主导经济的社会，在这个社会阶段，农业生产是经济活动的主要组成部分，农民通过种植或养殖来生产粮食、棉花、畜禽等农产品，以满足社会的基本生活需求。其特点是以小农经济占主导地位，生产的目的主要是为满足家庭生活需要，而不是交换。从生产方式和生产工具来看，农业社会主要依赖传统的农具和简单的生产工艺，人力和畜力是主要的生产动力。由于技术水平的限制，农业生产过程相对原始和低效，农民需要投入大量的时间和精力进行耕作和养殖。从经济结构和社会结构来看，农业社会的经济以农业为主，农民是社会的主体。地主阶级在封建社会中掌握着土地资源，通过地租等方式获取收益，而农民则处于低下的社会地位。此外，农业社会的经济状况还受到自然条件的深刻影响。气候、地理等因素对农业生产有着重要影响，丰收与歉收往往直接关系到农民的生活和社会的稳定。因此，农民在生产过程中需要密切关注自然变化，采取相应的应对措施。农业社会主要的生产资料是土地，农民获得的收成大部分用来满足自身家庭的需要，其次就是缴纳政府收取的赋税，更小的一部分拿到集市上出售以换取钱财。在农业社会，工商业也有了相当程度的发展，商人、工匠等社会阶层也逐渐出现。地主拥有土地资源，通过出租土地获得收益；商人和工匠利用农业剩余产品进行加工和销售，从而促进了工商业的发展。但由于农业社会的生产力水平相对较低，商品生产和交换的规模有限，这使得工商业的发展受到一定程度的制约。因此，在农业社会，人们主要是依靠土地来创造社会财富和参与社会财富的分配。

随着工业革命的兴起，人类社会进入工业时代。工业社会以工业生产为主导，以科学技术为核心，伴随各种机械设备的制造与应用，其经济模式以宏观工业生产为主，机械化、自动化和大规模生产成为工业生产的主要特征，极大地提高了生产效率。工业社会的经济结构发生了深刻变化，工业成为国民经济的主要支柱，工业部门在 GDP 中的比重逐渐增加。与此同时，农业部门的比重逐渐下降，但仍然是国民经济的重要组成部分。此外，服务业也随着工业社会的发展而崛起，成为经济增长的新动力。随着工业生产的扩大，大量的就业机会被创造出来，吸引了大量农村人口涌入城市。这导致城市化的加速和人口结构的改变。同时，工人阶级成为社会的重要组成部分，他们从农村涌向城市，从原来的土地耕作中解放出来进入工厂里成为工人。工人收入受到多种因素的影响，通常不同行业和职位的人收入存在显著差异。例如，高技术制造业、信息技术和金融行业的人往往能获得更高的薪资，而传统制造业和服务业的人薪资可能相对较低。工作经验和技能水平对收入有重要影响。经验丰富的人通常能获得更高的薪资，而具备专业技能或特殊资质的人往往能获得更好的薪酬待遇。收入在不同地区之间存在差异。一般来说，经济发达地区的收入普遍较高，而经济欠发达地区的收入可能相对较低。这与地区经济发展水平、产业结构和就业市场状况有关。工会的存在和谈判力量对收入也有一定影响。工会可以为工人争取更好的薪资待遇和工作条件，提高工人的整体收入水平。宏观经济状况和政策环境也对工人收入产生影响。例如，经济增长、通胀水平、税收政策等都会对收入产生影响。但无论如何，在工业化社会，人们出让劳动力在工厂劳作是其获得财富分配和收入的主要方式。

到了现代社会也就是信息化社会，以信息化、全球化和高度发达的科技为特点。计算机、互联网和移动通信的普及改变了人们的生活方式、经济结构和社交方式。信息社会是以电子信息技术为基础，以信息资源为基本发展资源，以信息服务产业为基本社会产业，以数字化和网络化为基本社会交往方式的新型社会。在信息化社会中，信息、知识日益成为社会发展的主要资源和财富，信息技术、信息产业、信息经济日益成为科技、经济、社会发展的主导因素。信息化增加了信息的生产、流通和消费。信息技术的突破推动了整个技术体系的深刻变化，导致信息生产、流通和消费急剧扩展。这种“信息爆炸”使得人们对信息消费产生了更高的需求。信息化社会的生活方式也发生了变化，人们可以随时随地获取各种信息和服务，电子商务、网上购物等新型商业模式让购物变得更加便捷。信息化还促进了新业态和新模式的涌现。随着数字技术的广泛应用，电子商务、云计算、大数据、人工智能等新兴业态蓬勃发展，为经济发展注入了新的活力。这些新业态和新模式不仅改变了传统的生产和消费方式，也催生了新的经济增长点。

信息化社会的发展趋势是构建智能化的数字社会，推动信息技术与经济发展的有效结合。在信息化社会中，经济发展呈现数字化、网络化、智能化的趋势。数字化使得经济数据和信息更加易于获取和分析，为政策制定和决策提供了更加科学的依据。网络化使得经济活动更加便捷和高效，降低了交易成本，提高了市场效率。智能化则使得生产和服务更加个性化和精细化，提高了产品和服务的附加值。同时，信息劳动者的作用和比重日益增大，社会经济生活也呈现分散化、多样化、小规模化等特点。信息劳动者也就是数商的雏形，他们是信息化社会的新型职业角色，是经济发展过程中数字化和网络化的产物。数商作为数字经济时代一种新的职业，使得人们可以通过提供数据，获得收入报酬和收益分成。

为了适应数字经济时代的生产力发展水平，数商模型构建了一种基于数据要素的、新的生产关系和新的收入分配模式。数商模型之所以适应了社会经济发展规律，是因为数商模式是基于信息化社会下信息技术与经济发展的有效结合，使得信息数据成为重要的生产资料，参与信息数据劳动的数商成为新型职业。人们可以从事这一新型职业，解决就业问题和获得收入，参与社会财富的分配。所以，数商模型的基本原理是实现从劳动力赚钱到贡献数据赚钱，从根本上改变的是人们赚钱的方式，改变的是商品流通过程中财富的分配方式。

数字经济时代，数据成为一种生产要素，改变了原有的生产关系，通过数商模型可以实现数据共建、价值共享。数商模型打造的是基于商品流通的新商业生态系统，在这个新的商业生态系统中，消费者作为数据提供者，成为商品数字化流通过程中总代理、批发商、零售商，取代了传统商品实物流通过程中的总代理、批发商和零售商。基于数商模型生成的新商业生态系统，使得商业生态系统中的每个人、每个参与者都发挥各自的作用，贡献个体价值，并根据所贡献的个体价值参与系统整体价值的财富分配。

二、数商模型实现了营销渠道的权力从制造端向消费端的转移

营销渠道对市场营销来说非常关键，是市场营销的核心内容。营销渠道被视为产品或服务从生产者向消费者转移过程中的一系列相互依赖的组织。营

销渠道是生产企业和消费者之间沟通的桥梁，通过营销渠道可以将生产企业的商品信息传递给消费者，将商品送到消费者手中；消费者也可以将自身的需求和购买信息传递给生产企业。这是一个双向互动的商品流、信息流和资金流的流通渠道。

有关营销渠道的理论研究也比较多，这里我们主要介绍渠道权力与依赖理论。从这个理论中，可以看到，随着市场发展的不同时期，渠道权力会发生变化，从最初的制造商到中间商，再到消费者。这也是数商模型高度重视消费者的作用并组建由消费者构成的新营销渠道的重要依据。数商模型将每个消费者都变成了数商，这些数商通过网络节点链接在一起，形成了一个多分布、扁平化的网络营销渠道。所以从某种意义上说，数商模型是由消费者组成的新营销渠道。

关于渠道权力与依赖理论的研究中，美国营销专家舒尔茨（Schultz，1998）提出的渠道对角线理论最为突出。渠道对角线理论用于解释渠道支配方的动态变化及其原因，同时也指出了营销渠道的发展趋势。其基本结论是，随着市场的不断发展，渠道权力由市场发展初期的生产商拥有，过渡到市场发展中期的中间商拥有，最终过渡到市场发展成熟期的消费者拥有。整个演变过程移动轨迹是：制造商—中间商—消费者。

具体而言，该理论认为：

（1）在市场发展初期，渠道权力主要在制造商手中。这主要是因为制造商在专业知识权力、信息权力和参照权力方面比中间商和消费者都有优势。这时，营销渠道的搭建是由制造商来主导，制造商会选择合适的中间商，并授权成为他们的代理商。制造商及其品牌在营销过程中占据着更重要的位置。

（2）在市场发展中期，渠道权力转移到中间商手中。首先，中间商拥有较大的信息权力。中间商成为渠道交易行为信息的最充分获取者，其信息控制能力的增强大大超出厂商与消费者。其次，中间商拥有较大的强迫权力。厂商需要依赖中间商的经销网络将产品传递到消费者手中。因此当中间商对厂商提出种种让利要求遭到拒绝时，可能采取拒绝销售或退货等行为，胁迫厂商妥协。最后，中间商拥有较大的专家权力。中间商的相对功能优势主要体现在市场网络的构成、销售力等市场运作方面。这些功能优势构成了中间商区别于其他渠道成员的专家权力。而厂商则可能受渠道分工的影响，专注于产品生产与制造功能，导致其与市场交易相关的专家权力萎缩与下降。因此，中间商对厂商提出的销售要求更有专业性，也更具有影响厂商的能力。

（3）在市场发展成熟期，渠道权力转移到消费者手中。消费者获得渠道权力有以下两方面的表现。首先，消费者拥有更大的信息权力。技术发展为消费者获得信息提供了极大的方便，渠道信息的透明度大大增强，信息获取使消费者在渠道中的信息权力急速扩大。其次，消费者拥有更大的专家权力。随着商品交易活动的增加，消费者逐渐成熟，消费行为更加理智，需求逐渐个性化，使得消费者在渠道中的专家权力日益突出。

上述理论是由美国营销专家提出的，但也十分吻合我国营销市场的发展现状。结合我国的实际情况，在改革开放初期，生产企业数商较少，那时制造商在产品销售和销售渠道上具有较大的话语权。作为销售型的企业和个体商家均以能够拿到货品为竞争内容。谁的渠道销售能力强，能够得到制造商的青睐，能够拿到产品代理权，谁就能够在市场中胜出。那个时候，代理商、批发商等中间商的权力还较弱，受制于制造商的管理。

随着我国招商引资力度的不断加大，市场开始迅速扩展，全国各地都铆足了力气投资建厂。大量的产品被生产出来，同时中间商代理商体系也日益成熟，他们掌控着终端的消费者。制造商要销售产品，需要通过代理商渠道来销售，这时代理商的权力就变大了，甚至超过了制造商的权力。对代理商而言，市场上制造商和产品很多，他们的可选项变多了。过去，是由制造商来挑选代理商进行合作。现在，则是由代理商挑选制造商。制造商的商品如果无法进入代理商体系，仅靠自身的营销能力，很难形成大规模、大体系的销售。尤其电商平台出现后，更是成为巨大的平台代理。制造商要销售商品，需要借助电商平台。一些电商平台就会向制造商收取平台费用，同时还会出现舒尔茨教授提到的，对厂商提出种种让利要求遭到拒绝时，可能采取拒绝销售或退货等行为，胁迫厂商妥协。这也是电商在激烈的竞争下，不断地压低厂商的供货价格，致使厂商不断降价导致利润越来越薄的原因。因此，厂商的生存空间不断被挤压。

随着市场发展到成熟期，市场进入供过于求、产能过剩阶段，渠道权力开始转移到消费者手中。数商模型搭建的数商生态，就是由消费者来构成网络销售渠道。消费者在手机上安装数商 App，就成为数商网络销售的节点。消费者不仅可以管理自家店铺的销售情况，还可以通过发展其他家庭店铺成为数字批发商和数字代理商，获得渠道销售收入分配。数商既是消费者，也是经营者，取代了中间商，他们自身所结成的网络系统就构成了营销渠道。从某种程度上来说，数商模型是基于移动互联网和区块链技术，搭建起由消费者构成的网络营销渠道。消费者拥有更大的信息权力和专家权力，从而拥有了绝对的渠道销售权力。

三、关于数商模型的经济学和社会学分析

从经济学理论的角度分析，数商模型与经济学中激励相容性、网络外部性、博弈论等核心理论相联系。一是激励相容性。在数商模型中，每个数字零售商、数字批发商、数字代理商的收益与其销售业绩直接相关，这符合激励相容性原则。数字零售商、数字批发商、数字代理商有动力推销更多的产品，因为他们的收入随着销售量的增加而增加。这种激励机制鼓励数字零售商、数字批发商、数字代理商积极参与市场活动，从而推动数商平台的整体销售。二是网络外部性。数商模型的成功很大程度上依赖网络的规模。随着更多的“数字零售商”加入，网络的价值增加。因为更多的人了解和购买产品，这产生了正的网络外部性。这种效应可以加速产品的市场渗透和品牌的建立。三是博弈论。数商模型中的参与者（数字零售商、数字批发商、数字代理商）可以被视为在进行一场博弈。每个参与者都试图最大化自己的利益，而数商模型的稳定性取决于各方的策略选择和相互作用。博弈论提供了分析这种互动的框架。四是消费者剩余与生产者剩余。数商模型通过减少中间环节，理论上可以降低消费者价格，增加消费者剩余。同时，数商模型的激励机制也可能提高其销售能力，从而增加生产者剩余。

从社会学理论的角度分析，数商模型与社会学中社会网络理论、社会交换理论、创新扩散理论等核心理论相联系。一是社会网络理论。数商模型可以视为一个由个体和组织组成的复杂网络，其中信息、产品和资金的流动遵循特定的路径。社会网络理论关注网络中节点（个人或组织）之间的连接方式以及这些连接如何影响网络的动态和功能。在数商模型中，每个数字

零售商都是网络中的一个节点，他们的销售和推荐行为不仅影响自身的收益，也会对整个网络的结构和效率产生影响。二是社会交换理论。该理论认为社会行为是基于成本和收益的计算。在数商模型中，“数字零售商”“数字批发商”“数字代理商”参与模型是因为他们预期从销售活动中获得的回报超过了其投入的成本。这种预期激励他们积极销售产品，同时也促使他们遵守数商模型的规则，以维护良好的合作关系。三是创新扩散理论。数商模型可以作为新产品或服务进入市场的一种渠道。根据创新扩散理论，新的想法或产品的传播是通过社会网络进行的，数商模型在这一过程中起到关键作用。各个“数字零售商”“数字批发商”“数字代理商”通过个人接触将产品信息传播给潜在的消费者，从而促进了产品的接受和普及。四是阶层理论。数商模型可能在不同的社会阶层中产生不同的影响。例如，对处在较低社会经济地位的个体来说，数商模型提供了一个相对低门槛的创业机会，这可能影响他们的社会流动性和经济地位。五是组织结构理论。数商模型的层级结构可以与组织理论中的层级模型相比较。每个层级的产品销售者承担不同的角色和责任，这种结构对于协调活动、传递信息和管理激励具有重要意义。

第四节　数商生态系统的建设

人们作为消费者拥有自身的消费、健康和娱乐等各类数据资源，通过网络节点将数据资源提供给数商生态系统，成为数商生态系统的贡献者、建设者和受益者。

数商模型打造的是数商生态系统。数商生态系统包括数字供应链系统、数商生态 App 端系统、数商三通数据交换系统、绿色消费积分存储链系统、支付结算系统等组成。其中表现层为数字供应链商品、数商 App 应用、绿色消费积分等；中心处理层为绿色消费积分贡献值算法；实现层为绿色消费积分结算系统、资金结算、税务；基础底层为互联网、区块链、大数据分析、智能合约、物流体系。如图 3–3 所示。

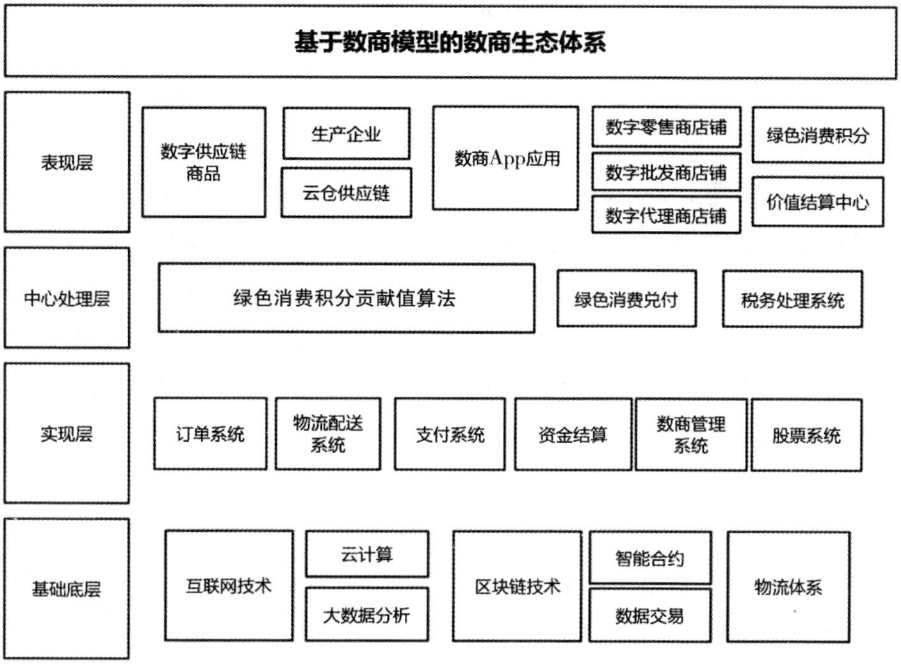

图3–3　基于数商模型的数商生态系统

数商模型运行流程：数字供应链汇集百姓家庭消费所需的产品与服务直接从后台供应到各生态数商 App 端，相当于各企业联合起来把超市开到了千家万户。每家每户根据需要在手机 App 上采购即可，再通过算法获得“数商”各个角色收入——绿色消费积分（贡献值记录凭证），最后绿色消费积分进入第三方结算中心实现结算。

一、数商生态系统的搭建

数商模型的运行，离不开数商生态系统的搭建。为了实现数商模型的良好运转，数商生态系统需要完成以下各个子系统的搭建。

（一）数字供应链商品系统的搭建

数字供应链汇集百姓家庭消费所需的产品，这些产品由生产厂家直接提供。前期生产厂家只需要提供数字化的商品信息，上传到数商生态系统。为了保障商品的质量，避免假冒伪劣产品掺杂其中，需要对产品建立追溯系统。

每个产品赋予唯一的产品标识（如条形码、RFID 标签等），以实现从原材料到生产、流通、销售等各个环节的全程可追溯。通过扫码便可获知商品的出厂所有相关信息。例如，对于食品企业，可以通过政府部门的质量检测，为产品贴上溯源防伪二维码，实现从源头到终端的食品安全全程可追溯；对于茶叶品牌，通过搭建溯源管理平台，将茶叶从采摘、生产到销售等各个环节的信息，通过二维码标签形式向消费者展示，提升品牌属性，等等。

同时，还要建立企业和商品的认证系统，对相关资质进行认证。企业只有通过认证，才能进入数字供应链的企业集群中，为生态系统供应商品。企业向生态系统供应的商品，要经过商品认证和检测，建立数字化商品的身份信息，录入商品的生产地、生产时间、相关资质、检验合格证等信息。商品经过认证后，进入数字供应链商品集群。这些商品信息可以直接从后台供应到各生态数商 App 端，供消费者浏览、查看和购买。

（二）数商 App 的搭建

数商 App 是一款手机应用程序，用户可以从手机市场下载并安装到自己的手机端。通过数商 App 同整个数商生态建立联系。其功能主要包括注册账户成为“数商”，购买商品获得收入，推荐他人注册 App 获得数商身份和管理权限的升级，获得绿色消费积分、积分兑付、价值结算等各项功能操作。

消费者在手机 App 端进行注册，即可获得数字家庭店铺，成为数字零售商。数字零售商是以家庭成员或朋友圈为销售对象，主要以家庭日常消费总额作为数字店铺的销售总额，并按照商品销售的零售部分价值获得收入。消费者通过分享数商 App 的开店码，邀请其他人注册数商 App。此时消费者可从数字零售商升级为数字批发商。当被邀请的数商也升级为数字批发商时，原来的消费者则升级为数字代理商。通过数商 App，消费者可以拥有数字零售商、批发商和代理商三种身份和对应的店铺，同时也获得来自三种不同身份的三种收入。数商所构建的数字化营销体系，都在数商 App 上实现。数商 App 的功能十分丰富，消费者只要注册数商 App 即可成为数商，参与商品的流通和销售，并获得收入。数商 App 的功能会随着业务的发展，不断升级和完善。

（三）绿色消费积分系统的搭建

所有的数商在数商 App 上消费，购买任何商品，均可获得绿色消费积分。绿色消费积分是数商生态的通证，它是数商模型的价值记录凭证，可以在数商生态中进行流通。绿色消费积分本质上是企业给予消费者的一种反映贡献值的记录凭证，与商品的销售渠道费用锚定。单个产品具体锚定多少价值，按统一标准的“贡献值分配表”在产品信息中进行明示。数字零售商、数字批发商和数字代理商在完成商品的销售后，即可获得相应额度的绿色消费积分，并进入“数商”的绿色消费积分账户进行累计。

绿色消费积分系统就是用来管理生态中绿色消费积分的生成、流通、兑付和管理的中心。当有数商在数商生态中进行消费，就会根据数商消费的商品类别和绿色消费积分贡献值，计算出数商生态新产生的绿色消费积分，并分配给对应的数字零售商、数字批发商和数字代理商。他们获得绿色消费积分后，可以用来购物、兑付收入、置换股权和股票等。绿色消费积分有对应的计算模型，在下一章中，我们会对绿色消费积分做系统和更全面的介绍。

（四）云仓储供应链和物流配送系统的搭建

在数商生态系统中，在营销过程中流通的是数字化的商品。实物商品将存储在数商生态的云仓储供应链系统的各个仓库中。云仓储供应链系统是为进入数商生态的生产企业搭建的，用来存储和管理各生产企业的实物商品。当数商从数商 App 端下单支付后，数商生态将通过云仓储供应链来调取实物商品，通过现代物流体系将实物商品送到消费者的手中。

因此，云仓储供应链和物流配送系统是数商生态系统的重要组成部分。云仓储供应链和物流配送系统利用先进的信息技术和管理方法，对物品的运输、仓储、装卸、包装、配送等环节进行一体化、智能化的管理，实现物品从仓储中心直接配送到消费者家中，无须其他中间环节，在降低了物流成本的同时也避免了中间环节出现假货，为打击假货市场和假冒伪劣产品提供了有效的举措。

（五）价值结算中心的搭建

价值结算中心对数商生态来说至关重要，是数商生态资金流入流出的枢纽，也是整个数商生态安全运行的基本保障。价值结算中心主要负责为生态中的数商提供绿色消费积分的价值结算。

数商生态将绿色消费积分以贡献值的方式对数商的角色价值进行记录确权，商品销售分账系统也同时将相应价值的人民币现金分账给第三方结算中心结算账户进行结算，确保绿色消费积分价值的真实性与用户权益。数商获得绿色消费积分确权后，可以进入第三方结算中心进行资金结算，也可以通过第三方结算中心兑换平台上优质企业的股权或股票，享有企业未来的成长价值。

因此，为了搭建安全规范的结算体系，数商模型将由国家颁发金融牌照的第三方金融机构，来承担价值结算中心的职能。由第三方结算机构来负责资金结算，可以实现资金安全托管、资金结算的独立性，从而可以充分保障数商生态中各参与主体的权益。

二、数商生态系统的技术支持

数商生态系统的搭建，离不开区块链、云计算、大数据和人工智能技术的支持。正是技术的创新推动了商业生态的创新。本节对数商生态搭建用到的技术进行简要介绍。

（一）区块链技术

首先，应用区块链技术保障了数商系统数据的安全、可信。因为区块链是一个分布式的共享账本和数据库，具有去中心化、不可篡改、全程留痕、可以追溯、集体维护、公开透明等特点。这些特点保证了区块链的“诚实”与“透明”，为区块链创造信任奠定基础。

其次，应用区块链技术打造的贡献值具有极高的资产安全。这个安全源于区块链是一种去中心化的分布式数据库。它由多个区块组成，每个区块都包含了一定数量的数据，每个区块都与前一个区块相连，形成了一个不可篡改的链条。同时，区块链技术采用了多种加密技术来保障数据的安全性，如私钥、哈希函数、非对称加密等技术。

最后，智能合约保障消费领域财富分配的自动化与公平。智能合约是一种在区块链上执行的自动化合约，它能够在没有第三方的情况下，自动执行程序。数商系统采用智能合约作为数据计算的核心技术，能确保系统自动运行与计算，消除人为干扰与破坏。

（二）云计算技术

云计算技术是一种基于互联网的超级计算模式，它将存储于个人电脑、移动电话和其他设备上的大量信息和处理器资源集中在一起，协同工作。云计算是一种新兴的共享基础架构的方法，可以将巨大的系统池连接在一起以提供各种 IT 服务。它通过将计算分布在大量的分布式计算机上，而非本地计算机或远程服务器中，使得企业数据中心的运行更与互联网相似。

云计算的大规模和高可扩展性为数商生态的运行提供了充足的服务空间和强大的计算能力。云服务具有强大的规模，企业私有云一般拥有成百上千台服务器，能给用户前所未有的计算能力。例如，Google 云计算拥有 100 多万台服务器，亚马逊、IBM、微软和 Yahoo 等公司的“云”也都拥有几十万台服务器。云计算技术拥有强大的数据处理能力，可以支持各种复杂的计算任务。无论是数据分析、图像处理还是机器学习等任务，云计算都能提供足够的计算能力来满足需求。云计算平台拥有海量的存储空间，可以存储大量的数据。同时，云服务的规模可以动态伸缩，满足应用和用户规模增长的需要。随着数商生态的不断发展，未来加入数商生态的消费者越来越多，这就需要强大的云服务技术作为支撑，随着业务的增长不断地扩大其云服务存储空间、计算能力和数据处理能力。

云计算技术的虚拟性，使得云计算还支持用户在任意位置、使用各种终端获取服务。用户请求的资源来自“云”，而不是固定的有形的实体。这使得用户无须关心应用运行的具体位置，只需要通过网络服务即可获取到想要的数据。对数商生态而言，数商可以分布在任何地方，他们通过数商 App 加入数商生态网络，作为网络的节点为数商生态贡献各类数据，同时也随时随地访问和共享数商生态上的数据资源。

云计算技术还拥有高可靠性，为数商生态的安全运行提供了可靠的保障。云计算采用数据多副本容错、计算节点同构可互换等措施来保障服务的高可靠性。使用云计算比使用本地计算机更加可靠，因为云计算平台可以实时监控和管理资源，确保服务的稳定运行。

总之，云计算技术为数商生态建设提供了强大的数据处理能力和海量的数据存储空间，保障了对数商贡献数据的强计算能力，从而可以处理每天各种复杂的计算任务。同时，云计算平台还提供了数据备份和恢复等服务，确保数据的安全性和可靠性。

（三）大数据技术

大数据技术是一种处理海量数据、提取有价值信息的先进技术，通过采集、存储、处理、分析等手段，从海量的数据中提取有价值的信息和知识，以支持各种应用的技术集合。数据挖掘是大数据技术的核心技术。在数商生态中，数商日常活动会形成大量的数据。大数据技术可以帮助人们从这些海量的数据中挖掘出有价值的数据，进而用来支持生产端的生产决策和数商生态的运营。

大数据技术的应用为数商生态提供了更加精准、个性化的服务，提高了用户体验和营销效果。利用大数据技术对消费者购物行为、浏览历史、搜索关键词等海量数据进行分析，以追踪和分析消费者的产品需求。通过分析这些数据，可以让供给端的生产企业快速调整和优化产品线，提升销售额。例如，通过分析用户行为数据和购物记录，可以确定消费者的购物偏好和需求，进而有针对性地调整商品库存和营销策略，实现销售的最大化。通过大数据分析技术，数商生态可以建立用户画像，并利用这些画像进行精准推荐和个性化营销。准确洞察用户的兴趣和喜好，从而向用户推荐符合其需求的相关产品，提高用户购买率和满意度。大数据技术能够帮助企业实现高效的库存管理、准确的订单预测和精细化的物流调度，从而提高交付速度和降低成本。

数商模型最核心的内容，是基于数商提供的数据作为其参与价值分配的依据。大数据技术可以快速处理数商所贡献的数据，对其进行实时处理和分析，并用绿色消费积分来记录其贡献值。数商在数商生态中通过自身的消费行为，可以为数商生态贡献海量的数据，这就需要利用大数据技术来对这些海量的数据进行处理，包括及时识别潜在的风险和欺诈行为，降低经济损失。通过分析用户的交易模式、资金流向和行为轨迹等数据，能够快速识别高风险交易和可疑操作，并采取相应的措施，保护生态和用户的利益。

（四）人工智能技术

人工智能（Artificial Intelligence，AI）是一门广泛的科学技术，它涉及研究、开发用于模拟、延伸和扩展人的智能的理论、方法、技术及应用系统。

1956年，计算机专家John McCarthy提出了“人工智能”一词，这标志着人工智能正式诞生。同年，在达特茅斯学院的一次会议上，人工智能被正式确立为研究学科。人工智能在达特茅斯会议后的十余年内迎来了发展史上的第一个小高峰。研究者涌入该领域，取得了许多瞩目的成就，如搜索式推理、自然语言、微世界等。随着互联网技术的逐渐普及，人工智能逐步发展成为分布式主体，为其提供了新的发展方向。20世纪90年代，卷积神经网络（CNN）技术的发明推动了图像识别技术的飞速发展。进入21世纪，人工智能的发展进一步加速。统计学习、深度学习等关键技术相继出现，推动AI在图像识别、语音识别、自然语言处理等领域取得了重大突破。

机器学习是AI技术的核心之一，它使计算机能够从数据中学习并做出预测。随着数据量的增加和计算能力的提升，机器学习技术在多个领域取得了显著成果。深度学习是机器学习的一个分支，它通过模拟人脑神经网络的工作方式来实现学习和推理。深度学习在图像识别、语音识别、自然语言处理等领域取得了突破性进展。未来的大数据技术将更加注重数据的智能化和自动化应用。人工智能技术将与大数据技术结合，实现对数据的自动分析和挖掘，提供更准确、高效的数据分析结果。

数商生态系统引入人工智能技术，可以在商品推荐、智能客服、市场分析和预测、智能支付等方面，提高用户体验和购物效率。通过分析数商家庭店铺的历史购买记录、搜索记录、浏览记录等数据，推荐系统能够为数商家庭推送个性化的商品或服务。推荐系统通常分为基于内容的推荐、基于行为的推荐和混合推荐，这些推荐策略有助于提高用户的购买率和满意度。智能客服系统能够24小时无休地为用户提供快速、准确的咨询和售后服务。通过自然语言处理和机器学习技术，智能客服可以迅速理解用户问题并给出解答，大大提高了客户咨询效率。AI技术可以帮助数商生态分析市场趋势、预测商品需求，为供应链管理提供有针对性的决策支持。人工智能技术为支付领域带来了便捷和安全的解决方案，如人脸识别支付功能，可以减少对实体卡片和密码的依赖，提高了支付的安全性和便捷性。

综上所述，数商模型打造的数商生态系统，是以“数据”作为重要的生产要素，将“数据贡献值”作为价值分配的重要依据，“数据贡献”是数商获得收入的主要来源。涉及数据就离不开区块链、云计算、大数据和人工智能等先进互联网技术作为技术支持。未来随着这些技术的不断迭代升级，能够赋予数商生态更多便捷的功能和更高效的运营，也为数商生态的生产企业、供应链和数商提供更加便捷的应用体验，更加个性化、人性化的服务体验。

第五节　数商模型的社会价值研究

数商模型的设计为消费者提供了新的就业机会和新的收入结构，它既重塑了数字经济时代的商业运行模型，也改变了人们的就业结构和财富分配格局。因此，数商模型的提出和实施，对社会经济的发展和社会的进步都具有重大的影响。本小节将对数商模型的社会价值研究做有关说明。

一、数商模型构建了一个更加公平和高效的商业生态系统

数商模型是通证经济的核心。通证经济是一种商品信息数字化、商品流通数字化、商品经营数字化和权益分配凭证化的经济形态。这种新的经济形态具有传统商业形态无法比拟的优势，它基于互联网技术、区块链技术和元宇宙技术等现代化技术，搭建了基于无数网络节点的新的商品生产、流通和消费场景，取代传统店铺实物展示、流通和销售方式，是一种经营更为便捷、流通更为高效和价值分配更为公平的商业生态系统。

数商模型贯彻了通证经济的核心理念，为消费者提供了参与商品数字化营销的机会，使之成为商品数字化流通和传递的重要载体节点。商品数字化流通取代了传统实物的流通，大大提高了商品流通的效率，节省了商品流通的成本。商品数字化流通和经营使得商品信息能够被快速且准确地传递给终端消费者。在这个过程中，实现了商品信息数字化、商品流通数字化和商品经营数字化，使商品的流通更加便捷和高效。

数商模型建立了科学精准量化消费者贡献值并参与商品价值链分配的模型，实现了对数据价值的记录和评估。数商模型引入绿色消费积分作为通证

经济中数据要素流通价值的凭证，记录通证经济中参与主体消费者所贡献的价值，并通过绿色消费积分使数商参与生态价值的分配。绿色消费积分是数商模型重要的工具，它实现了权益分配凭证化。绿色消费积分记录了数商为生态所贡献的数据价值，将其作为价值分配的依据，因此建立了一种更加公平和多元的收入分配体系。

二、数商模型为解决社会就业问题提供了一种自主选择的机会，为建立公平公正的收入体系提供了一个思路

就业是最大的民生，实现更加充分、更高质量就业，是践行以人民为中心的发展思想、扎实推进共同富裕的重要基础，实现就业、实现共同富裕是党和国家一项长期的战略任务。在社会经济数字化转型过程中，传统的工作岗位消失了，就需要有新的工作岗位出现，来解决就业的问题。数商模型是基于商业数字化转型过程中出现的一种新的职业。这种新的职业，以消费者为主要对象，为消费者提供了一种能够参与数字经济的就业岗位。对消费者而言，这时一种自主选择的机会，只要消费者愿意都可以注册成为数商，获得一份数商的收入。

数商模型是如何解决消费者就业的呢？即让消费者参与商品数字化流通和商品数字化经营环节，这既可以充分发挥数字化所具备的低成本、高效率的运营优势，又可以使消费者个人参与价值的创造从而也参与价值的分配。数商模型是数据要素优化分配的重要应用，因其参与没有门槛的限制，从而为更多普通人提供了就业和创收的机会，为建立公平公正的收入体系提供了一个思路。

三、数商模型是一种可持续发展的新模式，促进了商业生态的良性循环

在通证经济的数商模型中，消费者个体既通过自身消费为整个生态提供了价值，也通过数商的总代理、批发商和零售商的角色参与了价值的分配，也就是在新的商业生态体系中实现了“价值创造—流通—再分配”的闭环运营，从而可以实现体系内的良性循环运转。

在传统的电商平台上，消费者仅仅是个消费者，他们只能在平台上花钱消费，却无法获得收入回报，也就无法形成商业闭环。数商模型打造的数商生态中，消费者不仅可以进行消费，通过消费还可以获得收入回报，这些收

入可以用来支持消费者的再消费。对消费者而言，实现了“进行消费—获得收入—再进行消费—再获得收入”的消费闭环。对于数商生态，实现了“价值创造—价值分配—价值再创造—价值再分配”的运营闭环。

四、数商模型是一种高质量发展的新力量，是新质生产力发展的代表

数商模型通过对生产资源的数字化应用，建立起更加透明和合理的定价机制，改善了长期以来以价格战挤压生产商，导致低质伪劣产品横生的局面。从某种程度上来讲，商品价格是商品质量的保障。商人不会做亏本的买卖，商品的价格低必然伴随着商品生产成本的下降。如何才能够保障商品的质量，就是要制定合理的定价机制。数商模型的定价机制保证了数商生态中商品的质量。

在数商模型中，数商经营的是数字化商品，实现的是商品数字化流通和商品数字化经营。因此，在商品被销售出去之前，数商是不接触实物商品的，数商之间传递的是商品信息。只有当终端的消费者下单购买时，数商生态会安排生产厂家直接给消费者发货。这就避免了在商品流通过程中，被掺入假冒伪劣产品的可能性。在商品供给端即厂家只需提供优质的商品，数商负责将优质商品信息传递给其他数商，优质商品会通过供应链和物流体系，直接送到消费者的手中。

五、数商模型为实现共同富裕提供了一种可落地方案

数商模型最大的社会价值，就是为共同富裕找了一种可落地的方案。共同富裕是全体社会成员共同追求的目标。那么，如何实现共同富裕呢？数商模型通过解决消费者的就业和收入问题，做出了有益的探索。首先，数商模型可以让更多的消费者个体参与商品数字化经营所带来的价值分配，提高了他们的实际收入。其次，绿色消费积分的兑付机制，让消费者个体有机会获得生态系统中上市企业的股份、股票，享受分红收益，拥有了更为广泛的参与价值分配的途径和方式，拓宽收入来源和渠道，切实提高消费者个体的收入水平。因此，数商模型的推广和大范围的应用，对我国实现共同富裕具有现实意义，是一个值得推广、借鉴、应用的共同富裕模型。

综上所述，数商模型实现了商品数字化流通和营销，让消费者个体在其中发挥价值并参与价值分配，从而为增加居民收入、实现共同富裕进行有意

义的探索实践，这对于社会经济的发展，对于解决就业和提高居民收入，对于建立公平的分配制度，都有着重要的现实意义。

第六节　数商模型的作用和意义

数商模型作为通证经济形态下的一种商业模型，是社会经济发展到一定阶段的产物。首先，互联网技术的不断迭代升级，催生了以数据作为生产要素的新商业模式；其次，人工智能技术的不断迭代升级，改变了人们的生产和生活方式。传统的生产方式已经不能适应当前社会经济的发展，需要新的生产方式来与数字经济相匹配，也需要新的收入分配制度来引领社会走向共同富裕。共同富裕是社会经济良性循环的根本保障，是社会经济发展的必然。

基于通证经济提出数商模型，旨在解决企业的销售难题，解决老百姓的就业问题，解决人们的收入增长问题，使老百姓敢消费、愿消费、能消费，有效扩大国内需求，拉动经济增长。数商模型在农业和农村的应用，可以帮助国家实现乡村振兴，解决6亿多农民人口的致富问题。所以，提出数商模型对当前社会经济的发展有着重要的作用和意义，是解决诸多问题的可探索路径和方向。

关于数商模型对社会经济的重要作用和意义，可以概述如下。

一、数商模型可以解决企业销售难的问题

随着中国成为“世界工厂”，其生产制造能力得到巨大提升，加之互联网技术、AI人工智能、云计算、自动化生产线等新兴科技的广泛应用，社会生产力得到极大提升，在为中国及世界经济提供丰富产品的同时，也不免产生市场竞争加剧、产能过剩、库存增加、企业利润下滑等一系列问题。集中表现就是企业面临销售难的问题。在传统的互联网营销手段边际效应逐渐降低的情况，实现与数字经济时代相匹配的新型营销关系成为必然。

数据作为新型生产要素，是数字化、网络化、智能化的基础，已快速融

入生产、分配、流通、消费和社会服务管理等各环节，深刻改变着生产方式、生活方式和社会治理方式。2023 年国务院一号公报《关于构建数据基础制度更好发挥数据要素作用的意见》中明确提出“促进形成与数字生产力相适应的新型生产关系”。

进入了数字经济时代，企业跟企业、企业跟员工、企业跟顾客之间的关系也发生变化。企业把员工、顾客变成股东，企业跟企业之间也可以成为股东。数商模型是在菲利普·科特勒与陈瑜教授两位经济学家“消费股东”与“消费投资”理论基础上的升华，核心内容就是让消费者成为消费经营者，成为商品数字化流通过程中数字代理商、数字批发商、数字零售商的角色，帮助企业销售产品，同时分享总代理、批发商、零售商所获得的这部分商品价值，以及企业股权、上市企业股票的分红收益。

综合来看，数商模型对企业尤其是实体企业的发展助力尤为明显：一是彻底解决企业的销售难题。在数商模型下，消费者都将是企业的推广员、销售员。这个群体的数量少则几十万，多则可达上亿，其群体本身的消费就是一个庞大的市场。当这个群体与具体企业、平台、生态绑定消费时，有利于解决企业的销售难题。二是企业专注研发，有利于提升市场竞争力。企业营销消耗了大量的资金、人力、物力资源，通过数商模型彻底解决销售难题，使企业可以专注技术研发、企业管理，保持产品在技术、质量、外观、设计等方面的持续领先，从而更具市场竞争力。

二、“数商”发展有效解决百姓就业问题，稳定社会

就业是民生之基、财富之源。保住市场主体就能守住我国就业的基本盘，让 14 亿多人的大国保持就业稳定，不仅难能可贵，而且其中蕴藏着巨大创造力。数商模型服务于微商、社交电商和各种新零售等业态，充分激发各类经营主体的内动力和创新活力，可进一步激发我国超大规模市场潜能，有效促进百姓就业增长，解决普通人的就业问题。微商、社交电商和各种新零售等业态对于稳就业的贡献，早已经成为公论。

综合来看，数商模型释放和拓宽就业空间在以下两方面发力：一是以科技创新引领现代化产业体系建设。表面上看技术进步了，技术会替代一部分劳动力，但同时会带来新产业、新业态和新模式。产业迭代带来的新供给必

然创造新需求，其中就包括新型劳动力需求。二是数商模型让更多个人和家庭参与商品数字化经营环节，充分发挥数字化所具备的低成本、高效率的运营优势，使更多的消费者不仅个人也包括家庭参与价值的创造，参与价值的分配，从而为更多的个人和家庭提供就业创收的机会。就业局势的稳定成为民生改善的坚实基础、经济企稳的有力支撑和社会稳定的“压舱石”。

三、“数商”发展有效扩大国内消费需求

扩大内需是促进经济发展行之有效的重要战略，既要稳存量，又要扩增量。前者是依托稳定和扩大传统消费，保住内需“基本盘”。后者则是借由培育壮大新型消费，扩需求、求增长。2023 年年底的中央经济工作会议提出，扩大内需要“培育壮大新型消费，大力发展数字消费、绿色消费、健康消费，积极培育智能家居、文娱旅游、体育赛事、国货‘潮品’等新的消费增长点”。随着数字经济的蓬勃发展，数商模型在培育壮大新型消费以及稳定和扩大传统消费上都大有可为。

在培育壮大新型消费方面，数字技术对消费形态进行变革性重构，各种新消费场景层出不穷，如在线教育、在线医疗、在线文娱等“互联网 + 社会服务”新模式；智慧超市、智慧商店、智慧餐厅等新零售业态；智慧停车、无人驾驶出租车等新型数字化出行服务；社交商、网络直播等新个体经济；共享出行、共享住宿、共享旅游、共享充电宝等共享经济消费业态。数商模型也致力打造消费新场景，激发消费动力，培育新的消费者。变线下消费为线上线下多元融合消费，深刻改变人们的消费方式、消费结构和消费观念，有力推动消费升级，释放消费潜能。

在稳定和扩大传统消费方面，数商模型降低了交易成本。首先，数商模型搭建的平台，降低了消费侧的信息获取成本，消费者在互联网平台上只需动动手指，通过鼠标等就可以搜索获取到各种产品服务信息，提升消费匹配度，激发消费需求，也大大提高了产品与消费者之间的匹配效率和消费者的购物满意度。其次，在数字消费过程中，数商模型的平台数字口碑系统等机制设计提高了信息透明度和效率，让消费者和生产者彼此看到对方的声誉和历史记录等信息，帮消费者做出更加明智的消费决策，降低了沟通管理成本，促进市场交易效率，进而提升经济社会活力。最后，数商模型带来的信息匹

配可以促进市场竞争。信息匹配提升消费匹配度，助推企业不断进行技术创新和提高产品服务质量，进一步激发消费潜力，扩大消费需求，形成良性循环。

同时，数商模型有利于降低产品价格。在数商模型搭建的平台上，消费者可选产品服务增多，而且可以多方比较价格，极大地刺激了市场和行业竞争，使得生产者不得不通过提升产品质量和降低产品价格来获得市场份额。企业直接面向消费者，既减少了很多中间商环节，也节省了实体店经营中的人工、运营等成本，进而为降低产品价格提供了更大空间。

综合来看，数商模型在使传统消费“稳步向前”，新型消费“跑步入场”，共同激发消费潜能，拉动内需。

四、数商模型有效拉动国家经济发展

党的二十大报告明确指出，要加快发展数字经济，促进数字经济和实体经济深度融合，打造具有国际竞争力的数字产业集群。2024 年《政府工作报告》提到，要制定支持数字经济高质量发展政策，积极推进数字产业化、产业数字化，促进数字技术和实体经济深度融合。随着新一轮科技革命和产业变革深入发展，数字技术不断发展迭代，数字经济在我国长期保持高速增长态势，对经济拉动作用日益凸显。国家统计局发布的初步核算结果显示，作为数字经济发展基础的信息传输、软件和信息技术服务业，其增加值在 2023 年继续保持高速增长，增速达 11.9%。另一个与居民生活密切相关的数字经济数据——网上零售额，也比上年增长了 11.0%。可以预见，我国数字经济总规模在 2024 年还将保持高速增长态势，将持续成为培育新质生产力、推动高质量发展的重要力量。

近期，国家统计局发布的国民经济数据显示，数字经济相关产业持续保持较高增速，从投资和消费领域看，数字经济新业态为增长注入了新动能，数字技术也扩大了未来消费增长的空间。具体而言，新型线上消费模式加速渗透，能够更好地满足居民快节奏、高品质生活需求的即时零售、直播带货等新零售快速发展，带动网络购物较快增长。2024 年 1—2 月，实物商品网上零售额同比增长 14.4%，比上年全年提高了 6 个百分点。

从数字经济的未来走势看，发展数商模型有利于带动消费稳定增长，促进消费领域出现积极变化；从数字经济带来的消费空间看，发展数商模型，可以稳步扩大服务消费，使线上线下融合消费趋势更加明显，为消费增长提供了新动力；从数字经济的供给能力看，发展数商模型，带来新型基础设施快速发展，促进相关的网络技术、云计算、大数据和人工智能等信息技术与应用不断成熟，消费应用场景不断拓展；从数字经济的支撑基础看，发展数商模型，将带来经济持续恢复、就业收入稳定增长，为提升居民消费能力创造了有利条件。

五、“数商”发展有效解决房地产销售，推进城镇化建设

城镇化和房地产行业是经济发展的“最佳拍档”。作为经济发展的“引擎”，城镇化为房地产行业提供了源源不断的动能，同时房地产行业的快速发展也提升了城镇化的质量。

数商模型是普通百姓基于数据赚钱的收入模型，人人均可参与，可有效提升普通人收入水平。收入大幅提升可激发消费者购房置业的欲望，促进房地产的销售，促进房地产行业调整转型。国家统计局数据显示，2023 年，全国房地产开发投资、施工面积、开工面积，分别比上年下降 9.6%、7.2%、20.4%，而房屋竣工面积则增长 17.0%。商品房销售面积，比上年下降 8.5%；销售额比上年下降 6.5%。2023 年年末，商品房待售面积比上年增长 19.0%。其中，住宅待售面积增长 22.2%。综合以上数据可以发现，当前的房地产市场存在两大特征：一是房地产投资、销售等指标降幅收窄，但依旧处于下降状态；二是房地产竣工面积增长较快，市场存量持续增加。显然，房地产市场亟须扩展新市场以消化存量。

数商模型可有效提升城镇化的质量，实现从农民向市民身份有效转化。城镇化是现代化的必由之路，是最大的内需潜力和发展动能所在。国家统计局数据显示，受经济回升向好、人口迁移流动更加活跃等因素影响，2023 年年末，我国常住人口城镇化率达到 66.2%。根据国际普遍规律，城镇化快速发展区间为 30% 至 70%。这意味着中国的城镇化保持较快增长的趋势仍在，基础条件仍在。和发达经济体 80% 左右的城镇化水平相比，还有十几个点的差距，今后一段时期内我国城镇化发展数量和质量提升还有较大空间。此外，66.2% 是全国的平均数，中西部地区城镇化发展水平与东部相比还存在较大差

距。意味着未来我国中西部地区城镇化建设还有很大潜力，将成为推动区域协调发展的重要驱动力量。

但城镇化不是简单地将农民户籍身份市民化，而是衣食住行、教育、医疗、社会保障以及收入的全面城镇化、市民化。其核心则是长期稳定的收入来源，即城镇化后的农民其收入要与居住地日常消费相匹配，尤其城市住房、医疗、教育。

六、“数商”助力共同富裕国家战略落地

数字经济作为继农业、工业经济之后的主要经济形态，已成为国民经济发展的新动能。近期，国家发展改革委、国家数据局印发《数字经济促进共同富裕实施方案》（以下简称《实施方案》），提出到2025年，以数字经济促进共同富裕，在缩小区域、城乡、群体、基本公共服务差距上取得积极进展。数字经济与共同富裕在核心内涵和发展路径上高度契合。数字经济能够充分发挥数据要素的放大、叠加和倍增作用，通过“网络赋能”“平台赋能”“数据赋能”等途径，推动区域发展协同化、城乡资源共享化、就业机会多样化以及公共服务均等化，为社会提供更加有效的发展成果共享机制。

数商模型搭建的平台具有信息流动快、进入门槛低、创业成本低以及创新要素精准匹配等优势，让人人有机会获得包容性的数字技术和数字技能，同时积极营造良好的创业环境与多样化就业生态，创造和吸纳大量就业人口，创造新的投资范式，激发市场投资热情，并进一步创造和扩大社会财富，提高社会资源配置和社会分配效率。

每个数商创业者只要家庭成员在自己的数字店铺消费，就享有数字零售商的收入，也就参与了商品流通财富的分配。数商经营在达成销售交易之前不需要采购实物商品，这同传统实体店铺和其他网络店铺相比就大大节省了开店的成本，降低了创业的风险。作为数商开设数字商铺，主要是将数字化的商品信息陈列在互联网上的虚拟店铺中，通过互联网工具向其他人进行信息的传递和数字商品的展示。

数商创业者不需要刻意去推销，只需通过互联网工具同其他人进行分享即开发市场。其他人在自己的手机上下载App，生成自己的数字店铺，即可成为虚拟的批发关系，享有数字批发商收入；同理，其他人若愿意去开发市

场，同另外一群人形成新的虚拟批发关系。在这个过程中，每个人都是互联网销售网络链条上的某个节点，各个节点在互联网上连接起来就形成了庞大的“数商”网络销售体系。每个人通过信息的传递，就实现了数字化商品的营销，在达成交易后通过物流配送实现实物从厂家到终端消费者的配送。

数商模型还有一部分“数据赋能”的功能，在人工智能“算法驱动”的加持下，将加快实现用数据说话、用数据决策、用数据管理和用数据创新，因此会极大地提高公共服务的精准度、社会治理的精细度，保障更多社会资源均衡分配，为不同区域、不同人群、不同行业企业等提供个性化、多元化的定制服务，有效满足人民群众日益增长的多样化生活需求，从“海量搜索”向“一键获取”转变，扩大优质资源的全社会合理流动，让更多百姓享受到数字经济发展的成果。

另外数商模型通过链接各类营销企业，激发广大农民的主体性、积极性、创造性。在数商模型这一体系下，农民将提高工资性收入和经营性收入两方面的收入。部分县域乡村在数商模型这一商业模式下，与企业开展合作，推广订单、定向、定岗一体化培训，使农民获得职业技能培训，减小就业信息差，促进农民多渠道就业，增加家庭收入；数商模型平衡各方利益，要拓宽销售渠道，创新销售模式，积极探索“电商助农”线上促销方式，大力发展“订单农业”线下销售渠道，打造特色品牌，提高知名度，让广大农民分享产业增值收益。

第四章 数商模型的理论与思维

数商模型的提出，是以“消费经营论”“商品价值分配论”“消费即销售论”为重要的经济学理论依据。数商模型也给企业带来了巨大的思维转变，从过去的产品思维到现在的数据思维，从过去的谈模式到现在的谈算法。

消费经营学的核心在于将商品经济活动中的经营者、消费者和投资者三者合一，把消费者转化为消费经营者，做了商品流通环节中总代理、批发商和零售商的事，分享了总代理、批发商、零售商这部分价值。

商品承载社会财富分配的价值和使命。商品价值分配论是讲商业的本质是分配，无分配不商业，无分配不就业，无分配不消费。

消费即销售论，是指以家庭为最小的经营单元，以家庭成员作为销售对象，以家庭年消费作为年销售总额。消费者在购买商品的同时，也完成了家庭店铺的销售过程，并因此可以获得一笔销售收入。

第一节　消费经营论

消费经营论是基于商品数字化流通和销售产生的新的经济学概念。消费经营学的核心在于将商品经济活动中的经营者、消费者和投资者三者合一，把消费者转化为消费经营者，做了商品流通环节中总代理、批发商和零售商的事，分享了总代理、批发商、零售商这部分价值。在复杂的商品经济活动中，每个人都可以承担着多个角色，而不是单纯的经营者、消费者和投资者。因此，消费经营学在消费股东论和消费资本论的基础上，提出消费者兼具经营者的角色，在自身消费的同时，参与商品的销售，从而成为传统销售模式下的“总代”“批发”“零售”的角色，在新的商业生态中发挥作用并获得合理的收益分配。

一、消费经营论提出的经济学依据

进入数字经济时代，企业跟企业、企业跟员工、企业跟顾客之间的关系也发生了变化。这就是新型生产关系，企业把员工、顾客变成股东，企业跟企业之间也可以成为股东。现代营销学之父菲利普·科特勒（Philip Kotler）指出：“公司发展到最后一个环节就是把客户变成股东。”陈瑜教授在《消费资本论》中提出：“企业应当把消费者的消费行为视作是对企业的投资。”消费经营论正是在菲利普·科特勒与陈瑜教授两位经济学家“消费股东”与“消费投资”理论基础上的升华。

（一）菲利普·科特勒和消费股东论

菲利普·科特勒，美国经济学教授，被誉为“现代营销学之父”。科特勒于 1962 年开始在西北大学凯洛格管理学院教授营销，并担任该学院的终身教授以及国际市场学 S.C. 强生荣誉教授。他关注营销领域的多个方面，不仅关注商业营销，还关注非营利组织和政府机构的运作，主张将营销理念应用于产品、服务、体验、原因、想法、人员和场所等多个领域。他是现代营销的集大成者，出版了60多本营销书籍，包括《营销管理》《市场营销原理》《市场营销科特勒》《营销场所》《国家营销》《混乱市场增长之路》《赢得全球市场》《医疗保健组织的战略营销》《社会营销》等。

他的《营销管理》一书多次再版，已成为世界范围内使用最广泛的营销学教科书，也是许多学校MBA项目的核心教材。该书改变了主要以推销、广告和市场研究为主的营销概念，扩充了营销的内涵，将营销上升为科学。此外，科特勒还关注公共领域的营销，并撰写了《非营利组织的战略营销》《社会营销》《国家营销》《教育机构的战略营销》《医疗保健营销学》《博物馆战略与营销》等书籍。他的这些作品不仅推动了营销学的发展，也为将营销理念推广到第三部门奠定了基础。

菲利普·科特勒强调营销活动的唯一目的是满足顾客的需求和期望，为顾客提供价值。因此，在制定营销战略时，必须充分了解顾客需求，以此为基础来设计和提供产品和服务。科特勒认为企业应该为顾客创造价值，以此来建立一种深入的关系，并在顾客心目中塑造自己的品牌形象。价值主张是营销战略的核心，它是指企业如何将自己的产品或服务与竞争对手区别开来。创造独特的价值主张可以帮助企业在市场上占据有利位置。

菲利普·科特勒作为“现代经营学之父”，他的营销学思想对我们影响颇大。尤其是他提出要为客户创造价值，建立更为深入的关系，为消费经营学提供了新的思路。如何同客户建立更为深入的关系？就是让客户参与商品的营销过程，让客户通过创造价值也能够参与价值分配。这就是消费经营学所要研究的内容。客户作为消费者，不只是消费，他们也可以参与商品的营销环节，通过口碑相传或者相互推介，将好的产品信息传递给更多的人，这就为企业的产品起到了宣传的作用。在数字经济时代，消费者之间不仅可以相互传递信息，而且基于互联网和区块链技术，消费者之间还可以建立起产品的销售网络。消费者兼具了消费者和经营者的角色，实现了消费和经营过程的统一性。

（二）陈瑜和消费资本论

陈瑜教授在《消费资本论》一书中分析了当前市场经济的变化，提出消费资本这一新的资本形态。陈瑜教授在书中写到，随着生产力的发展，生产规模迅速扩大，对社会的产品供应大幅度增长，市场经济已经完成了由卖方市场向买方市场的过渡。市场经济已经进入以买方为主的新的发展阶段，标志着市场经济由卖方（生产方）占主导地位的时代已经结束，以买方（消费者）占主导地位的时代已经到来。在以买方为主的市场经济发展阶段，消费的作用凸显出来。消费不仅决定货币资本能否实现其最终价值，而且是给经济发展注入新的资本动力的源泉。正是由于其在生产过程中和社会经济发展过程中的巨大作用，而成为一种新的资本形态。

陈瑜教授从商品经济循环全过程来研究消费的作用，进而提出将消费向生产领域和经营领域延伸。当消费者购买企业的产品时，生产厂家和商业企业应把消费者对本企业产品的采购视同对本企业的投资，并按一定的时间间隔，把企业利润按一定比例返给消费者。此时消费者的购买行为已不再是单纯的消费，而是变成一种储蓄行为和参与企业生产的投资行为。

这实际上是把消费者从产品链的末端以投资者的身份提升到前端，使消费者在购买产品时，既能分享企业成长的成果，同时也为企业发展注入新的资本动力，使消费和投资有机结合，从而使买卖双方在这种条件下合二为一，完成消费转化为资本的过程。这样，消费作为一种资本，它同货币资本、知识资本一样，成为企业和地方经济发展的直接动力。

此时，消费者的购买行为，已经不再是单纯地为了获取商品从而满足意愿和偏好，他的消费行为变成了一种储蓄行为和参与企业生产的投资行为。这就可以在一定程度上消除买卖双方的对立，化解消费者和生产者之间的矛盾，从而使双方获益，达到消费者、生产者、经营者和全社会共赢的目的。

陈瑜教授提出的"消费资本论"引领了一种新颖的创新思维方式，着眼于从生产和消费双向看问题。把消费向生产领域和经营领域里延伸，科学地论证了消费转化为资本的过程，提出消费即是投资。从而在经济学说史上第一次提出消费资本这一新的资本形态，并以完整的理论体系把社会经济发展中消费和消费资本的力量系统地揭示出来。

消费资本论提倡构建消费者与企业共享利益的新商业模式，实现从"消费者"到"消费投资者"的角色转变。这就使得在某种情况下，消费者和投资者的身份可以合二为一。这为消费经营学中消费者兼顾投资者的身份提供了理论依据。

在菲利普·科特勒的营销学思想和陈瑜教授的消费资本理论的指引下，本书提出了消费经营学的概念和理论体系。消费经营者的核心在于将商品经济活动中的经营者、消费者和投资者三者合一。

二、传统商业体系中消费与经营的角色分离

在传统的认知中，消费和经营是两个完全不同的行为角色。消费是指个人或家庭为满足日常生活需求而购买商品和服务的行为。它是经济活动的重要组成部分，驱动着市场的运转和经济的增长。消费包括食品、衣物、住房、交通、娱乐等各方面的支出。经营则指企业或个人通过组织、管理和运用资源，以实现盈利或达成特定目标的活动。经营涵盖了从产品策划、生产、销售到市场推广等各个环节。消费是个人购买商品和服务的过程，而经营是企业销售商品和服务的过程。

虽然消费和经营之间的关系密不可分。消费是经营活动的出发点和落脚点。企业通过研究消费者需求和市场趋势，开发出符合市场需求的产品和服务，进而实现销售和盈利。同时，消费者的购买行为和反馈也会直接影响到企业的经营策略和决策。消费需求的增长会带动市场的扩大，为企业提供更多商机和发展空间。而企业的经营创新和产品升级也会激发消费者的购买欲望，推动消费市场的繁荣。消费者通常指个人；经营是从商品供应方的角度来思考，通常指企业或个体经营者。

在实际的商业活动中，消费和经营的角色是分开的。也就是说消费者和经营者是不同主体。

对于一个人来说，他需要工作，需要上班。参与商品的经营过程，这时他是经营方的参与者。同时，这个人也需要消费，需要用工作赚来的收入，购买生活所需的各种日用品，这时他就是消费者了。经营和消费会发生在同一个人身上，却是在不同的商品交易过程中，在不同的时间内。

一般来说，当一个人是消费者的时候，他去商家购买商品，对于这个商家而言，他是消费者，而不是经营者。也就是说在某一个消费场景，对于大多数人来说，要么是消费者，要么是经营者，而不能同时具备这两种身份。

这就是传统模式下，消费和经营之间角色的分离。

三、数商模型中消费与经营、投资的角色统一

在数商模型中，我们构建了新的商业生态体系，在新的商业生态体系中，在同一消费场景中，消费与经营、投资的角色可以融为一体、相互统一。这时，人们既可以是消费者，也可以是经营者，同时也可以是投资者，三种角色可以同时兼具。此时，消费、经营和投资融合在一起。

在数商模型中，消费者以家庭为网络节点，家庭成员的消费就构成了该消费者的零售额。比如，一个家庭由一对夫妇和两个小孩组成。其中，妻子艾米加入了数商模型，注册账号后，成为数商模型中的零售商。于是，整个家庭的消费，无论是丈夫购买还是为小孩子购买物品等，整个家庭的开支都将成为妻子艾米所开设家庭店铺的零售收入。艾米每个月根据家庭零售店铺的销售额和零售商分成比例，获得相应的收入回报。此时，对于这个家庭来说，他们既是消费者也是经营者。因为他们在消费的同时，还获得了一份经营收入。

艾米如果有更多的时间，推荐自己的亲朋好友，加入数商模型，艾米的角色还可以升级为批发商。她不仅可以从自己的家庭店铺获得收入，还可以负责为其他家庭店铺提供产品和服务，这时艾米就获得了其他家庭店铺的批发收入。当艾米旗下的其他家庭店铺也升级成为批发商，艾米则同步升级为总代理，享有总代理收入。无论艾米以零售商的角色获得收入，还是以批发商和总代理的角色获得收入，都是一种经营性的收入。

艾米作为经营者会从生态平台获得绿色消费积分，根据上一节我们提到的绿色消费积分的兑换和结算机制，当艾米用绿色消费积分兑换了企业的股权或者股票的时候，就享有了企业未来成长的收益。此时，艾米的身份又升级为投资者，通过股权或股票获得是投资性收入。

所以，在数商模型中，消费者可以通过自身的努力，成为数商模型中的数字零售商、数字批发商和数字总代理商，代替了传统商品流通过程中的零售商、批发商和代理商的角色，将消费、经营和投资行为合为一体，成为消费经营论的应用案例。

第二节　商品价值分配论

商品承载社会财富分配的价值和使命。商品价值分配论是讲商业的本质是分配，无分配不商业，无分配不就业，无分配不消费。但在互联网时代，所谓的“去中间商”，去除了商品流通环节中的零售商、代理商和批发商。这部分人无法再进入价值分配体系中，使得一大批人失业，没有了家庭收入支撑。我们这里提出的商品价值分配论，则是要重塑商品价值分配体系和新的收入分配制度。

一、商品承担着价值分配的使命

商品承载社会财富分配的价值和使命，在商品经济环境下，人们通过参与商品流通的各个环节，参与社会财富分配，从而获得财富。在传统的商品销售过程中，比如，一个杯子，从厂家到消费终端即消费者手中所包含的价值分配过程，这里面有厂家、总代理商、批发商和零售商多个角色，都参与了商品的流通和经营，付出各自的劳动并获得相应的商品价值分配。

商品价值是在生产过程中形成、在商品流通过程中实现的。首先，我们来研究商品的价值。在经济学中，商品具有价值与使用价值两个属性，它们共同构成了商品的基本特性。商品价值主要指的是商品在交换过程中所体现的经济价值，它决定了商品在市场上的价格。商品的价值量，即商品价值的大小，是由生产该商品的社会必要劳动时间决定的。换句话说，商品的价值量与生产该商品的社会必要劳动时间成正比。同时，商品的价值量也与市场需求和供给的关系密切相关，当商品的需求大于供给时，商品的价值通常会上升；相反，如果供给大于需求，商品的价值则会下降。

使用价值则是商品能够满足人们某种需要的属性，是商品的自然属性，体现了人与自然的关系。任何商品都具有可供人类使用的价值，这种价值体现在商品能够满足人们的某种需求或解决某种问题。使用价值是商品存在的基础，没有使用价值的物品不能成为商品。商品生产者生产商品的目的是实现其价值，为此他必须让渡使用价值给购买者；消费者购买商品的目的是获得商品的使用价值，因此他必须付出价值给生产者。于是，商品的使用价值和价值在交换过程中实现了统一，商品的价值也得以实现。

其次，在商品价值的实现过程中，商品流通是必不可少的环节。商品价值的实现主要发生在商品与货币进行交换的过程中，即商品通过销售给顾客，来实现其价值。商品销售给顾客离不开商品的流通，是商品所有权从生产者到经营者、从经营者到消费者之间的转移，以及实物产品在这三者之间的流动。商品流通过程中，任何一个商品交换过程都是以商品所有者向商品需求者转让商品的所有权为前提的。没有买卖双方所有权的转移或让渡，商品实体的转移或转手，商品的流通就不可能发生。从广义上讲，商品所有权的转移或商品与货币位置变换称为商流，而商品实物形态的空间转移称为物流。因此，商品流通过程是商流和物流的统一过程。商品流通是市场经济体系中的重要环节，它确保了商品能够有效地从生产者转移到消费者手中，从而实现商品的价值。

贯穿商品价值的形成和实现过程的，还有商品的价值分配。无论是商品的生产还是流通环节，都离不开商品的价值分配。如果没有价值的分配，就没有人愿意去承担毫无意义的商品的生产或者商品的流通。在整个商品生产和流通过程中的各个环节中，都伴随着商品价值的分配。因此，没有分配就不会有商业活动，即无分配不商业。

纵观商品价值分配的过程，商品所创造的价值和财富，一部分分配给了商品的生产者。生产者获得了利润才愿意进行再生产，市场上才有源源不断的商品供给。一部分分配给了商品的经营者，也就是商品流通过程中的代理商、批发商和零售商。他们参与了商品的流通和经营环节，正是因为能够获得收入回报，所以才愿意承担商品流通和经营的角色。还有一部分应该给到消费者，消费者通过自身的消费，完成了商品的交易过程，并最终实现了商品的价值。以上各个环节都是不可缺少的，无论哪个环节出了问题，势必影响到商品经济的正常运行，影响到社会经济的健康发展。

二、互联网经济对商品价值分配的影响

随着互联网经济的发展，尤其是电商平台在国内的兴起，逐渐出现了“去中间商”的潮流。在“去中间商”潮流的冲击下，传统商业受到了很大冲击。

在传统的商品销售渠道和过程中，中间商发挥了重要的作用。所谓中间商是指在生产者与消费者之间参与商品交易业务，促使买卖行为发生和实现的、具有法人资格的经济组织或个人。它是联结生产者与消费者的中间环节，主要起到桥梁和纽带的作用。中间商在市场经济中扮演着重要角色，它们通过购买产品从生产者那里，然后将产品存储、分销并最终交付给最终消费者，从而确保产品从生产地点顺利到达市场，并及时地交到消费者手中。按照是否拥有商品所有权，中间商可分为经销商和代理商。经销商在商品买卖过程中拥有商品所有权，而代理商则主要作为中介，促成交易但不拥有商品所有权。另外，根据中间商在流通过程中所起的不同作用，中间商又可分为批发商和零售商。批发商主要面向零售商提供商品批发业务，不直接服务于最终消费者，而零售商则直接面向最终消费者进行销售。此外，广义的中间商还包括银行、保险公司、运输公司、进出口商人以及各类经纪人等，它们都在商品流通环节中发挥着不可或缺的作用。总的来说，中间商在商品流通中扮演着关键角色，他们不仅促进了商品的流通和交易，还通过提供市场信息和市场研究等服务，帮助生产者和消费者更好地了解市场动态，从而做出更明智的决策。

电商平台出现之后，商品的销售由线下搬到了线上。电商平台为生产厂家或者代理商提供了与消费者直接线上交易的机会，缩短了商品流通的环节，也因此降低了流通的成本。消费者可以以更低的价格在网上购买商品。在这个过程中，实际上还是存在代理商、批发商和零售商的角色，只是他们以网上商家的形态出现。对于消费者来说，其实很难辨别一个商家是代理商还是经销商。代理商和经销商在网上都以商家的角色出现，同消费者进行交易。线上交易省去了场地费和一定的人工成本费，因此商品会相对便宜。但实际上，低价是由于商品质量的差异导致的。比如，我们去买一件衣服，在线下实体商家，我们可以试穿衣服，也可以用手去感受衣服的材质，再结合价格买到

自己心仪的衣服。但通过互联网，网络上显示的商品的质量和图片，都是经过精心设计的。有时人们通过网络下单，满怀期待地收到衣服，却发现实物商品和网上宣传的差别很大。这就是实体店和网上销售的区别。实体店的商品质量，我们是有目共睹的，是看得见、摸得着、体验满意后才付款购买的。网上的商品是看商家精修的图片来购买，邮寄到家后才能看到实物。这就给了商家售卖假货的机会。互联网上充斥着各类假货，在网上展示的商品和消费者实际购买的商品有着较大差距。这也是电商在发展过程中一直存在的弊端，虽然有监管部门出台了监管办法，打击假冒伪劣产品。但在实际销售过程中，很难约束到每个商家。有些不法商家本着投机取巧的侥幸心理，在网上悄然销售各类假货商品。

由于互联网消费的便捷性，人们逐渐开始通过网络来销售。商务部电子商务司负责人介绍 2023 年我国电子商务发展情况：全年网上零售额 15.42 万亿元，增长 11%，连续 11 年成为全球第一大网络零售市场；实物商品网零占社零比重增至 27.6%，创历史新高；在线旅游、在线文娱和在线餐饮销售额合计对网零增长贡献率 23.5%，拉动网零增长 2.6 个百分点。其中在线旅游销售额增长 237.5%，哈尔滨“冰雪季”、贵州“村超”等旅游亮点频出；在线文娱销售额增长 102.2%，其中演唱会在线销售额增长 40.9 倍；在线餐饮销售额增长 29.1%，占餐饮消费总额比重进一步提高到 22.2%。可见，电商行业增速可观、发展稳健。类似于直播带货，去掉了原本商品流通过程中各个代理商和经销商的角色，从而导致经销企业的倒闭、实体商家的关店，以及相关人员的失业和收入锐减。在互联网经济蓬勃发展的同时，所谓的“去中间商”的做法，导致商品价值分配环节的缺失和分配制度的不合理，进而影响了商业经济的健康发展。因此，重塑商品价值分配体系和构建新的收入分配制度势在必行!

三、商品价值重新分配

商品承载社会财富分配的价值和使命，若人们不能够参与商品价值的分配，就无法获得社会财富收入，也就没有足够多的钱来进行消费。随着生产力的不断提高，丰富而又多样化的商品被生产出来。若消费者不去消费，生产就会失去动力，生产也会变得过剩。互联网“去中间商”的做法，将大部分人排挤出商品的分配过程外，使他们失去参与财富分配的机会，变得无力消费，进而影响了社会经济的良性循环。本书提出通证经济下的数商模型，就是要建立基于互联网的商品价值分配体系，让更多人参与进来，帮助更多人获得收入，使人们有钱可以消费。

数商模型是以数据贡献为计算商品价值分配的依据，让消费者兼具经营者的角色。在自身消费的同时，参与数字化商品的销售，在网络销售体系中承担传统销售模式下的“总代”“批发”“零售”的角色，在数商生态中发挥数字化商品营销的功能并获得商品价值的分配。未来，互联网的发展势不可当，数字化会渗透到我们工作和生活的方方面面。基于互联网经济打造出的新商业生态体系，改变了传统营销方式，构建了基于互联网和新兴技术的网络营销体系，让消费者成为网络营销的承担者。消费者不仅可以在数商生态中进行消费，还能够参与商品的经营过程，打造出消费者和经营者融为一体的新型销售方式。

基于数商模型打造的新商业生态体系，同线下的代理商、批发商和零售商的销售方式有着很大的区别。这是因为数商生态营销的是数字化商品，并非实物商品，打造的是由消费者承担代理、批发和零售角色所形成的网络节点。互联网的网络节点和线下商品流通的销售网络是不一样。线下销售网络由一个个实体企业或店铺组成。其结构是单一树状结构，即从一个根节点开始，一个根节点和若干个子节点相关联，每个节点与下属的多个子节点相连。他们各自承担各自的功能，不同等级的节点承担不同的功能，且不同等级的节点之间不具备升级功能。这种结构就决定了在商品流通过程中，只会有数量一定的代理商。代理商通常按照区域进行划分，区域内具有排他性。每个代理商又对应数量一定的批发商，批发商又对应数量一定的零售商。这种树状节点，具有很大的局限性。它会限制每个角色的参与数量，而且数的根节点处参与的人会更少。对应财富的分配，越接近根节点分配的财富就越多。这就会出现越少的人分配越多的财富，引起财富分配的不均。但这种财富分配不均是由树状结构的特征所决定的。

数商模型所打造的互联网技术下的网络节点是一种集群网络节点。集群网络节点是指多个零售商、批发商和代理商共同组成一个集群。网络上可以存在无数个这样的集群，集群之间是并存的关系，相互之间又是独立的。因此，集群网络节点可以形成无限多个，这里面也就包含了无限多个零售商、批发商和代理商。这种多集群网络节点，在进行商品价值分配的时候就会更加扁平化。每个集群拥有同等的分配权限。这就使得财富的分配更加趋于扁平化，在每个参与者之间以更加平等的权限参与商品价值的分配。

通过数商模型打造新的商业生态系统，就构建了基于互联网特征的网络销售系统和网络消费方式，消费者既可以在平台上进行消费，同时也可以经营所消费的商品，从而获得经营收入。消费者获得收入之后，又可以继续在生态系统内进行消费，这就形成了“消费—获得收入—再消费—获得收入”的良性循环过程。在新的商业生态系统内，我们既解决了商品的销售问题，又通过商品价值分配理论解决了消费者的收入问题，使得人人敢于消费、乐于消费、有钱消费。

第三节 消费即销售论

消费即销售论，是指以家庭为最小的经营单元，以家庭成员作为销售对象，以家庭年消费作为年销售总额。消费者在购买商品的同时，也完成了家庭店铺的销售过程，并因此可以获得一笔销售收入。数商模型的原理，就是依据消费即销售论，将消费和销售合二为一，构建起新型的零售商、批发商和代理商的消费即销售收入模型。

在实际的商品活动中，消费和销售是从消费者和经营者两个不同角度定义的同一个经济活动，即商品的交易过程。在商品交易过程中，从消费者的角度来看，是在购买商品，是一种消费行为；从经营者来看，是在销售商品，是一种销售行为。但实际上消费和销售过程是统一的，本身就是同一个过程，是发生在买卖两方之间的一种经济活动。

在传统的商业模式中，消费者和经营者是分开的，消费者是一方，经营者是另外一方，于是人们将消费和销售区分开来。消费用来描述消费者的行为，销售用来描述经营者的行为，两者是不同的。在本章第一节中，我们提出消费经营学，即消费者和经营者合二为一。这是一种新的商业模式，即消费者和经营者在某些场景下可以合二为一。这时，人们是消费者的同时也是经营者。

数商模型打造了这种新的消费场景。数商模型的打造以家庭为最小经营单元，以家庭成员作为销售对象，以家庭年消费作为销售总额。这就是数商模型下的家庭数字店铺。消费者在网上注册开通账号后，即可在数商生态中开通一家数字店铺。未来，所有家庭成员可以通过这个家庭数字店铺进行消费，且每一笔消费都将计入家庭数字店铺的销售收入。

通过这一模型的打造，我们实现了消费者也是经营者，消费即销售的理念。消费者在家庭店铺进行销售，还可以按照系统约定的零售商提成比例，计算出销售提成，这部分销售提成成为消费者家庭店铺的销售收入。过去，这笔销售提成归经营者所有，跟消费者是没有关系的。如今，我们打造了数商模型下的家庭店铺，则系统会自动将家庭成员的每笔消费，按照分成比例计算的销售提成，计入家庭店铺的销售收入。

消费即销售论所打造的这种新的消费场景，同传统的消费返利有着根本的区别。传统的消费返利，是指商家拿出盈利的一部分返还给消费者。所以商家到底应该拿出多少利润返还给消费者，是个较难定义的事情。有些不良商家为了吸引消费者去购买自家的商品，就承诺给消费者过高的返利，到最后又无法兑现，导致出现很多的问题。消费即销售论，是指将消费者和经营者的身份相结合。消费者在消费的同时，将这部分商品价值分成计入家庭店铺的销售收入，未来按照销售收入给到消费者。这种计算方式简单明确，只要系统设置好商品价值的分成比例，家庭数字店铺就会按照实际消费金额和分成比例来计算出销售提成，并进入消费者的收入账户。

消费即销售论为消费者获得这部分收入提供了合理的解释和科学的依据。消费者之所以能够获得收入，是因为他（她）是这个店铺的经营者，完成了商品的销售过程。作为经营者在每一笔消费发生时，理所当然地获得收入回报。每个商品的分成比例，可以在商品出厂时就约定好，并在商品上架时输入系统，这样系统就可以自动计算每一笔价值分成了。消费者每次完成消费后，价值分成就会自动显示在家庭店铺的销售收入项目下。

家庭店铺享受的是零售商的销售收入。除了零售商，在数商模型系统中，还设置有批发商和代理商的角色。消费者可以从零售商升级为批发商和代理商，就可以拥有另外两项销售收入了。当消费者在经营自家店铺后，推广其他人也开设了家庭数字店铺。消费者就从零售商升级为批发商，消费者就会享有其他家庭销售收入分成。当其他家庭下面也有了新的家庭店铺时，消费者这时就升级为代理商，获得代理商的销售收入。类似于零售商获得销售收入的机制，批发商和代理商也同样可以获得。他们的提成比例在商品出厂时，就已经设置好了，按照各自的比例输入系统，当每一笔消费发生的时候，系统就会自动计算出零售商、批发商和代理商各自的销售收入。

消费即销售论为数商模型的构建提供了科学的理论依据。正是将消费和销售合二为一，消费者才能够从自身和他人的消费中获得销售提成。数商模型依照消费即销售论，将销售分为三个角色即零售商、批发商和代理商，消费者依据自己所承担的角色获得相应的销售收入。这就是消费即销售论的原理和所构建的数商模型的内容。

第四节　从产品思维到数据思维

传统的市场经济属于产品思维，企业关注的重点是产品，考虑的问题是如何生产产品？如何将产品销售出去？而在数商模型中，企业则具有数据思维能力，即企业关注的是有谁需要我的产品？我的客户在哪里？如何收集到客户的数据信息？数商模型将家庭作为数据贡献的节点，加快推进数据网络建设，建立起基于数据价值分配的收入模型。

在传统的市场经济中，企业通常都是产品思维，往往关注产品的性能、价格和竞争力等，而数商模型打破了传统市场下的产品思维，构建的是适应当前市场经济发展需要的数据思维。这两种思维方式有着很大的区别，在思考维度、决策方向、消费场景打造和利益分配机制等方面有着很大的不同。这里我们对这两种思维方式展开论述和对比分析。

一、产品思维

首先，我们来看产品思维。产品思维是属于生产占主导阶段的思维方式。由于产品供给尚不足，人们往往将注意力放在产品的设计、研发和生产上，如产品的款式、功能、性能和成本等。人们希望通过生产新颖的产品和性价比高的产品来吸引用户。企业的关注点在产品本身，认为只要生产出好的产品就可以获得消费者的青睐。在产品供给不足的市场条件下，消费者的确会被好的产品吸引，产品思维的方式在当时也的确给企业带来了核心竞争力和市场占有率。从某种程度上来讲，正是由于产品思维，推动了生产技术的不断创新和产品的推陈出新。

产品思维以产品为核心，围绕产品的开发、设计、推广、服务等方面，从用户需求、市场竞争、产品优化等多个角度进行思考和决策的思维方式。产品思维是一种综合的、跨学科的思考方式，它突破传统边界，将用户体验、市场需求、商业模式等方方面面纳入考虑，从而打造出创新且深受用户喜爱的产品。它要求生产者深入理解目标用户和市场状况，准确把握用户的真实需求，从而有针对性地开发出符合用户期望的产品。同时，产品思维也强调注重用户体验，通过关注用户的使用场景、用户界面设计以及用户反馈等方面，优化产品的易用性和用户体验，提升用户满意度和黏性。产品思维不仅是一种方法论，更是一种理念。它要求我们将用户置于设计和开发的核心，从用户的需求和体验出发，以解决问题为导向，不断迭代优化产品。

产品思维可以从多个角度进行探讨。产品思维涉及需求定位、实现途径拆解（包括用户分析、场景分析、产品改进）以及产品宣传等方面。从更广泛的角度来看，产品创新的跨界新思维，如体验设计、数据分析和及时反馈迭代，也是产品思维的重要组成部分。产品思维不仅包括对用户需求的深入理解和满足，还涉及跨界的创新思维和方法论的应用。

产品思维的核心在于平衡需求和成本，实现商业目标和用户体验的和谐统一。它是一种解决问题的综合思维，通过用户调研、需求分析、竞品分析等一系列的方法，提出产品解决方案，并把解决方案标准化和产品化的过程。在实际应用中比较常见的产品思维有：共享单车通过结合用户需求和技术创新，提供了便捷的出行方式；物流服务提供商通过优化物流流程，提高了配送效率；在线视频平台通过提供高质量的视频内容和便捷的观看体验，吸引了大量用户；社交软件通过不断创新和优化功能，满足了用户的多样化需求。

二、数据思维

随着生产技术的不断创新，社会生产力日益提高，市场上出现了大量同质化的产品，供消费者挑选。好的产品比比皆是，很难说一家企业的产品比别家企业的产品更具有吸引力。消费者的选择变得更加随机和不确定，企业也更加难以捕捉到消费者的真实消费需求和消费心理。市场上每天都有新颖的产品和好的产品诞生，数不胜数的产品不断刺激着消费者的消费欲望，也使得消费者出现了审美疲劳。海量的产品和产品数据，如何才能引起消费者的注意呢？这就需要人们具备数据思维能力。

数据思维是指从数据中获取信息、分析问题、推理和解决问题的能力和思维方式。它强调通过收集、整理、分析和解读数据来支持决策和判断。数据思维的核心是数据分析，包括数学、统计和计算机科学等知识与工具的运用。数据思维以互联网、云计算、大数据为基础，以算法为核心，以数据作为分析对象，对复杂事物之间的关联进行综合分析，提高制定决策的合理性和科学性。数据思维不只是获得数据知识和数据技能，数据思维是用数据提出问题和找到解决问题的办法，是让数据在决策中发挥作用。

数据思维是一种对数据收集、分析和决策的能力。数据思维改变了我们看待事物的方式，从感性认识走向理性认识。感性认识是人们通过观察事物看到的现象来认识事物并做出决策。理性认识是人们不仅观察事物，更是将抽象的事物具体化为数字，从与事物相关的数据中去认识事物，并基于数据信息做出决策。数据思维具有全面性、系统性和实证性等特征。数据思维的全面性体现在数据思维能够全面地考虑问题，从多个角度去分析问题，并可以结合历史数据和实时数据进行分析，以更准确地判断事物发展趋势和预测未来发展方向。数据思维的系统性在于，数据分析过程中需要将各个环节进行系统化整合，以更好地把握事物之间的关系，找到其中存在的规律性和趋势性，并建立起一个完整且精确的指标体系，对各种情况进行量化分析。数据思维的实证性是指，数据思维可以通过对数据的分析来验证假设和猜想，提供客观证据，避免主观臆断和片面判断，为科学决策提供强有力的支持。

如何建立数据思维呢？数据思维可以通过以下操作流程来实现，如图 4–1 所示，即确定问题、收集数据、清洗和整理数据、分析数据和解读数据，最终通过有效的数据来做出对事物的判断和有关决策。

数据思维在实际应用中，可以发挥的作用：（1）助力企业决策。数据思维可以将庞大的数据转化为有价值的信息，帮助企业做出更加精准的决策。通过数据的获取、加工、分析和挖掘，企业能够获得有针对性的业务建议和指导。（2）提高效率。数据思维能够帮助企业更好地利用数据信息，从而提高生产效率和管理效果。数据分析和挖掘的工具和技术能够帮助企业更快地发现问题，减少在生产和管理中的成本。（3）发现新业务机会。数据思维可以帮助企业发掘新的商业领域和机会，通过数据分析和挖掘的方法，创造出新的业务模式。

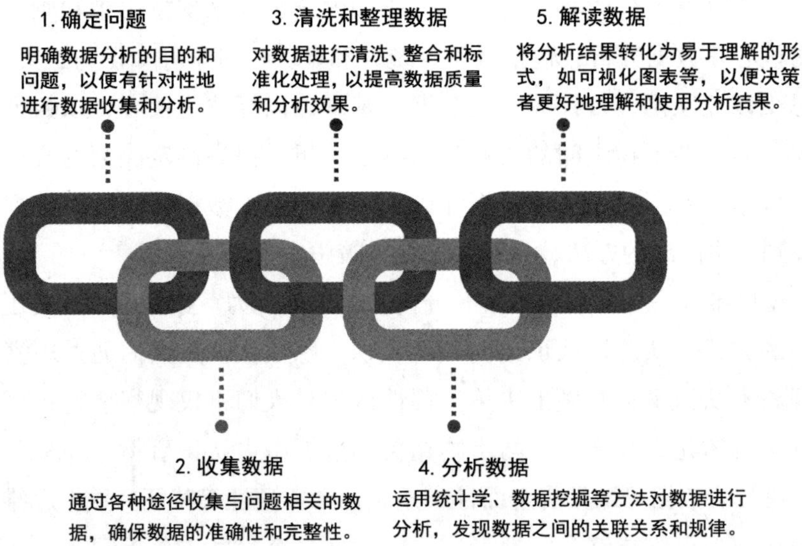

图4–1　数据思维

在数字经济时代，实现了产业数字化和数字产业化的发展，数据已经成为企业运营、决策和创新的核心驱动力。企业需要培养和具备较强的数据思维能力，才能适应这个快速变化的环境，才能不断发掘出新的商业机会，推动企业的创新发展。数商模型可以帮助企业实现从产品营销转到数据营销。通过数商模型可以在消费者之间搭建起网络销售渠道，大量的消费者数据和信息都可以通过网络渠道汇集到生态内，使用大数据的智能分析和挖掘功能筛选出目标客户群体。通过网络营销将商品数据信息传送到消费者手中，消费者下单购买后，通过智能合约完成销售收入在各参与主体之间的价值分配。

数据思维对企业发展的重要性。数据思维可以帮助企业优化决策、提升运营效率、改善客户服务、提升创新能力和管理各类风险。数据思维使企业能够基于事实和数据做出更明智的决策。通过对大量数据的分析，企业可以了解市场趋势、消费者行为、产品性能等信息，从而做出更精准的预测和更合理的决策。数据思维有助于企业优化运营流程，提高生产效率和降低成本。例如，通过分析生产数据，企业可以发现生产过程中的瓶颈和浪费，进而采取措施进行改进。数据思维使企业能够更好地了解客户需求和期望，从而提供更个性化的服务。通过分析客户数据，企业可以发现客户的偏好、购买习惯等信息，为客户提供更精准的产品推荐和更优质的服务体验。数据思维有助于企业发掘新的商业机会和创新点。通过对数据的深入分析和挖掘，企业可以发现新的市场需求、技术趋势等信息，从而开发出更具竞争力的产品和服务。数据思维使企业能够更好地识别和管理风险。通过对历史数据和实时数据的分析，企业可以发现潜在的风险因素，并采取相应的措施进行预防和控制。

数商模型构建的数商生态系统，可以帮助人们实现从产品思维到数据思维的跨越。过去，人们注重的是产品思维，一切都围绕产品思考。企业生产出产品之后，需要制订各种营销方案来推广和销售产品。数商模型通过搭建互联网销售渠道，帮助企业销售商品。消费者通过网络节点连成一片，形成了大量的数据信息。这些数据信息通过系统的加工和处理，变成有用的信息来为产品销售提供决策支持。通过数据分析，可以知道目标商品的目标客户在哪里，只有把商品信息推送到这些目标客户面前，才能够有望形成订单。在数商生态系统中，有大量的消费者群体和消费者数据信息，这些数据成为商品销售的关键信息。针对不同的商品，通过数据分析挖掘到自己的目标客户，实现产品和客户之间的连接，通过网络节点之间的数据传播，就可以达成商品销售的目的。

第五节　从谈模式到谈算法

在传统的思维方式下，企业生产一款产品要进行销售，就需要针对这款产品设计营销模式，然后想办法把产品销售出去。数商模型建立之后，未来企业销售产品则无须设计营销模式，而是选择适合的数商生态系统，直接提供产品即可。通过该数商生态系统所形成的庞大的消费数据资源，进行产品数据的匹配，实现产品数字化网络销售。企业只需要关注生产优质产品，提供给数商生态系统，产品的销售则是基于算法的网络化销售。

一、谈模式的阶段

对于企业来说，要有商业模式；对于产品来说，要有营销模式。商业模式和营销模式在企业的运营中各自扮演着不同的角色。商业模式关注的是企业的整体运作方式和盈利能力，而营销模式则关注于具体的市场推广和销售过程。两者相互关联、相互影响，共同构成了企业管理与运营的关键要素。这里，我们对商业模式和营销模式进行展开说明。

商业模式属于企业战略层面的考虑，它涉及企业的整体运作方式、资源配置、价值创造和价值实现等核心问题。商业模式考虑的是企业如何赚钱的问题，它关注的是企业的长期盈利能力，以及如何通过创造价值来满足客户需求，同时确保企业能够从中获利。商业模式涵盖了企业的整个运营过程，包括产品或服务的开发、生产、销售、交付和售后等各个环节，以及收入来源、成本结构、利润空间、竞争地位、市场定位等关键要素。

企业需要清晰地界定企业的目标客户群体，包括需求、偏好、购买力和购买行为等。这样才能帮助销售团队更精准地定位潜在客户，制定有针对性的销售策略，提高销售转化率。企业还需要分析目标客户的需求和痛点，从而指导产品或服务的开发与设计，通过满足客户的特定需求，产品或服务能够更容易地被接受和购买，从而提高销售业绩。企业在确定目标客户群体和客户需求之后，还需要明确企业的销售渠道和策略。不同的销售渠道和策略适用于不同的客户群体和市场环境，有助于企业更高效地触达潜在客户并促成交易。同时，企业还需要考虑成本、市场需求、竞争状况等因素，制定合理的定价策略。合理的定价策略能够确保企业盈利的同时，吸引客户购买，提高市场份额。在营销过程中，企业还需要打造企业品牌理念、价值观和文化等要素。通过塑造独特的品牌形象和信誉，企业能够赢得客户的信任和忠诚，提高客户满意度和复购率。最后，企业还需要考虑为客户提供增值服务，如售后支持、培训、咨询等，从而提升客户的购买体验，增强客户黏性，促进销售增长。互联网企业还需要考虑如何优化供应链和物流以降低成本，提高效率，确保产品及时送达客户手中，提高客户满意度和忠诚度。这些都是企业在制定商业模式的时候需要考虑的内容。传统的企业需要制定适合自己的商业模式，从而为企业的发展找到一份说明指南，指导企业的发展。

营销模式同商业模式有所不同。营销模式主要是针对某一款产品制定的，解决的是如何将此款产品或服务有效地推向市场。因此，同一家企业不同的产品，可能会制定不同的营销模式，甚至同一款产品在不同的时期也可以制定不同的营销模式。因此，营销模式比商业模式更为灵活。

企业如何制定自己的营销模式呢？通常，企业明确市场定位，即企业在市场中的独特位置和要传达的价值。通过深入的市场分析和客户研究，营销模式能够精准地识别目标客户群体，并了解他们的需求、偏好和购买行为，然后制定有针对性的销售策略，提高销售转化率。通过一系列的品牌传播活动，如广告、公关、社交媒体营销等，塑造和传播企业的品牌形象，提高消费者的认可度、购买意愿和忠诚度。确定选择哪些销售渠道来接触和覆盖目标客户，如线上电商、实体门店、代理商等。不同的销售渠道具有不同的特点和优势，选择适合企业产品和目标客户的销售渠道能够更有效地触达潜在客户并促成交易。通过制定销售策略和促销手段，如价格策略、折扣优惠、赠品促销等，吸引客户的注意力，激发购买欲望，提高销售额和市场份额。

二、谈算法的阶段

在数字经济时代，企业需要实现数字化管理，需要通过采集数据、分析数据，来为企业的决策提供有力支持。未来企业之间的竞争，关键在于企业对数据的掌控能力，能够快速获取数据并从数据中获取对企业决策有用的信息，帮助企业做出准确的市场研判和高效的决策，成为企业能够在激烈的市场中胜出的关键。

数据算法对企业的作用，主要体现在以下 8 方面：

（1）数据驱动决策：算法能够处理和分析大量的数据，从而为企业提供基于数据的决策支持。通过算法分析，企业可以更准确地了解市场趋势、客户需求以及产品性能，从而做出更明智的商业决策。

（2）提高效率：算法能够自动化和优化许多烦琐的业务流程，如库存管理、订单处理、客户服务等。这不仅提高了工作效率，还降低了人为错误的风险，从而提高了企业的整体运营效率。

（3）个性化服务：通过算法分析客户数据，企业可以提供更加个性化的产品和服务。例如，根据用户的浏览历史和购买记录推荐相关的产品或服务，提高客户满意度和忠诚度。

（4）预测与规划：算法能够预测未来的市场趋势、客户需求和产品销售情况。这使得企业能够提前制订战略计划，优化库存、生产和供应链，降低风险并抓住市场机遇。

（5）创新与发展：算法的应用推动了企业的创新和发展。通过引入新的算法和技术，企业可以开发新的产品、服务和商业模式，从而在竞争中保持领先地位。

（6）优化客户体验：算法可以帮助企业更好地理解客户需求和期望，从而优化客户体验。例如，通过分析客户反馈和行为数据，企业可以改进产品设计、提高服务质量或优化购物流程，提升客户满意度。

（7）提升竞争力：在当今竞争激烈的市场环境中，算法为企业提供了强大的竞争优势。通过利用算法优化业务流程、提高决策质量、提供个性化服务以及预测市场趋势，企业可以在竞争中脱颖而出。

（8）风险管理：算法在风险管理中也发挥着重要作用。通过分析历史数据和趋势，算法可以帮助企业预测潜在的风险和危机，并制定相应的应对措施，降低风险对企业的影响。

综上所述，算法对企业具有极大的意义。它不仅提高了企业的运营效率、降低了成本，还推动了企业的创新和发展，提升了企业的竞争力和市场地位。因此，企业应当重视算法的应用和发展，不断引入新的算法和技术来提升自身的竞争力。

数据算法不仅对于企业发展至关重要，同时在企业产品销售过程中，数据算法也发挥了重要的作用。算法可以帮助企业实现自动化的数据采集和整理，快速有效地获取大量销售数据，为销售策略的制定提供有力支持。算法可以分析客户数据，确定不同用户群体的特征和需求，建立用户画像。随后，算法可以通过精准定位找到与企业产品或服务最匹配的潜在客户，提高销售转化率。算法能够利用深度学习和机器学习技术，自动从大量的数据中学习和识别隐藏的模式和规律，从而更准确地预测销售趋势。例如，循环神经网络（RNN）可以对时间序列数据进行建模，以预测未来的销售量。这有助于企业更准确地把握市场机会，优化供应链和库存管理，并调整销售策略以适应市场的变化。人工智能算法能够实现对销售数据的实时监控和预测。例如，卷积神经网络（CNN）可以对销售数据进行实时的分类和预测，帮助企业及时做出决策。对于已经定位好的目标受众，算法可以分析用户的历史浏览记录和购买行为，预测用户的兴趣和需求，并据此实现个性化内容推送。这不仅可以提高用户的满意度和忠诚度，还可以提高营销效果。算法可以自动化客户服务过程，通过自然语言处理、语音识别技术等方法进行智能对话，在提供更高效、更准确的客户服务的同时，也可以提高客户满意度。总之，算法在销售过程中发挥着重要作用，通过提高数据分析的准确性和效率，帮助企业更好地了解客户需求和市场趋势，从而制定更有效的销售策略。

在数商模型中，由消费者组成的互联网销售渠道，也是由算法机制来实现的。消费者作为数商生态的网络节点，他们为数商生态贡献了大量的数据。这些数据将为数商生态中的企业发展和产品销售提供重要支撑。未来，企业及其产品只要入驻数商生态系统，生态系统将自动为企业匹配适合的消费者群体，自动匹配销售渠道和销售体系搭建，自动完成销售订单处理和智能物流配送等。企业无须建设自己的计算中心来完成这些工作，而是由数商生态系统统一搭建这样的计算中心，并为所有入驻企业提供基于算法的经营策略和销售策略，使企业能够更精准定位和高效运转，使企业的产品能够快速匹配到目标消费者群体，并最终促进销售过程的完成。所有以上操作都基于数商模型的数据算法机制，这个庞大的数据算法机制并非单个企业可以建设的。数据算法中心（也称为数据中心或数据中心算法平台）的搭建是一个复杂的过程，涉及多方面，包括硬件基础设施、软件平台、数据处理和分析算法等。因此，只有具备了足够的算力作为支撑，将足够多的企业和消费者集聚在一起，才能搭建起数据庞大的算法平台。

第六节　从产品竞争到生态竞争

数商模型为企业提供了新的销售渠道和营销生态，解决了企业的销售难题，未来企业之间的竞争不再是产品之间的竞争，而是所选择的数商生态之间的竞争。企业生产出好的产品，只需要找到相适应的数商生态，由该数商生态帮助企业来完成产品的销售。在这个过程中，企业无须花费精力参与销售，数商生态中的无数数商组件，可以自行完成产品的销售过程。

未来企业之间的竞争，将从产品竞争到生态竞争。在没有数商生态之前，企业之间的竞争主要围绕产品进行竞争。因为企业生产完产品，就要想办法销售出去才能赚钱。有了数商生态之后，数商模型为企业提供了现成的销售渠道和营销体系。企业的产品只要进入数商生态，就可以由数商生态来完成产品的销售，不需要企业再花费精力、想尽办法来销售产品。但这样是不是就没有竞争了？也不是。未来在市场上不会只有一家数商生态，而是依据数商模型，会有很多数商生态的出现。这些数商生态之间也会形成竞争，即生态与生态之间的竞争。这个时候，市场上的竞争就从原来的产品之间的竞争升级到生态圈之间的竞争。

一、产品竞争阶段

在产品竞争阶段，也就是企业和企业之间的竞争。企业为了生存和发展，需要依靠竞争来获取优势。企业竞争是企业为了获取更多的市场份额和利润而进行的各种活动，包括产品设计、生产、营销、服务等。企业竞争优势则是指企业设计、生产、销售产品和劳务的能力，其产品各方面比竞争对手更具市场吸引力。在相对稳定的外部环境中，企业与其竞争对手所处的环境是相同的，这时企业竞争优势主要决定于产品优势。

在研究企业竞争方面，最有影响力的是波特竞争理论。波特竞争理论是由美国哈佛商学院著名战略管理学家迈克尔·波特提出的。他是当今世界上少数有巨大影响力的管理学家之一。他曾在1983年被任命为美国总统里根的产业竞争委员会主席，开创了企业竞争战略理论并引发了美国乃至世界的竞争力讨论热潮，还是世界各地很多企业领导和政府官员的顾问。他先后获得过威尔兹经济学奖、亚当·斯密奖，三次获得麦肯锡奖，拥有很多大学的名誉博士学位。到现在为止，波特已有14本著作，其中最有影响的有《品牌间选择、战略及双边市场力量》（1976）、《竞争战略》（1980）、《竞争优势》（1985）、《国家竞争力》（1990）等。

迈克尔·波特于20世纪80年代初提出“五力分析模型”。“五力”分别是供应商的议价能力、购买者的议价能力、潜在竞争者进入的能力、替代品的替代能力、行业内竞争者现在的竞争能力。五种力量模型将大量不同的因素汇集在一个简便的模型中，以此分析一个行业的基本竞争态势。五种力量的不同组合变化，会影响行业潜在利润的变化。通过五力分析模型，可以有效地分析企业的竞争环境。

基于五力模型，波特提出了三种一般性战略，以帮助企业获得较好的竞争优势。这三个基本竞争战略是总成本领先战略、差异化战略、专一化战略。

（1）总成本领先战略。要求企业必须建立起高效、规模化的生产设施，全力以赴地降低成本，严格控制成本、管理费用及研发、服务、推销、广告等方面的成本费用。通过降低生产成本和提高效率，使企业能够以较低的价格销售产品或服务，从而吸引更多的消费者，提高市场份额。

（2）差异化战略。通过提供独特的产品或服务特点，使企业与竞争对手区分开来，建立强大的品牌形象，吸引忠实的消费者群体。该战略是市场上新品常常采用的方法，由于消费者猎奇的心理，实施该战略的企业和产品会占据一定的市场份额。

（3）专一化战略。企业将资源和精力集中在特定的市场细分领域或产品领域上，以满足特定消费者群体的需求。公司业务的专一化能够以高的效率、更好的效果为某一狭窄的战略对象服务，从而超过在较广阔范围内的竞争对手。

波特竞争理论虽取得了很大的影响力，但随着市场经济的不断发展，在新的市场经济条件下，产业结构变化迅速，企业通过业态创新、商业模式创新等手段获取竞争优势日益成为企业成功的关键。消费者需求也在发生变化，从原来的非理性购买逐渐转变为理性消费，这对企业的市场策略提出了新的要求。波特提出的“一般性”战略也受到严峻挑战，显现一定的弊端。

比如，总成本领先战略的弊端是容易陷入“价格战”，最终产品价格越来越低，行业利润越来越薄，企业无法生存下去。差异化战略的弊端，是随着更多竞争企业和更新产品出现的。消费者的注意力会被最新的产品吸引，客户忠诚度很难保持。专一化战略可以吸引到特定的消费者群体，用户数量有效，发展到一定阶段就会出现饱和，较难无限壮大发展。

因此，随着市场经济的不断发展，市场的竞争进入新的阶段。产品在价格、质量和功能创新上的竞争，已经不能满足当前企业之间的竞争。比如，价格竞争，产品的价格是由产品成本作为基本保障的。当产品价格已经降到产品成本之后，企业就很难再生存。企业无利可图，就不会再进行生产。提供高质量的产品可以增强消费者的购买信心，培养品牌忠诚度。但高质量的产品是需要以高价格作为前提，而高价格会影响企业的市场竞争力。在产品功能和设计上进行创新，可以短时间地吸引消费者的眼球。但很快大量同类型的产品出现，导致无差异化竞争，很难使企业拥有持续的竞争优势。种种问题的存在，促使市场竞争进入新的阶段，也就是基于数商模型的生态竞争。

二、生态竞争阶段

所谓的生态竞争，是基于数商模型而提出的一个新的竞争概念。它将企业与企业之间的竞争提升到了数商生态与生态之间的竞争。

首先，数商模型提出后，根据数商模型可以打造出多个数商生态系统。不同的数商生态系统由各自的运营体系和消费者群体组成。数商生态的打造基于消费者群体和算法机制，拥有高效算法机制和较强算力的数商生态，才能承载较大数据规模的消费者群体。数商生态的打造和运营，需要耗费巨大的投资和软硬件基础设备。数商生态之间会在消费者群体数量和数据运算能力方面展开竞争。

其次，数商生态系统打造完成后，将构建起新的产品销售渠道和营销体系。新的产品销售渠道和营销体系，将取代传统的销售渠道和营销体系。新的产品销售渠道是通过互联网技术将消费者链接起来、由消费者作为数商生态网络渠道的数字节点共同组成的。新的营销体系，是在数据的产生、采取、分析、整理和应用的基础之上，将数据作为重要的生产要素，推动数据网络渠道建设和产品的数字化营销。

基于新的产品销售渠道和营销体系，企业入驻数商生态，并按照数商生态的价值分配体系，供给产品到数商生态系统中，数商生态系统就会自动完成对产品的销售。企业无须参与产品的营销和销售环节，只需要负责生产消费者需要的产品和保障产品的质量、性能。产品进入数商生态后，数商生态会通过对产品和目标消费群体的数据进行分析，然后匹配合适的销售渠道，将产品销售出去。同时，系统还将自动将商品流通过程中创造的价值，按照产品价值分配系统表在数商网络上进行分配。

有了数商生态系统之后，企业竞争将转向对数商生态的竞争。企业的经营策略将会高度依赖所加入的数商生态。基于数商模型的生态之间的企业竞争，在竞争方式、竞争优势和竞争格局等方面都将发生很大的变化。具体变化表现在以下方面：

（1）数商模型中的企业，其竞争方式也在由产品服务竞争向生态系统竞争转变。传统经济下，企业间竞争主要体现在产品服务质量、品牌等少数维度，靠物美价廉来赢得顾客青睐。数字时代，数商模型处于“守门人”的地位，把持着人们上网的“入口”，利用掌握的用户数据、算法和资本等资源，通过规模优势将业务横向拓展至经济社会各领域，如金融、生活服务、产业互联网等，实施跨界竞争和融通合作，打造起根深叶茂的“生态帝国”。

（2）数商模型中的企业，竞争优势也由追求规模经济向依托网络效应、规模经济和范围经济叠加转变。传统经济条件下，企业基于“经济人”的“利己”逻辑，借助成本领先和差异化策略，来构筑其核心竞争优势。数商模型中的企业，结合“利己”和“利他”逻辑，利用数商模型源源不断的数据资源、分析技术和强大算力，增强自身学习能力、提升决策科学性、促进供需精准对接，从而获取更多用户和市场，实现“滚雪球”式发展；另外，数商模型利用自身数据和算法匹配能力，赋能入驻到平台上的各类主体，促进各方互动、共同成长，进一步强化平台的差异化竞争优势，巩固其作为市场枢纽、价值创造中心的地位。

（3）数商模型中的企业，竞争格局由竞争性结构向垄断性结构转变。传统经济条件下，受限于成本下降速度、市场空间约束，企业扩张速度慢，在大部分时间内，多数市场是竞争性市场。数字时代，数商模型中的企业突破了时间和空间约束，用户数和数据量“指数式”增长。结合数商模型的独特优势在全球范围扩张，由此让这些企业在很短的时间内，就在核心业务领域发展到难以想象的规模，实现用户份额、市场份额的高度集中。

基于生态竞争的企业创新策略强调企业必须准确定位，转变传统竞争思维，建立适合企业发展的新发展战略。在生态竞争的背景下，企业发展战略需要更加注重适应性和创新性。以下是企业发展战略的一些建议：

（1）定位清晰与差异化策略。企业在生态系统中需要明确自己的定位，找到独特的价值主张，以区别于竞争对手。通过产品、服务或品牌的差异化，满足特定消费者群体的需求，并在市场中形成独特优势。

（2）开放合作与共生发展。在生态系统中，企业不再是孤立存在的个体，而是与各种合作伙伴共同发展的共同体。通过开放合作，企业可以获取更多的资源、技术和市场机会，与合作伙伴共同创造价值。建立良好的合作关系，实现资源共享、风险共担和利益共赢。

（3）持续创新与升级迭代。创新是企业应对生态竞争的关键。企业需要不断地投入研发资源，推动产品、服务或技术的持续创新。通过创新满足消费者不断变化的需求，提高产品或服务的竞争力和市场占有率。同时，企业需要关注市场动态和竞争态势，及时调整创新策略和方向。

（4）品牌建设与文化塑造。品牌是企业的重要资产，能够提升企业的知名度和美誉度。在生态竞争中，企业需要加强品牌建设，塑造独特的品牌形象和文化价值。通过品牌传播和文化营销，提升消费者对企业的认知和认同度，增强企业的竞争力。

（5）数字化转型与智能化升级。数字化转型是企业应对生态竞争的重要方向。企业需要加强信息化建设，推动业务流程和管理的数字化。同时，企业需要关注人工智能、大数据等新技术的发展和应用，推动产品或服务的智能化升级。通过数字化转型和智能化升级，提高企业的生产效率、管理水平和创新能力。

（6）风险管理与可持续发展。在生态竞争中，企业需要关注各种潜在的风险和挑战，建立完善的风险管理机制。通过风险评估、预警和应对等措施，降低企业的风险损失和市场波动。同时，企业需要注重可持续发展，关注环境保护、社会责任和员工福利等方面的问题。通过可持续发展战略，提高企业的社会声誉和品牌形象，为企业的长期发展奠定坚实的基础。

（7）人才战略与团队建设。人才是企业发展的核心驱动力。企业需要制定合理的人才战略，吸引和留住优秀人才。通过建立高效的团队和激励机制，激发员工的积极性和创造力，为企业的创新和发展提供有力支持。

综上所述，企业在生态竞争的背景下需要制定清晰的发展战略，注重创新、合作、品牌建设、数字化转型和风险管理等方面的工作。通过不断努力和适应变化，企业可以在竞争激烈的市场中保持领先地位并实现可持续发展。

第五章 数商模型的构建和设计

基于区块链技术、云计算技术和大数据等先进的互联网技术，搭建起数商模型的网络营销体系和价值分配体系。数商模型的网络营销体系，是由消费者构成数商生态中产品的网络销售体系。每个消费者即为网络上的一个节点，他们通过手机端的 App 加入数商网络，成为网络的一个节点。数商模型的价值分配体系，即数商的收入模型。由于每个数商集数字零售商、数字批发商、数字代理商三个角色为一体，因此每个数商可以获得三笔不同比例的收入，即零售收入、批发收入和代理收入。

第一节　数商模型的组团系统

数商模型的构建是产品销售渠道的重建，通过消费者之间的组团搭建了新的产品销售渠道。数商组团是指由数字零售商、数字批发商和数字代理商构成组件模型。消费者最初作为数字零售商进入数商生态，通过业务的拓展，对接新的数字零售商进入生态，就开始形成新的数商组团。这个数商组团会随着新的零售商的进入不断地延伸和拓展。数字零售商可以升级为数字批发商，数字批发商又可以升级为数字代理商，这就形成了一个完整的三层次的数商组建模型。

数商以家庭年消费总额作为自己数字店铺的年销售总额，这样就有数字零售商的收入；数商开发连锁店，负责为多个家庭店铺提供服务，就成为数字批发商获得的第二笔收入；连锁数商开发他们的连锁店，此时就拥有了数字代理商的第三笔收入。

一、数商模型的网络节点

数商模型是由分散在网络上的无数消费者即数商构成，通过网络和数商App实现了消费者之间的连接。这里，我们先来了解下数商、数商身份和数商网络等内容。首先，消费者即数商，他们构成了数商生态中产品的网络销售体系。每个消费者即为网络上的一个节点，他们通过手机端的App加入数商网络，成为网络的一个节点。数商生态就是由无数的数商网络节点所组成。其次，数商的身份分为三种类型，即数字代理商、数字批发商、数字零售商。当消费者进入数商生态系统，消费者就成为数商。最初的数商身份是数字零售商，随着数商参与到数商生态网络的经营，又可以升级为数字批发商和数字零售商。具体升级规则在后面的章节中会进行详细介绍。最后，消费者加入数商网络，消费者转变为消费经营者，实现了将消费和销售过程中的统一，消费和经营的统一。当消费者成为数商后，消费者成为消费经营者。

数商模型是由无数的数商组成，即由无数的消费者组成。随着消费者的注册加入，数商的队伍也就相应地增大，数商生态系统也将不断发展壮大。数商模型的组件模块，在数商由数字零售商升级到数字代理商的过程中，数商会同其他的数商发生关联关系。我们把由该数商所关联的其他数商共同组成的系统，称为数商的组件模块。在这个数商组建模块里，将由一个数字代理商、一个数字批发商和一个数字零售商共同组成，他们之间有着经营的从属关联关系。如图 5–1 所示。

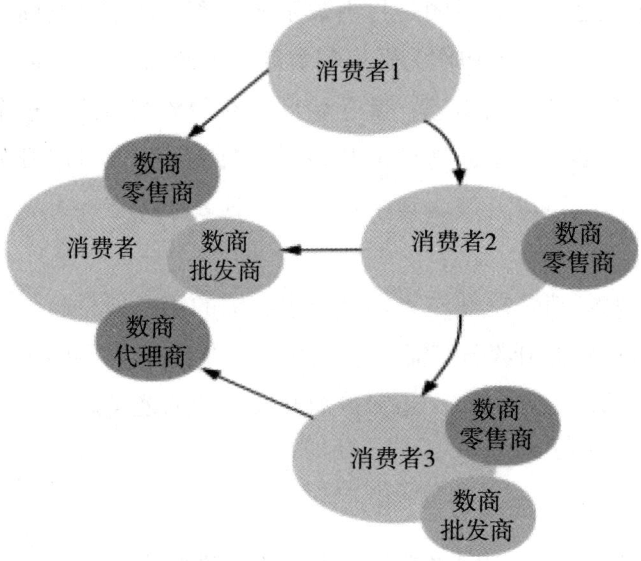

图5–1　数商组件示意

数商与铺商、电商的区别是：铺商电商均需单店销售越多越好，而数商是销售量一定，还可以开发更多的数商取得“批发与代理性”收入。每一位数商集数字零售商、数字批发商、数字代理商三个角色为一体并获得分配收入，每三层即构成了一个共同富裕的组件模块。*N* 个组件模块组成了企业的新销售渠道或营销生态，这就是消费领域的共同富裕“数商”基本模型。

表5-1　数商模型与传统模式的比较

时代	改革开放初期	互联网时代	数字经济时代
名称	铺 商	电 商	数 商
角 色	代理商 批发商 零售商 各角色各自独立	代理商 批发商 零售商 各角色各自独立	代理商 批发商 零售商 三者合一
消费者定位	消费者仅消费	消费者仅消费	消费者也是销售者、消费经营者
商品流转方式	自提	物流配送	物流配送
营销目标	单店销售越多越好	单店销售越多越好	单店销售一定
收入方式	商品差价	商品差价	价值分配

数商生态是基于数商模型打造的商业生态，由无数的数商、商品供应系统、智能仓储和物流配送系统、价值结算中心等共同组成。数商共同构成了商品的销售渠道和销售市场。商品供应系统由大量经过筛选进入数商生态的生产型厂家向数商生态供应各类产品以供消费者购买。智能仓储和物流配送系统则负责在消费者下订单后，将商品从仓库出库到通过物流配送到消费者手中。价值结算中心将负责整个数商生态的价值结算，负责数商生态资金的管理和拨付等。具体如图 5-2 所示。

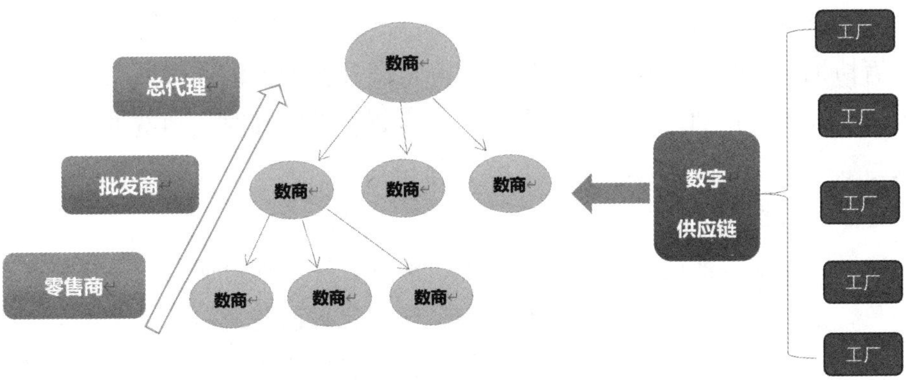

图5-2　数商模型结构及产品供应链示意

二、数商模型的数商角色

数商模型的主要内容：升级传统商品流通中的代理商、批发商、零售商为数字代理商、数字批发商、数字零售商，改传统电商平台为以数字化为基础的个人数字店铺，把消费者转化为消费经营者即数商，消费者既是消费者，又是销售者。数商包括数字化商品代理商、数字化商品批发商和数字化商品零售商三种类型。

（1）数字零售商。每个消费者下载App，注册后就可成为数字零售商。数字零售商免费拥有数字店铺，以家庭成员为销售对象，以家庭日常消费总额作为数字店铺的销售总额，并按照销售收益分配比例获得相应的数字零售商收入。这里，采用了消费即销售的理念：消费者通过自己的数字店铺进行的日常消费，将被视为数字店铺的销售，并将消费金额计入数字店铺的销售总额。在同等收益分配比例下，消费者及家庭成员的消费水平越高，家庭店铺的销售总额就越多，消费者获得的零售销售收入分配也就越多。

（2）数字批发商。消费者成为数字零售商后，在满足家庭消费的同时，继续开发新的市场，即帮助其他人开设数字店铺，就有了归属其所负责管理的A、B、C、D、E、F等多家数字零售商，这些零售商铺形成数字商铺的连锁店。数商批发商负责管理A、B、C、D、E、F等多家零售商铺，并据此获得数商的第二批收入即批发商收入。

（3）数字代理商。消费者成为数字批发商后，仍旧可以继续开发市场。消费者协助A、B、C、D、E、F等连锁零售商开发他们的连锁店。当数字零售商A、B、C、D、E、F等中间有人升级为数字批发商时，消费者就可以升级成为数字代理商，也就拥有了数字代理商的第三笔收入。

具体如图5-3所示。

这里还需要说明的是，数商模型中，消费者注册即可成为数字零售商这一角色，消费者也可以成为数字批发商、数字代理商角色。消费者可以同时拥有这三种角色，但也可以只成为零售商，或者成为批发商。具体根据消费者的意愿和参与度对其角色进行评定。

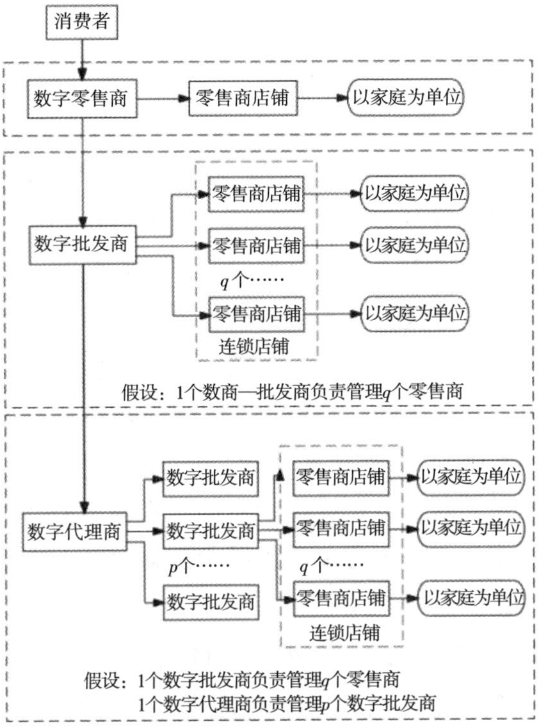

图5–3　数商模型的结构示意

三、数商组团系统

数商模型作为平台经济营销的一种新模式，其特点是：作为数字经济平台，它与实体经济不同，不需要更多的资本投资来发展实体店面。用数字零售商、数字批发商和数字零售商取代了传统的线下实体的零售商、批发商和代理商。在数商模型，每个消费者成为数商后，会同其他的数商进行组团，构成数商组团集合。在数商生态中，将由无数个数商组团集合并存，共同形成网状化的数商网络销售体系。

数字零售商、数字批发商和数字零售商之间的销售活动存在着拓展、指导和管理的关系。当代理商拓展批发商和零售商达到一定数量时，数商既是消费者，又是经营者。他们通过自身的努力，提高管理水平，不断拓展下一级的店铺数量，则可以往更高级别升级，因此获得更多的效益。

数商组团序列的延伸发展，在数学上形成一个集合，或称为数商组团系统。系统序列如式 1 所示。

$N=(S_1,\ S_2,\ S_3,\ S_4,\ \cdots,\ S_K,\ \cdots)$ （式 1）

对此数商组团系统，可以分隔为组团序列 N_K：

$N_1=(S_1,\ S_2,\ S_3)$； $N_2=(S_2,\ S_3,\ S_4)$； $N_3=(S_3,\ S_4,\ S_5)$；…

$N_{K-2}=(S_{K-2},\ S_{K-1},\ S_K)$；$N_{K-1}=(S_{K-1},\ S_K,\ S_{K+1})$；$N_K=(S_K,\ S_{K+1},\ S_{K+2})$

由组团序列的结构可知：下一个组团 N_K 的代理商 S_K 是上一组团 N_{K-1} 的批发商，也是更上一个组团 N_{K-2} 的零售商。下一组团 N_K 与上一组团 N_{K-1} 有 2 个层次交叉：S_K，S_{K+1}。这样设计就为组团管理层次的提高提供了上升发展空间。即上一层次的销售商，经过 2 阶组团的努力和历练，可以成为新的组团的代理商，从而进入数商模型的高阶层级。这样的数商身份升级，不是依靠上一级管理者的“提拔”，而是依靠自身实际营销的业绩和管理对象的升级。显然，这样的架构是能够充分调度经营者的积极性。另外，此组团模式是有约束条件的：代理商效益分配在一个组团中是封顶的，不会随着组团序列的延伸，而无上限递增。

依照数学家华罗庚的管理科学理论，特别是其中的“大统筹、广优选、建系统、理数据、策发展”等诸项方针原则，对模型进行设计和论证。显然，从数学规划角度，数商生产型共富模型必须引入约束条件。就是由一个组团纵向延伸发展的系统，其代理商的收益额必须是封顶的。但在这样的约束条件下，代理商是否就没有发展空间了呢？不是的。因为组团序列还可以开辟新的组团，即横向发展新的组团。对于管理能力很强的经营者，他可以在原来组团之外，发展新的组团。即在纵向发展组团序列的同时，可以开发发展横向组团序列，形成纵横交叉的发展模式。这就是决策树发展模型。

第二节　数商模型的价值分配

根据数商模型的构建，每个数商集数字零售商、数字批发商、数字代理商三个角色为一体，可以获得三笔不同比例的收入。当数商为数字零售商这个角色时，按照销售商品的数字零售商分配比例生成零售收入；当数商为数字批发商这个角色时，按照销售商品的数字批发商分配比例生成批发收入；当数商为数字代理商这个角色时，按照销售商品的数字代理商分配比例生成代理收入。

一、数商模型的收入结构

当消费者具有不同的数商身份时，他所获得的收入来源和类型也是不同的。具体如图 5–4 所示。

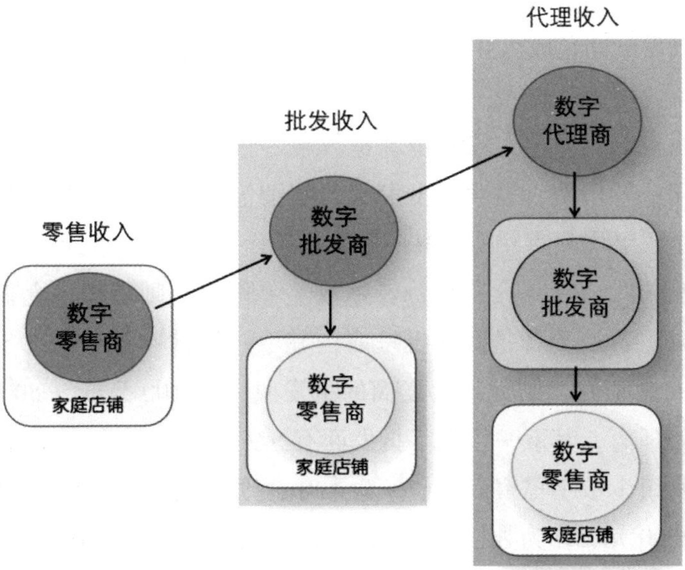

图5–4　不同数商身份下的收入类型示意

收入分配模型。数商根据自己的身份可以有三笔收入，系统将分别计算出每笔收入并进行汇总。单笔收入的计算根据商品流通中数商角色所做出的贡献值来进行计算，具体计算方法将在绿色消费积分章节中进行详细说明。基本上，单笔收入的计算是根据每个商品来单独核定的，在商品进入数商生态时，就已经录入系统作为计算的依据。数商的总收入是单笔收入的总和。

这里以某款茶叶为例，这盒茶叶的售价为 1000 元，其贡献值分配表如表 5–2 所示。

表5–2 数商各角色贡献值分配

数商角色	贡献值分配比例/%
数字零售商	20
数字批发商	10
数字总代理	5

数商各笔收入的计算。假定某数字零售商销售了一盒茶叶，则按照数商收入类型和收入分配系数，则可计算出与之关联的不同身份的数商的收入，如下所示：

数字零售商角色收入：1000 元 ×20%＝200 元

数字批发商角色收入：1000 元 ×10%＝100 元

数字总代理角色收入：1000 元 ×5%＝50 元

按照纵向收入计算：若消费者是数字零售商，则销售一盒茶叶的零售收入为 200 元；若消费者是数字批发商，则销售一盒茶叶的批发收入为 100 元；若消费者是数字代理商，则销售一盒茶叶的代理收入为 50 元。

按照横向收入计算：若消费者是数字零售商，则销售一盒茶叶的零售收入为 200 元；若消费者是数字批发商，其下一级数字零售商有 5 家，每家零售商销售一盒茶叶，则数字批发商的批发收入为 100 元 ×5=500 元；若消费者是数字代理商，其下一级数字批发商有 5 家，每个批发商又对应 10 家数字零售商，则每个数字零售商销售一盒茶叶，则数字代理商的代理收入为 50 元 ×5×10=2500 元。作为数字代理商的数商总收入为：200+500+2500=3200 元。

二、数商的收入分配模型

1. 三层次数商组团营销新模式的基本架构

数商生产型消费组团分为三个层次：代理商—批发商—零售商。组团的上层为代理商，它管理着 p 个批发商（设定 p=10 或 5），中层为批发商，每一个批发商管理着 q 个零售商（设定 q=10 或 5）。基层零售商即家庭成员中一代表，在完成每年家庭消费额 M（万元）的同时，也赢得了作为零售商的收益。

（1）若零售商的收益率为 r_1，当一个零售商完成销售额 M（万元）时，他获得零售收益额 X 是：

$$X=r_1\times M\text{（万元）} \quad \text{（式 1）}$$

（2）若批发商的收益率为 r_2，当一个批发商管理的 q 个零售商完成销售额 $q \times M$ 时，他获得批发收益额 Y 为：

$$Y = r_2 \times (q \times M)（万元） \quad （式 2）$$

（3）若代理商的收益率为 r_3，当一个代理商管理着 p 个批发商和 $p \times q$ 个零售商，整个组团的人数共计为 $p+p \times q$，其完成的销售额总计为 $S=(p+p \times q) \times M$，因 p 的销售额已经在式 2 中计算了，因此组团的代理商的收益额 Z 是：

$$Z = r_3 \times S = r_3 \times (p \times q) \times M（万元） \quad （式 3）$$

对上述三个公式，如果我们设定数商组团的参数：

p=10，q=10，r_1=20%，r_2=10%，r_3=5%，M=10（万元）

那么我们就可以得到数商组团的收益额分配是：

由式（1）一个零售商的收益额：X= 20% × 10 = 2（万元）

由式（2）一个批发商的收益额：$Y= r_2 \times q \times M$ = 10% × 10 × 10 =10（万元）

由式（3）一个代理商的收益额：$Z = r_3 \times p \times q \times M$ = 5% × 100 × 10 =50（万元）。

一个组团的收益额合计为：$X + Y + Z$ = 2 + 10 + 50 = 62（万元）

这是在年销售额 Σ =1110 万元条件下，数商生产型销售的效益分配。

当然上述分配模型可以根据实际情况进行参数调整，效益分配额也随之变动。从而对组团共富的比例进行调整。

2. 组团模式与达到的共富目标（代理商数量）

按照等比序列来计算数商组团系统中能够达到代理商收益额的群体比例。纵向发展的数商组团系统的有关计算公式分析。纵向发展的数商组团系统记为 N：

$$N=(S_1, S_2, S_3, S_4, \cdots, S_K, S_{K+1}, S_{K+2}) \quad （式 4）$$

在这个系统中，只有 S_{K+1} 为批发商，S_{K+2} 为零售商。序列前 K 个组成的子系统 $N_0=(S_1, S_2, S_3, S_4, \cdots, S_K)$ 的各个成员都已经上升到代理商层次。当 $p=q$ 时，得到序列为：$N_0 = (1, q, q_2, q_3, \cdots, q_{K-1})$。

（1）按照等比级数求和公式，得知代理商人数总和 R_0 为：

$$R_0 = (q^{K-1}) / (q-1) \quad （式 5）$$

（2）数商组团系统 N 的人数总和 R 为：

$$R=(q^{K+2}-1)/(q-1) \quad \text{（式 6）}$$

（3）数商组团系统年销售总额为：

$$\Sigma=M\cdot R=M\cdot(q^{K+2}-1)/(q-1) \quad \text{（式 7）}$$

（4）代理商的人数总和占数商组团系统总人数的比例是：

$$\alpha=R_0/R=[(q^{K-1})/(q-1)]/[(q^{K+2}-1)/(q-1)]$$
$$=(q^{K-1})/(q^{K+2}-1) \quad \text{（式 8）}$$

依此公式计算可知：当 q=10 时，代理商的总数在 1% 左右；当 q=5 时，代理商总数不超过 4%。因此，如果以进入代理商层次为共富目标，在 q=10 条件下，数商组团系统的共富比例仅有 1%。

3. 如何调整零售商、批发商与代理商三者收益额的比例

调整零售商、批发商与代理商三者收益额的比例，可按照式（9）的参数进行调整。

$$X:Y:Z=r_1:r_2(q+1):r_3(q^2+q+1) \quad \text{（式 9）}$$

从式 9 中可知，q 值是调整比例的关键因素。q 越大，管理难度越大，三者收益额的差距也越大。反之，调小比例 q，即管理范围缩小，那么收益额的差距也就调小。

综上研究分析，可以得出以下结论：

（1）数商组团系统是一种可持续发展的新模式，同时它又是一种能够促进各层次人员逐步提高科学管理水平，能够促进共富的销售新模式。

（2）数商组团系统是传统批发—零售基本逻辑在数字化时代的表现形式，与以拉人头为基本特征的传销有本质的区别，不存在强制消费、不存在拉人头获利、不存在侵害别人利益。

（3）在其推广应用中应当根据平台经济的具体情况，优化和求解确定数商组团系统的相关参数。从而起到调动各个层次人员积极性，促进平台经济发展的目标。

（4）数商组团系统是可以促成一定比例的数商组团成员达到不同层次的共同富裕，是一种生产型消费共富模型，在实现共同富裕上可发挥积极的作用。

三、数商模型的价值结算

在数商模型的设计中，消费者不仅可以获得商品流通中的价值分配，同

时还可以享有企业未来成长价值的分配，共同参与社会财富的分配。为此，在共富数商模型的收入结算时，引入“绿色消费积分制度”，通过绿色消费积分对数商进行结算且统一由第三方结算中心来负责结算。绿色消费积分运营企业在将积分以贡献值的方式奖励给数商时，其商品销售分账系统也同时将相应价值的人民币现金分账给第三方结算中心结算账户进行结算，确保积分价值的真实性与用户权益。

绿色消费积分本质上是企业给予消费者的一种反映贡献值的记录凭证，与商品的销售渠道费用锚定，单个产品具体锚定多少价值，按统一标准的“贡献值分配表”在产品信息中进行明示。数商零售商、批发商和代理商在完成商品的销售后，即可获得相应额度的绿色消费积分，并进入数商的绿色消费积分账户进行累计。数商通过该账户进入第三方结算中心进行资金结算，也可以通过第三方结算中心兑换平台上优质企业的股权或股票，享有企业未来的成长价值。

因此，在数商收入分配模型中，数商获得的年度收入 62 万元是数商参与商品流通价值的收入。若数商将一部分收益兑换成企业的股票，比如，拿出 10 万元兑换成股权或股票。数商每年还可以获得企业的分红权，这个分红权将是数商的一笔长期资本收益。在传统的销售模式下，普通的销售代理是很难参与企业的资本收益分配的。在数商模型中，通过引入绿色消费积分制度，将为每个消费者打开了资本收益的渠道，让更多数商即消费者个人能够获得资本收益。

第三节　数商模型的算法机制

数商模型以区块链技术作为底层设计，把计算规则和制度做成智能合约，由系统自行计算，搭建去人为、自动执行的运营机制。

数商模型以庞大的计算量为基础，为了保障数商生态每时每刻发生的消费和收入分配的计算能够科学准确，数商模型以区块链技术作为底层设计，将各种计算规则和相关制度做成智能合约，依靠生态系统强大的计算能力来自行计算，并将数据传输和保存到各个模块中。

区块链技术是一种去中心化的、不可篡改的分布式账本技术。其本质是通过加密算法、共识机制和分布式存储等技术手段，实现对数据的安全验证、透明性和可信性。区块链技术以区块链作为数据结构，将交易记录以块的形式链接在一起，并通过网络中的多个节点共同维护和验证这个分布式账本的一致性。区块链通过分布式的共识机制，实现了对数据的共享和验证，降低了信任的成本。区块链技术能够提高供应链的透明度和可追溯性。通过将供应链数据存储在不可篡改的区块中，企业可以更有效地管理整个供应链过程，减少欺诈和错误，提高效率。智能合约是区块链技术的一个重要应用，它是一种自动执行合同的计算机程序。这种自动化的执行使得合同履行更加高效，减少了人为的错误和纠纷。区块链技术与物联网的结合将进一步加强设备之间的安全通信。物联网设备可以使用区块链来安全地记录和共享数据，从而建立更加安全可靠的物联网生态系统。

数商模型的构建和价值分配，以区块链技术为底层逻辑，同时以智能合作为运行机制。基于区块链技术的智能合约具有以下特点：（1）自动化执行。智能合约可以自动执行合约条款，无须人工干预，从而减少了人工操作和提高了执行效率。（2）去中心化。智能合约运行在区块链上，不需要第三方信任机构，从而保证了去中心化和去信任化。（3）安全性。智能合约的代码公开透明，一旦部署就不可更改，这有助于确保合约的安全性。（4）透明度。智能合约的执行结果都会被记录在区块链上，对于任何人都是透明的，不存在篡改、隐瞒信息等情况。（5）自动结算。智能合约可以自动进行结算，无须人为干预，减少了结算过程中的错误和纠纷。智能合约通过自动化、去中心化、透明化和可审计性等特性，提高了数商生态的运行效率，也降低了各种交易之间的成本，为数商模型的价值分配提供了重要保障。

未来数商生态系统中任何一笔订单的产生，通过智能合约按照该笔订单所隶属的企业、平台和数商（包括数字零售商、数字批发商、数字代理商三个角色）进行收益分配计算，并自动执行相关合约。数商生态系统中的每款商品都录入系统时，会自动设定好商品价格和贡献值分配表。当商品被消费者购买的时候，系统将自动计算出每个数商的收入分配金额。零售商收入计入零售商的账户；批发商收入进入批发商的账户中，代理商收入计入代理商的账户，同时系统会自动分配对应数量的绿色消费积分到数商的账户中。商品一旦上传到商城，所有的收入分配系数就会被设定好，每笔订单的发生都将按照设定的系数比例进行计算。

数商生态将为每个数商建立收入账户，当一笔订单发生的时候，系统会根据订单的商品种类、数量和金额计算出应该分配给各级数商的收入，并将每笔收入自动计入数商账户。数商的收入账户，将会详细记录每笔收入产生的时间、金额和对应账单信息等。数商可以查询自己每月总收入和每笔收入的详细情况。数商收入的计算通过智能合约来执行，不会受任何人的干扰，可以充分保障数商的利益。数商获得绿色消费积分之后，可以在数商生态内使用，也可以到数商生态的结算中心进行结算，每笔结算数据也将进行存储，以便日后查询。

第四节　数商模型运营工具

数商模型构建和算法机制都将以数商 App 的方式进行呈现，未来每个消费者只需在手机端下载数商 App，在联网的状态下在 App 上即可完成所有的操作。App 是数据采集的端口，数据贡献的端口。

数商 App 是一款基于移动互联网的软件，它除了包含传统电商的网上购物、电子支付、娱乐活动和交易活动的功能外，新增了数商网络和绿色消费积分等独特功能，使得数商 App 不仅是一款购物软件，更是一款集购物、娱乐、赚钱等多种功能的软件。

一、数商 App 的常规功能

数商 App 具备传统电商所具有的网上购物、电子支付和娱乐等基本功能，具体说明如下：

（1）购物车与结算。提供购物车功能，方便用户将心仪的商品加入购物车，并随时查看购物车内的商品数量和总价。在购物车界面，用户可以对商品进行增删、数量调整等操作，并方便地进行结算。

（2）商品展示与搜索。具备清晰、直观的商品展示界面，包括商品的图片、价格、描述等详细信息。用户可以通过关键词搜索、分类浏览等方式快速找到所需商品。

（3）订单管理。用户可以查看订单详情、订单状态，包括配送进度、退款等信息。用户还可以进行订单的取消、修改、评价等操作，提升用户的购物体验。

（4）个性化推荐：根据用户的历史购买记录、浏览偏好和地理位置等信息，App 能够提供个性化的商品推荐。

（5）社交分享：通过社交分享功能，用户可以分享商品信息、优惠券信息等内容，获得更多优惠和奖励。

（6）在线支付：作为实现高转化率的关键功能，电商 App 的在线支付功能需要安全流畅，支持多种支付方式。

此外，数商 App 还需要提供安全可靠的支付功能、在线客服功能、售后支持体系、个人中心和会员体系等，以增强用户的信任感和忠诚度。数商 App 为消费者提供了便捷、多样的购物方式，同时也为商家提供了更广阔的市场和更高效的运营模式。

二、数商生态的销售体系

数商 App 以数商模型为核心业务，它打造的数商生态系统重构了商品的网络销售体系。

1. 数商销售网络系统

消费者在手机端下载数商 App，便可成为数商生态网络中的一个节点。通过该网络节点，消费者可以将查询到数商生态网络中的大量商品信息。消费者通过在手机端操作，将自身的信息输出给数商网络。数商 App 读取消费者的信息，并将其形成数字资产汇总到公共数字资产池。

数商是数据提供商，向数商生态贡献了数据，这个数据的来源就是数商

App 手机端端口。消费者以数商的身份进入数商生态系统，他们在手机端下载数商 App 便构成了数商网络的节点，无数的消费者形成无数的网络节点。这些网络节点之间又形成数商组团销售模式，他们之间存在数商模型所搭建的零售商、批发商和代理商的角色。

数商 App 在网络上搭建了一套数字化的商品销售体系，将线下的消费者和其贡献的数据都汇集到网上，从消费者的手机端将消费数据传输到供给端的厂家，让供给端的厂家将数字化的商品信息传输给消费者。通过网络上的数据传输便形成了商品的网络销售体系，数商之间形成了数商生态的销售渠道。每件商品进入数商生态体系后，数商网络就会将商品信息传输到消费者手机端的 App 上。消费者查看了这些数据之后，选择自己或家庭成员需要的商品进行购买。

消费者除了自己下载 App 成为数商，还可以推荐其他人下载数商 App 成为数商。当消费者推荐其他人下载 App 成为数商后，自己就可以从数字零售商升级为数字批发商，他们负责将商品信息推送给所推荐的数字零售商。随后，被推荐的数字零售商也可以再推荐其他人下载 App，自己升级为数字批发商。原来的数字批发商就可以升级为数字代理商。数字代理商是数商中身份最高的级别了。数字代理商负责将商品推荐给数字批发商。数字零售商、数字批发商和数字代理商三者之间形成了商品的网络销售渠道。

2. 数商的商品供应系统

在数商网络的另一端是商品供应系统。大量生产厂家可以加入数商生态，为数商生态提供他们所生产的产品。这些生产厂家集合成数商生态的商品供应体系。他们向数商生态提供数字化的商品，这些商品可以通过数商网络销售渠道，传输到消费者的手机端 App 上，供消费者进行挑选。待消费者下单后，订单信息会通过 App 传输回生产厂家这里，生产厂家安排智能仓储和物流系统配送实物商品给消费者。

数商 App 上的商品供应系统是数字化的商品，可以全方位地呈现商品的信息，并将这些信息通过网络传输呈现给消费者。数商经营的也是这些数字化的商品，而不是实物商品。这正是数商模型同传统商品流通不同的地方。传统商品流通是实物流通。零售商、批发商和代理商经营的都是实物商品。而数商中的零售商、代理商和批发商经营的是数字化的商品，而非实物商品。这就大大节省了商品的周转和运输成本，节省了商品销售成本，提高了商品销售的效率。

三、绿色消费积分管理系统

绿色消费积分管理系统是指集成了绿色消费积分计算、存储、管理、兑换等功能的系统，其应具备积分管理的具体功能，如绿色消费积分计算、数据库管理、数据报表生成等。系统应能够满足不同应用的需要，支持多个操作系统和不同类型的数据库。

1. 系统组成

绿色消费积分管理系统应由以下模块组成：

（1）系统应用层：包括与积分管理有关的应用程序、网站、移动端应用程序等。

（2）积分管理层：包括积分计算、积分存储、积分查询、积分兑换等管理功能。

（3）数据库层：包括积分数据、用户数据等存储在数据库中的数据。

（4）数据处理层：负责从数据库中提取数据，并对其进行加工和处理。

（5）系统安全层：负责系统访问权限等安全问题。

（6）系统管理层：包括系统配置管理、日志管理等功能。

2. 系统特点

（1）系统应支持多语言、多平台和多协议。

（2）系统应具有较高稳定性、安全性、可靠性以及良好的用户体验。

（3）系统应能为不同的业务提供差异化服务，并为消费者提供灵活的绿色消费积分服务。

（4）系统应能提供决策支持和业务分析工具，帮助企业进行决策和管理。

3. 数据报表

绿色消费积分管理系统应具备灵活的数据报表生成功能，主要包括以下报表：

（1）积分消费报表；

（2）积分兑换报表；

（3）积分获得报表；

（4）积分奖励报表；

（5）积分余额报表；

（6）积分统计报表；

（7）积分排行榜报表；

（8）积分趋势分析报表。

以上报表可以通过系统设置，按照时间、地域、行业等分类进行生成，且可以保存为不同格式，如 Excel、PDF 等。

第五节 数商模型赋予合作伙伴“数字身份”

2019 年年初，“权健事件”引爆舆论。直销行业发展中存在的虚假宣传、涉嫌变相传销等问题被集中揭发，91 家直销企业被集体约谈和提醒告诫。国家市场监督管理总局等 13 个部门开启了联合整治保健市场乱象的“百日行动”，直销行业的发展一时陷入“寒冬”。虽然“权健事件”过去了较长时间，但对直销行业造成的负面影响仍然很大，直销企业形象一直面临着严峻的考验。“权健事件”的发生，不仅让直销的社会认可度急剧下降，同时还引发了公众对保健品市场的信任危机。而直销作为保健品的主要销售渠道，受到很大冲击，主要表现在人们对保健品功效产生怀疑，特别是对以直销方式销售保健品的企业信任程度大为降低。

“类直销”的微商、社交电商等行业，这几年发展困难。微商最初指通过微信渠道进行商品销售的行业或个人，商业模式尚未成型。由于受到的管控较少，行业乱象横生。假冒劣质品掺杂其中，不少微商喜欢夸大其词。这些乱象引起消费者的反感。

数商模型则不同于以上做法，它可以赋予合作企业一个数字身份。这一数字身份是企业在数字空间中的形象和声誉，它由多个组成部分构成，包括品牌形象、数字店铺、社交媒体和内容等。这些组成部分共同构成了企业的数字身份，品牌形象是企业数字身份的核心。它是企业的标志，包括企业的名称，商标和视觉设计等。品牌形象需要是一致的，以确保消费者可以轻松识别和记忆企业。数字店铺是企业数字身份的重要组成部分，是企业在数字空间中展示其产品和服务的主要途径。数字店铺需要具有专业性和易用性，以确保消费者可以轻松找到所需的信息。社交媒体是企业数字身份的重要组成部分。它可以让企业与客户互动，并提高品牌知名度。社交媒体要活跃，以吸引新的客户和保持现有客户的兴趣。内容是企业数字身份的重要组成部分。它可以帮助企业展示其专业知识和价值观，并提供有用的信息和资源。内容需要是有价值的，以吸引和保留客户的兴趣。

数字身份可以为企业带来多方面的好处。首先，它可以提高品牌知名度。随着越来越多的消费者在线上购物，建立强大的数字身份可以让企业在竞争激烈的市场中脱颖而出。其次，它可以提高客户忠诚度。通过提供有价值的内容和与客户互动，企业可以建立长期的客户关系，并增加客户重复购买的可能性。最后，它可以辅助中国式新营销行业的企业合规经营，不断提升自身的竞争力和行业影响力。

第六章 绿色消费积分是数据价值贡献的凭证

数商模型构建的核心环节，在于对消费贡献数据的记录和价值分配。消费者的消费行为向新商业生态系统贡献了数据，这种数据价值贡献可以通过绿色消费积分来进行记录。由于消费者向生态系统贡献数据的方式是多样化的，应用的场景也是多样化的，因此绿色消费积分作为价值记录的凭证，仅仅是对数据贡献的一种应用。未来随着数商模型的广泛应用，数据价值贡献的记录方法也会更加趋于完善。本章节，我们主要对绿色消费积分作为数据价值贡献的凭证进行说明。

第一节　绿色消费积分的相关政策

2022年1月，国家发改委、工信部等七部委联合印发《促进绿色消费实施方案》，提出探索实施全国绿色消费积分制度，鼓励地方结合实际建立本地绿色消费积分制度，以兑换商品、折扣优惠等方式鼓励绿色消费。2022年7月，商务部研究院信用研究所开展"建立绿色消费积分制度课题研究"，并形成《全国绿色消费积分制度与监管标准研究》课题成果。2023年7月，中国国际经济技术合作促进会通证经济工作委员会发布《绿色消费积分技术规范》，为绿色消费积分的应用提供指导标准，规范了绿色消费积分的应用。2023年8月1日《绿色消费积分技术规范》团体标准正式实施。

绿色消费积分作为通证经济的一种重要应用，它形成于市场经济发展过程中的不断创新、探索和实践。同时，绿色消费积分也受到国家的高度重视，有关部委出台了文件，从政策上支持绿色消费积分的实施。绿色消费积分作为一种商业模式的创新，能够在政策上得到支持，对于绿色消费积分的规范应用和行业的健康发展至关重要。这里，我们按照时间节点顺序，对绿色消费积分的有关政策和相关部门出台的文件进行梳理，作为政策依据。

2022年1月，国家发展和改革委、工业和信息化部、住房和城乡建设部、商务部、市场监管总局、国管局、中直管理局联合印发了《促进绿色消费实施方案》，提出完善有利于促进绿色消费的制度政策体系和体制机制，推进消费结构绿色转型升级。确立了绿色消费的发展目标，即到2025年绿色消费理念深入人心，重点领域消费绿色转型取得明显成效，绿色消费方式得到普遍推行，绿色低碳循环发展的消费体系初步形成；到2030年，绿色消费方式成为公众自觉选择，绿色低碳产品成为市场主流，重点领域消费绿色低碳发展模式基本形成，绿色消费制度政策体系和体制机制基本健全。全面促进重点领域消费绿色转型，如绿色食品消费、绿色衣着消费、绿色居住消费、绿色交通消费、绿色用品消费、文化和旅游行业的绿色消费等领域。该方案还提出要推广更多市场化激励措施，要探索实施全国绿色消费积分制度，鼓励地方结合实际建立本地绿色消费积分制度，以兑换商品、折扣优惠等方式鼓励绿色消费。鼓励各类销售平台制定绿色低碳产品消费激励办法，通过发放绿色消费券、绿色积分、直接补贴、降价降息等方式激励绿色消费。鼓励行业协会、平台企业、制造企业、流通企业等共同发起绿色消费行动，推出更丰富的绿色低碳产品和绿色消费场景。

2022 年 7 月，商务部研究院信用研究所开展“建立绿色消费积分制度课题研究”，并形成《全国绿色消费积分制度与监管标准研究》课题成果。中国国际经济技术合作促进会通证经济工作委员会根据课题成果，指导企业应用，加快完善绿色消费积分合规体系、强化绿色消费积分市场监管体系、构建绿色消费积分信用管理体系、建立绿色消费积分行业自律机制，进一步明确绿色消费积分风险防范机制。

2022 年 12 月，中共中央、国务院发布了《关于构建数据基础制度更好发挥数据要素作用的意见》（国务院 2023 年 1 号公报）（简称“意见”）。该“意见”指出，数据作为新型生产要素，是数字化、网络化、智能化的基础，已快速融入生产、分配、流通、消费和社会服务管理等各环节，深刻改变着生产方式、生活方式和社会治理方式。数据基础制度建设事关国家发展和安全大局。因此，要加快构建数据基础制度，充分发挥我国海量数据规模和丰富应用场景优势，激活数据要素潜能，做强做优做大数字经济，增强经济发展新动能，构筑国家竞争新优势。

“意见”提出：（1）总体要求。以习近平新时代中国特色社会主义思想为指导，深入贯彻党的二十大精神，完整、准确、全面贯彻新发展理念，加快构建新发展格局，坚持改革创新、系统谋划，以维护国家数据安全、保护个人信息和商业秘密为前提，以促进数据合规高效流通使用、赋能实体经济为主线，以数据产权、流通交易、收益分配、安全治理为重点，深入参与国际高标准数字规则制定，构建适应数据特征、符合数字经济发展规律、保障国家数据安全、彰显创新引领的数据基础制度，充分实现数据要素价值、促进全体人民共享数字经济发展红利，为深化创新驱动、推动高质量发展、推进国家治理体系和治理能力现代化提供有力支撑。（2）建立保障权益、合规使用的数据产权制度。探索建立数据产权制度，推动数据产权结构性分置和有序流通，结合数据要素特性强化高质量数据要素供给；在国家数据分类分级保护制度下，推进数据分类分级确权授权使用和市场化流通交易，健全数据要素权益保护制度，逐步形成具有中国特色的数据产权制度体系。（3）建立合规高效、场内外结合的数据要素流通和交易制度。完善和规范数据流通规则，构建促进使用和流通、场内场外相结合的交易制度体系，规范引导场外交易，培育壮大场内交易；有序发展数据跨境流通和交易，建立数据来源可确认、使用范围可界定、流通过程可追溯、安全风险可防范的数据可信流通体系。（4）建立体现效率、促进公平的数据要素收益分配制度。顺应数字产业化、产业数字化发展趋势，充分发挥市场在资源配置中的决定性作用，更好地发挥政府作用。完善数据要素市场化配置机制，扩大数据要素市场化配置范围和按价值贡献参与分配渠道。完善数据要素收益的再分配调节机制，让全体人民更好地共享数字经济发展成果。（5）建立安全可控、弹性包容的数据要素治理制度。把安全贯穿数据治理全过程，构建政府、企业、社会多方协同的治理模式，创新政府治理方式，明确各方主体责任和义务，完善行业自律机制，规范市场发展秩序，形成有效市场和有为政府相结合的数据要素治理格局。（6）保障措施。加大统筹推进力度，强化任务落实，创新政策支持，鼓励有条件的地方和行业在制度建设、技术路径、发展模式等方面先行先试，鼓励企业创新内部数据合规管理体系，不断探索完善数据基础制度。

2023 年 7 月，在“2023 第二届通证经济发展论坛暨绿色消费生态高质量发展大会”上，由中国国际经济技术合作促进会通证经济工作委员会发布了《绿色消费积分技术规范》，为绿色消费积分的应用提供指导标准，规范了绿色消费积分的应用。参考了现行有关法律、法规、规章等文献和绿色消费积分的实践经验，旨在指导绿色消费积分平台的设计、开发、运营和管理，维护用户权益，规范服务行为，营造良好的发展环境，促进行业的健康发展。绿色消费积分技术规范的发布，是对于绿色消费生态的高度重视。这一标准的出台，不仅有利于推动通证经济与绿色消费的深度融合，还将提高绿色消费积分的可信度和公正性，为消费者提供更加便利的服务。在通证经济的引领下，绿色消费经济将在高质量发展的道路上稳步前行，共同构筑绿色、可持续的美好未来。

2023 年 8 月 1 日，由商务部研究院牵头制定的团体标准《绿色消费积分技术规范》（T/CIET 166—2023）发布并施行，为“数商”的贡献值记录凭证提供了良好的工具。《绿色消费积分技术规范》规定了绿色消费积分的原则、绿色消费积分技术实现、绿色消费积分管理流程、绿色消费积分管理系统、绿色消费积分的应用。根据《绿色消费积分技术规范》团体标准，绿色消费积分是贡献值的记录凭证，可以兑换商品或服务，可以兑换企业分红权，可以兑换企业股权。绿色消费积分的应用标志着中国零售商业经济将全面进入通证经济时代，标志着共同参与、共享红利的发展模式将得到全面的推广与应用，标志着共同富裕的经济形态开始全面运营。

第二节　绿色消费积分是一种价值记录凭证

绿色消费积分是基于通证经济的数商模型的价值记录凭证，是商品流通中财富分配的调节器。在数商模型中，绿色消费积分记录了消费者作为数商在整个商业生态所做的贡献，这是对消费者个体价值的记录凭证。绿色消费积分的发行，是基于整个商业生态系统，它同传统的消费积分有着显著的不同。传统的消费积分是某个企业发行的，是一种促销行为，最终解释权归企业所有。而绿色消费积分记录是由整个生态系统生成的，是记录个体参与商业生态系统所做出的贡献的值，是对价值的一种记录凭证。

绿色消费积分是记录个人价值的通证，它是基于通证经济的数商模型的价值记录凭证，是商品流通中财富分配的调节器。在通证经济下，每个人都将根据自己所贡献数据的价值参与分配，绿色消费积分反映了每个消费者参与商品流通的数据价值贡献。消费者参与数据贡献的价值越多，获得的绿色消费积分就越多，参与分配的权重就越大。基于区块链技术，绿色消费积分记录了每个人日常各种行为所产生数据的贡献值，绿色消费积分可以进行累计并被记录到系统中。这些数据采用分布式记账，是不可篡改的，由智能合约自动执行实现对消费者价值的分配。

一、消费积分和绿色消费积分的区别

消费积分制度起源于 19 世纪末 20 世纪初，是商人为了赢得客户的忠诚度而设计的奖励制度。最初，消费者完成一次消费，就可以获得一定数量的铜板，当累积到一定数量之后，就可以在店内兑换礼品。这种做法在当时被许多商人采用，以获取长期的消费客户群。1896 年，Sperry 和 Hutchinson 公司推出了绿色邮票计划，即由零售商向客户支付与其购买量成比例的绿色小邮票，客户可以拿着他们用“绿色邮票”填充的小册子去公司兑换相应商品。这种形态实质上变成了一种可以流通的企业货币，被称为“交易邮票”。后来，一些规模更大的企业开始向客户提供购物券，购物券的赠送也是与消费者的消费额对应。持有购物券可以与货币等值购买商品。再后来，超市、商场等零售业快速发展，这种赠券又发展成为会员卡形式。随着互联网技术的发展，消费积分逐渐成为一种新的商业模式，成为一种普遍的商业策略，被广泛应用于各种商业领域。

绿色消费积分是对传统消费积分的一种创新应用。它既继承了传统消费积分的一些奖励制度和奖励办法，同时也突破了传统消费积分的一些限制，被赋予了更多新的内涵和价值，呈现更多新的功能和特点，在商业领域发挥了更大的作用。具体来说，绿色消费积分和传统消费积分的区别体现在以下方面：

（1）奖励的目的和办法发生了变化。传统的消费积分通常只能用来兑换商品和服务，因此更多时候被认为是商家的促销行为，是为了吸引消费者在商家继续消费。而绿色消费积分反映消费者参与商品流通的数据价值贡献，企业根据消费者的消费行为为数商生态所做出的贡献，给予消费者相应的绿色消费积分奖励。这种奖励不是纯粹地为了吸引消费者再消费，而是对消费者贡献值的记录，也是消费者参与数商生态价值分配的凭证。

（2）在参与价值分配的广度和深度上发生了变化。传统的消费积分只能兑换商品和服务，绿色消费积分除了可以兑换商品服务以外，还可以兑换企业股权和上市企业的股票，锚定了企业未来的成长价值。过去，股权分红、股票收益和资产收益等，只针对货币资本股东开放，只有货币出资人才能享有这些权力。今天，绿色消费积分的应用、价值消费理念的兴起，让消费者作为数商也能够参与其中。这就使得企业价值分配的广度和深度上发生了巨大的变化。以前是买卖交易双方的一买一卖是对立的关系，今天通过绿色消费积分把一买一卖的消费者拉进了利益共同体。绿色消费积分所体现的是价值分配，让消费者以数商的身份，参与商品数字化流通和经营，从而也获得价值的分配。

（3）绿色消费积分的应用改变了生产关系、改变了财富分配制度。传统的消费积分制度只是商家用来获得客户忠诚度的一种手段，它的目的是增加企业的收益和利润。商家虽然可以锁定一定的消费者，但并没有改变商家和消费者之间的买卖关系。但绿色消费积分制度却将消费者视为企业的股东，让消费者以股东的身份参与分配，从而改变了商家和消费者之间的关系。绿色消费积分和互联网积分是两种目的、两种黏度。绿色积分跟企业的未来价值锚定了，让消费者参与企业未来价值的分配，是把消费者当作股东，这不仅增加了消费者的忠诚度，更是一种生产关系和财富分配制度的变革。

二、绿色消费积分在通证经济中的应用

在通证经济的模型下，绿色消费积分被赋予新的内容，也有了新的定义。通证经济下的绿色消费积分的定义：绿色消费积分是在基于区块链技术的网络交易中，企业对消费者贡献值的一种记录凭证，是对消费者消费行为的价值反映，积分可以用来兑换商品或服务，也可以兑换企业的利润分红权和资本收益权。同时，通证经济下的绿色消费积分，有了全新的发行机制、流通办法和兑付机制。它不同于传统意义上的消费积分，而是被赋予更多的价值内涵，可以充分发挥积分在商业活动中的价值和作用。

绿色消费积分作为对数商数据贡献价值的权益凭证，它的主要用途可以概括如下：

（1）对各数商为生态所做贡献值的记录。数商是数商生态的消费经营者，他们既是消费者也是经营者，并根据自己的消费和经营数据来获得绿色消费积分。当数商在生态中进行消费时，会根据所消费商品的贡献值分配表来获得绿色消费积分。数商可以是数字代理商、数字批发商和数字零售商，他们

从每次消费中所获得的绿色消费积分也是不相同的。具体可以分配到多少的绿色消费积分，要根据数商模型的贡献值分配模型来进行计算，然后将对应的绿色消费积分分配给各个数商。比如，消费者通过新商业生态系统购买一件衣服花费 100 元，按照绿色消费积分贡献值分配表，按照 5%、10% 和 15% 的比例作为数字代理商、数字批发商和数字零售商的贡献值。系统通过智能合约会自动为本次消费相关联的数字代理商、数字批发商和数字零售商分发 5 个、10 个和 15 个绿色消费积分。

（2）消费价值的权益实现。消费者获得绿色消费积分的奖励后，可以将积分兑换成实际的权益，可以兑换商品或者服务，或者其他的收益方式。在通证经济模式下，绿色消费积分有两个层面的兑付机制。一是实现消费者的即期利益。通过兑换商品和服务、购物支付、抵扣现金券和会员权益兑付等，满足消费者即期利益需求。二是实现消费者的资本收益权。通过绿色积分兑换企业的分红权和上市企业的股票等，获得更大的资本收益。通过绿色消费积分的兑付，可以使消费者分享企业未来成长价值，从消费端实现价值的增值。

绿色消费积分的发行是基于数商生态，因此它可以在整个生态中进行流通。传统的消费积分是由单一企业来发行的，积分的价值和兑换机制也是由各个企业自行制定，没有统一的标准。消费者在获得消费积分后，还要根据各个企业各自制定的标准去执行，最终解释权归企业。这就导致积分价值的不确定性。消费者在积分规则面前完全没有话语权，只能被动地接受来自各个企业不同的规则。同时，企业和企业之间的消费积分也是不互通的，造成了大量积分的沉淀，消费者却无法使用的问题。绿色消费积分的发行是由整个生态系统来发行，凡是入驻生态的企业都按照统一的规则来兑付和结算，任何企业都不能随意改变兑付和结算的规则。这就使得绿色消费积分的价值具有相对稳定性，不会因企业的解释随意的发生变化。这就提高了消费者对绿色消费积分的信任度。

绿色消费积分在流通上也更加灵活。传统的消费积分，通常只能兑换商品，需要累积到一定的数额才能参与兑换。因此很多零散的积分就被浪费掉了。比如，消费者到商城去买衣服获得的消费积分，只能在商城使用。但到了年底，消费者累计的积分不够兑换一件商品，或者兑换完商品还有部分剩余积分，这时消费者无法使用这部分积分，积分在年底的时候在很大程度上会被系统清零。消费者就白白浪费了这部分积分。在数商生态内，绿色消费积分就类似给数商发的工资，在使用的时候不受额度的限制。即便只有 1 个积分，也可以抵 1 元钱来使用。

绿色消费积分代表的权益凭证，是对数商参与商品流通的价值分配，体现的是数商的收入，成为家庭收入来源的渠道之一。因此，绿色消费积分不仅像传统的消费积分那样去兑换产品和服务，还可以进行价值的结算和股票投资。绿色消费积分是价值分配的依据，根据每个数商拥有的绿色消费积分，参与商品流通价值的分配。同时，绿色消费积分可以兑换成现金，不仅可以在生态系统内使用，还可以用于消费者在其他地方的消费使用，以满足家庭的各项开支。绿色消费积分还可以兑换成数商生态内上市企业的股票，使股票成为每个家庭的标配。每个家庭通过参与数商生态建设，不仅可以获得稳定的收入来源，还可以获得类似于股票的长期资本收益。

绿色消费积分有独立的第三方结算体系，可以充分保障数商的权益。传统的消费积分所对应的价值，是在企业内部进行循环和结算。而绿色消费积分是在整个数商生态内循环，在多个企业之间、企业和平台之间、企业和数商之间进行循环与结算，因此数商生态还将建立独立的第三方结算体系。第三方结算体系由国颁发牌照的金融机构来负责搭建。绿色消费积分运营企业在将积分以贡献值的方式奖励给数商时，其商品销售分账系统也同时将相应价值的人民币现金分账给第三方结算中心结算账户进行结算，确保积分价值的真实性与用户权益。

第三节　绿色消费积分贡献值计算模型

一、绿色消费积分的计算原则

绿色消费积分是基于数商模型，在数商生态与消费者之间形成依法规范、共同参与、各取所需、共享红利的发展模式，促进形成与数字生产力相适应的新型生产关系和新的收入分配制度。关于绿色消费积分的计算原则，具体包括以下 4 方面。

（1）规范性。绿色消费积分作为价值凭证，具有相对稳定的价值。绿色消费积分计算的规范性，体现在绿色消费积分依据生态内数商所提供数据的价值贡献标准进行计算，是一种客观的标准，是一种对经济现象和消费行为分析研究的结果，符合经济发展的基本规律。它不受他人乃至企业和政治等外部因素影响。

（2）可信性。绿色消费积分的计算结果，是如实反映数商在参与商品流通过程中所提供的数据价值，以及所提供数据价值的收益分配。同时，数商生态采用区块链技术作为底层逻辑和技术支持，确保绿色消费积分发行与价值结算结果不被篡改；同时建立信息公开、监督检查等渠道，接受来自社会各界的监督。

（3）可操作性。绿色消费积分的使用应便于操作，能简单准确地被理解和使用。每个商品都有自身对应的绿色消费积分贡献值分配表，一旦确定了贡献值分配表的系数，就会将其印制在商品包装上，消费者在购物消费时就可以获知这些数据。同时，绿色消费积分贡献值分配表在商品入驻时，会被录入生态系统，未来商品被卖出去由智能合约自动来执行绿色消费积分的分配。无论任何时候消费者购买了该商品，均应由智能合约根据贡献值分配表自动执行为数商生成相应数额的绿色消费积分。

（4）可管理性。企业应建立合理的绿色积分管理体系，以区块链技术为底层技术保障，对于发放出去的绿色消费积分要进行准确的记录和保管。数商获得绿色消费积分后，可以直接到结算中心结算，也可以用来购买生产厂家的商品或者上市企业的股票。这时绿色消费积分就会从数商手中转移到生产厂家和上市企业手中，生产厂家和上市企业得到绿色消费积分后可以到结算中心结算成现金。未来要确保绿色消费积分能够及时和有效结算。

二、绿色消费积分的计算参数

绿色消费积分本质上是企业给予消费者的一种反映贡献值的记录凭证，与商品的销售渠道费用锚定，单个产品具体锚定多少价值，按统一标准的

"贡献值分配表"在产品信息中进行明示。同时，绿色消费积分同消费行为是绑定的，它的价值也来自消费者的消费数据和商品自身价值。因此，在核定绿色消费积分的价值时将以消费者的消费额、购买商品的价值和绿色消费积分贡献值分配表作为重要的参考依据。

（1）消费者的消费额，是对消费者消费行为的重要衡量指标，是消费者消费能力的数字化反映。我们说一个大客户的消费能力强，仅仅是一种主观意识层面的粗略认识，要准确地了解这个大客户的消费能力到底有多强，则需要通过具体的数字来表示，主要表现为该客户的实际消费金额。实际消费金额数额较大，说明消费者的消费能力就越强。因此，在核定绿色消费积分的价值时，需将消费者的消费额作为计算的基数，才能保障计算的科学性和合理性。

消费者的消费金额对应的价值包含了商品价值、企业利润和消费者价值，因此在核定消费者价值时，要通过消费额来计算消费者价值的具体占比。消费者的消费额直接反映了消费者消费能力的大小，但并非消费者贡献值大小的直接反映。消费额还包含了商品价值和企业利润，因此绿色消费积分所直接反映的消费贡献值是消费额的一定比例，这里需要制定一个换算方法。

（2）商品的价值分配系数。商品的价值是绿色消费积分另一个重要的衡量指标。对数商的收入分配是对商品价值的再分配，因此需要根据商品自身的价值和在流通过程中所能创造的价值制定商品的价值分配系数。商品价值分配系数是对生产厂家、供应链公司、数商生态运营公司和绿色消费积分的分配比例。根据商品的价值分配系数，来对商品进行第一次分账。消费者购买哪类产品就按照哪类产品的价值分配系数进行分配。不同商品的价值分配系数也不是不一样的，这个需要根据商品自身的价值来进行核定。商品自身的价值也受到多个因素的影响。为了制定统一的标准，在商品生产和定价时，就会对各相关因素进行考察，并由厂家制定合理比例的价值分配系数。价值分配系数一旦确定，在商品进入生态系统的时候，就会统一录入系统和智能合约机制。未来，商品一旦出售，智能合约就会按照录入的商品价值分配系统，来自动执行合约中约定的商品价值分配方式。

（3）绿色消费积分贡献值分配表。绿色消费积分贡献值锚定的是商品流通过程中的营销成本，是商品价值分配系数中的绿色消费积分的分配比例。该分配比例是数字代理商、数字批发商和数字零售商总的分配份额占商品价值的比例，也是绿色消费积分生成的比例。绿色消费积分生成后，还要根据各级数商的贡献值分配表进行第二次清分。第二次清分是绿色消费积分对各级数商进行再次分配。数商贡献值分配表同商品价值分配系数一样，在商品录入系统时，会将各个商品的数商贡献值分配表进行录入，未来由智能合约按照录入的程序自动来执行计算。

为了更清晰地呈现上述各个参数的具体情况，在这里以茶叶为例，如图6–1 所示，进行详细说明。比如，一盒茶叶在数商生态中售价 1000 元，那么这 1000 元就是这盒茶叶的全部价值。在第一次分账过程中，根据商品价值分配系数来进行资金的分配。假定茶叶的价值分配系数为：生产厂家分配 50%、供应链分配 10%，数商生态运营公司分配 10%、绿色消费积分分配 30%。若有消费者购买了一盒茶叶，则系统会自动进行第一次分账，生产厂家获得 500 元货款，供应链获得 100 元，数商生态运营公司获得 100 元，绿色消费积分对应可分配 300 元。

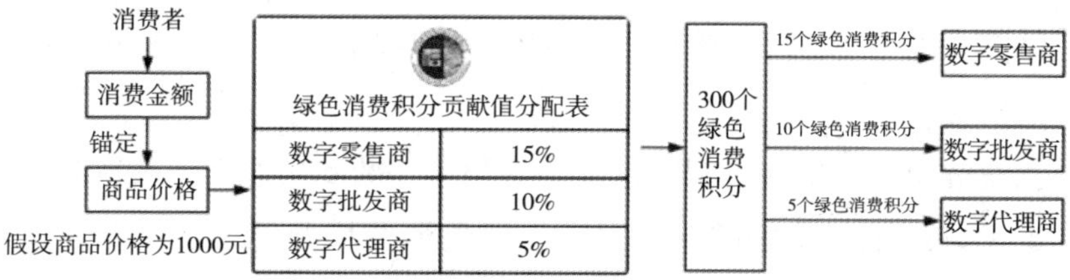

图6–1　绿色消费积分的生成和计算过程

其中，绿色消费积分对应的 300 元会自动分配到绿色消费积分结算中心，并生成相应的 300 个绿色消费积分。300 个绿色消费积分按照数商贡献值分配表的比例，分别分配给数字零售商、数字批发商和数字代理商。假定茶叶的绿色消费积分贡献值分配表为数字代理商为 5%、数字批发商为 10%、数字零售商为 15%，则数字代理商分配到 50 个绿色消费积分、数字批发商分配到 100 个绿色消费积分、数字零售商分配到 150 个绿色消费积分。

数商所提供数据的消费价值体现在对具有不同价值的商品进行的消费，消费者选择、消费者偏好决定了最终购买什么类型的商品，会为社会经济的发展投上自己的一票，进而影响到整个商业的发展。消费者选择某类产品，就会带动该类产品的生产厂家去大量生产，以及引起外部企业进入该领域生产同类型的产品。消费者在消费端的消费决策和消费数据信息，会通过数商生态系统的信息传导机制反馈给生产厂家，从而影响生产行为和数商自身的经营行为。

总之，绿色消费积分的核定办法，是以消费者的消费金额作为计算的基数，以消费商品的价值分配系数和绿色消费积分贡献值分配表作为权重比例，依据数商计算模型计算出从商品生产到商品流通、消费过程中，各个参与方的价值分配和生成的绿色消费积分的分配情况。绿色消费积分是商品价值分配的重要权益凭证，也是一种重要的通证。数商生态系统只有制定出科学的价值分配标准和规范的分配体系，才能为绿色消费积分的实施提供充足的保障。

三、绿色消费积分的计算公式

绿色消费积分价值体系包含两方面：一是绿色消费积分生成和分配数额的计算；二是绿色消费积分价值的计算，即绿色消费积分在未来使用过程中可兑现的价值。首先是绿色消费积分的生成机制，即消费者在每次消费时可以获得多少的绿色消费积分；其次是绿色消费积分的兑付机制，即由数商生态的价值结算中心，来负责将绿色消费积分兑换成商品、现金、分红权或者股票等其他权益。

绿色消费积分的生成机制。绿色消费积分是数商生态中记录数商贡献值的权益凭证，是通证经济中的一种通证。绿色消费积分记录了数商生态中各个数商的实际数据贡献价值，也是他们参与数商生态价值分配的重要依据。绿色消费积分伴随着每次消费的发生而生成。比如，某个消费者在数商生态中购买了一盒茶叶，在消费者下单完成支付后，系统就自动生成了相对应的绿色消费积分。未来，消费者对购物不满意，要求退货退款，系统就要将随着这个订单产生的绿色消费积分扣减。这就是说，绿色消费积分和消费者的购买行为是高度关联的。发生了购买行为，就产生了绿色消费积分；若出现退款退货，就相当于是一次逆购买行为，需要扣减相应的绿色消费积分。

绿色消费积分的分配机制。根据商品的价值分配系数计算出对应的绿色消费积分总数。系统生成绿色消费积分总额后，会按照绿色消费积分贡献值分配表来计算各个数商应该获得的绿色消费积分，并将其自动分配给各个数商的账户中。数商获得绿色消费积分后，可以在自己的绿色消费积分账户中进行累计。当数商需要对绿色消费积分进行结算时，可以到绿色消费积分的结算中心进行结算。假设某件商品的价值为 V，可生成的绿色消费积分为 VC，各级数商的贡献值分配系数为 P_1、P_2、P_3，则各数商可分配到的绿色消费积分为：

数字代理商可分配的绿色消费积分为 VC_1：$VC_1=V\times P_1$ （式 1）

数字批发商可分配的绿色消费积分为 VC_2：$VC_2=V\times P_2$ （式 2）

数字零售商可分配的绿色消费积分为 VC_3：$VC_3=V\times P_3$ （式 3）

绿色消费积分总的生成数额为 $VC=VC_1+VC_2+VC_3$ （式 4）

系统会自动将相对应的绿色消费积分进行分配。上述公式和对应的分配系统是根据每款商品来单独设定的，在商品上架系统的时候，就会自动将其录入。当商品发生购买行为时，系统会自动地生成绿色消费积分，并将这些绿色消费积分按照上述公式进行计算，然后将对应的数额进行分配。数商生态会为各个数商设置绿色消费积分账户，分配的绿色消费积分可以在账户内进行累计。各参与主体需要结算的时候，自行到结算中心进行结算。具体结算的机制在下一节中进行详细说明。

绿色消费积分是对消费者依据自身消费行为所提供的消费贡献值的机制回馈。消费者获得的绿色积分越多，代表了消费者做出的贡献越大，从而也可以获得越多的价值回馈。消费者的价值回馈和消费者的贡献值是成正比例的，消费者做出的贡献值越大，获得的价值回馈也越多；消费者做出的贡献值小，则相应的获得价值回馈就越小。消费者价值回馈和消费者贡献值之间的这种正比例关系，可以鼓励消费者努力为平台贡献价值，鼓励消费者的消费行为。同时，消费者也会因为自己的消费行为获得更多的回报，进而提高消费者的消费能力，这是一种正向循环的激励机制。既可以实现平台和消费者之间的利益共享，又可以在平台和消费者之间建立起正向的激励机制。

第四节 绿色消费积分的兑付与结算

绿色消费积分作为价值记录凭证，需要进行价值兑换。在数商商业生态系统中，绿色消费积分可以兑换商品或者服务，可以兑换企业的股权，可以兑换上市企业的股票。因此，绿色消费积分的应用标志着企业把消费者纳入股东的序列，消费者成为企业的股东，参与了股权收益分配。这是一种新的财富分配模式，是将数据要素作为生产要素，参与社会财富分配的一种新的分配方式。同时，也是基于互联网技术对个体所做贡献的精确记录，实现个体参与整体价值分配的一种新的财富分配机制。

在数商模型的设计中，消费者不仅可以获得商品流通中的价值分配，同时还可以享有企业未来成长价值的分配，参与社会财富的分配。为此，在数商模型的收入结算时，引入“绿色消费积分制度”，通过绿色消费积分对数商进行结算且统一由第三方结算中心来负责结算。绿色消费积分运营企业在将积分以贡献值的方式对数商的角色价值进行记录确权，其商品销售分账系统也同时将相应价值的现金给第三方结算中心结算账户进行结算，确保绿色消费积分价值的真实性与用户权益。

一、绿色消费积分的兑付内容

绿色消费积分本质上是企业给予消费者的一种反映贡献值的记录凭证，与商品的销售渠道费用锚定，单个产品具体锚定多少价值，按统一标准的“贡献值分配表”在产品信息中明示。数字零售商、数字批发商和数字代理商在完成商品的销售后，即可获得相应额度的绿色消费积分，并进入“数商”的绿色消费积分账户进行累计。“数商”通过该账户进入第三方结算中心进行资金结算，兑换商品或服务；也可以通过第三方结算中心兑换平台上优质企业的股权或股票，享有企业未来的成长价值。如图 6–2 所示。

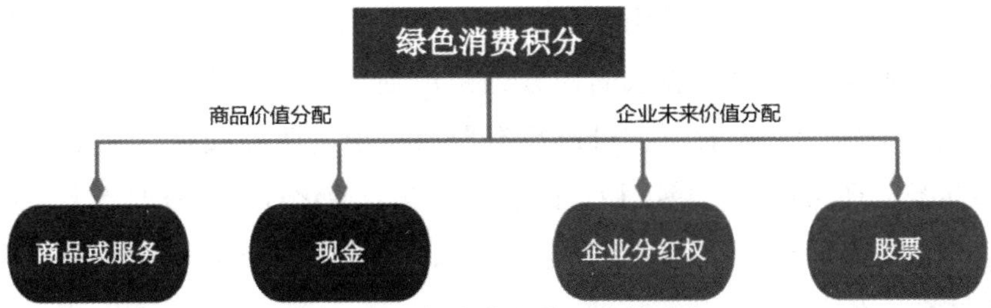

图6-2 绿色消费积分可兑换内容

（1）绿色消费积分兑换商品或服务。根据数商模型，数商可通过消费累计获得相应额度的绿色消费积分。绿色消费积分可兑换商品或者服务，即当消费者购买商品或服务时，系统会自动显示累计的绿色消费积分数量。当消费者选择用绿色消费积分进行结算时，系统就会自动跳转到积分结算页面，显示本次购买所需要扣除的绿色消费积分数额。消费者确认后，订单支付完成。这时，绿色消费积分将从数商手中转移到企业手中，即消费者的绿色消费积分账户中的数额做相应扣减，商家的绿色消费积分账户数额做相应增加。

（2）绿色消费积分兑换成现金。绿色消费积分是数商参与商品流通过程而获得的价值分配，也是一种收入分配。因此，绿色消费积分对应的是数商的收入，数商可以到绿色消费积分的结算中心，将绿色消费积分结算成现金。在按照国家规定的个人所得税进行扣除后，余下的部分可以兑换成数商的现金资产。个人所得税将由数商生态为数商代扣代缴。数商获得这些收入之后，可以继续在数商生态中购买商品或服务，也可以将其用作其他家庭开支，如孩子上学、老人看病等。

（3）绿色消费积分兑换企业的股权。数商获得绿色消费积分后，可以用积分兑换某个产品供给方企业的股权。企业可以在系统平台上公示企业股权的兑换原则，数商可以自行选择是否兑换该企业的股权。每个年度消费者根据自己所持有的股权权重，在年底参与该企业的分红，获得现金红利。企业按照承诺，根据本年度在平台的收益情况，拿出一定额度的利润作为分红，按照消费者持有的股权权重加权平均后发放红利。股权的交易系统采用区块链技术，确保数商获得的股权具有不可篡改性，以及未来对数商进行分红。

（4）绿色消费积分兑换上市企业的股票。若数商生态系统内的企业要上市或已经上市，则消费者可以用积累的绿色消费积分来兑换上市企业发行的股票。上市企业会发布每只股票的积分兑换规则，符合条件的消费者则可自行兑换股票。消费者兑换股票，可以享有股票升值的收益回报。如果股票成为家庭的标配，还可以带来持续稳定的收入。在老龄化日益严重的当下，通过数商模型为家庭建立起持续的资本收益，可以为老年人提供养老金资源，作为现有养老体系的补充。

数商生态系统会详细记录每个消费者的交易数据和获得的绿色消费积分，以及消费者对绿色消费积分的使用情况，所有的这些数据都将被详细地记录。根据系统后台建立的数学模型，就可以计算出生态中每天的消费金额、每天的绿色消费积分总额和每个数商各自的数额。根据这些数据可以建立一套价值贡献分配模型，将整个生态创造的财富按照参与者的贡献值分配给每个参与者，使大家都能有所收益。

凡是通过数商生态系统进行消费的数商，均可按照系统设定的绿色消费积分计算模型，获得相应额度的绿色消费积分。消费者获得绿色积分后，可以实现权益的兑付。

二、绿色消费积分的结算机制

数商模型通过绿色消费积分对数商进行结算且统一由第三方结算中心来负责结算。绿色消费积分运营企业在将积分以贡献值的方式奖励给“数商”时，商品销售分账系统也同时将相应价值的人民币现金分账给第三方结算中心结算账户进行结算，确保积分价值的真实性与用户权益。在结算时，通过与税务部门的合作，实施税费的扣减与征缴，并开具发票，解决数商系统平台运营企业开票难问题。

数商生态设立第三方结算中心来负责绿色消费积分的结算。绿色消费积分的结算分为两种类型：一是数商根据其数据贡献值获得的绿色消费积分。这部分绿色消费积分是数商的家庭收入，数商可以直接到结算中心对其进行结算，换算成现金。二是数商获得绿色消费积分之后，在数商生态内进行消费支付，将绿色消费积分支付给商家，购买商家的商品、企业股权或者股票等。商家到结算中心将绿色消费积分兑换成现金。具体如图 6–3 所示。

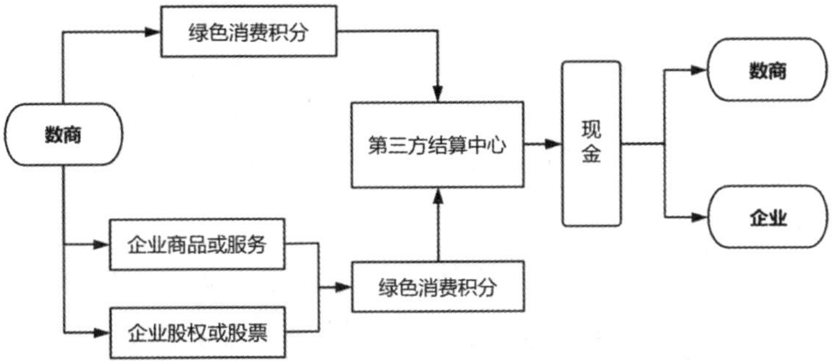

图6–3　绿色消费积分结算类型

数商或者企业若要对绿色消费积分进行结算，只需要在数商 App 上进行操作即可完成。具体操作办法：数商或者企业进入绿色消费积分账户页面，点击【结算】，跳转到结算页面。数商或企业填写需要结算的绿色消费积分金额，系统会自动计算出要缴纳的税金，扣除税金后，现金到账。数商或者企业点击【确认】后，申请操作即可完成。申请数据表格会发送到结算中心，结算中心对数商或者企业的申请表信息进行审核，审核通过后，进行资金的划拨。数商或企业收到现金后，系统会自动扣减相应的绿色消费积分，并记录这条绿色消费积分的结算信息。

第五节　绿色消费积分对居民收入的影响分析

在数商模型的设计中，消费者通过贡献数据参与商品价值的分配，这是消费者作为数商的第一笔收入。消费者通过用绿色消费积分兑换企业的股票，从而享受到企业未来的成长价值，这是消费者作为数商可以获得的第二笔收入。在数商模型中，绿色消费积分作为数据价值贡献的凭证，可以兑换商品或者服务，兑换企业的分红权，兑换企业的股票。通过不同的兑付方式，消费者可以获得不同的收入分配。

这里对居民通过数商模型获得的收入情况进行分析。根据前面的模型可知，在数商模型中，年度收入 62 万元是数商参与商品流通价值的收入。若数商将一部分收益兑换成企业的股票，比如，拿出 10 万元兑换成股权或股票，数商每年还可以获得企业的分红权，这个分红权将是一笔长期资本收益。在传统的销售模式下，普通的销售代理很难参与到企业的资本收益分配。在数商模型中，通过引入绿色消费积分制度，使得数商有机会获得数商生态中上市企业的资本性收益。

绿色消费积分在一定程度上增加了居民的收入来源。新的收入来源，使人们由“打工型”收入开始走向“分配型”收入。“打工型”收入是相对固定的工资收入，“分配型”收入使居民有机会获得商品流通过程中所创造的价值和未来企业成长价值的分配，是短期和长期收益的结合体。

绿色消费积分改变了商品流通过程中企业所创造财富的分配方式。绿色消费积分建立的是以“数据贡献”作为分配依据的财富分配方式，使得消费者作为数据贡献者参与商品和企业利润的分配，是一种新的财富分配方式。在以往的收入分配方式中，人们作为劳动者提供劳动获得工资收入，或者进行资本投资获得资本收益。在数字经济时代，数据成为一种生产要素，人们可以通过数据贡献参与价值分配。在本书所构建的数商生态内，数商通过贡献数据就可以获得工资收入和资本收益。绿色消费积分不仅使消费者参与商品的价值分配，还能够享受企业未来的价值收益分配，这是数字经济时代对居民收入方式的创新探索。

绿色消费积分的应用，不仅使人们能够在商品流通过程中获得财富的分配，更是让每个人享受到整个商业生态体系所创造的财富。在传统的商业模式下，消费者只是财富的贡献者，而不参与财富的分配。在数商模型中，数商作为数据贡献者，绿色消费积分记录了数商的数据价值贡献，使其能够参与到商品价值的分配。这种分配使得企业所创造的部分财富，会通过绿色消费积分在数商之间进行分配，这就使得企业利润和财富以多种形式、在更大的群体间进行分配。

绿色消费积分的应用在增加居民收入的同时，还推动了生产和消费之间的良性循环。基于数商模型的数商生态系统中，人人都可以根据自己的贡献值参与价值分配，都有机会获得公平的财富分配。这些财富可以直接成为居民家庭的收入，并被再次用于家庭的各项开销支出，即转化为居民家庭的消费。数商模型打造的新商业生态和新的收入分配模型，将有助于增加居民的收入，促进居民的消费，在某种程度上助力实现刺激消费、拉动内需的目的。

第七章 数商模型的供应链体系

云仓供应链为数商模型的实施提供规模化的产品集中供应系统，是数商模型实施的前提和基础。现代物流负责将产品直接从云仓供应中心配送到终端客户手中，作为数商只需经营数字化的商品，实物商品经过云仓供应链和现代物流系统完成配送。云仓供应链和现代物流系统是数商运营的基本条件。

第一节　云仓供应链

数商生态中数商运营的是数字化商品，而非实物商品。因此，数商生态还需要有配套的云仓供应链和现代化的物流配送系统，结合线上的数商网络销售系统，才能完成商品的流通和销售。因此，每个数商生态将拥有配套的云仓产品供应链和现代物流配送系统，为数商模型的实施提供保障。

一、云仓供应链的建设

什么是云仓？国家标准《物流术语》(GB/T 18354—2006) 中是这样定义的：云仓是指利用仓库及相关设施设备进行物品的入库、存贮、出库的活动。云仓的“云”来自云计算，因此云仓是一种基于云计算和物联网技术的新型仓储模式。云仓作为一种全新的物流仓储体系产品，正在逐渐改变传统的物流仓储模式。云仓将传统的仓储业务与先进的信息技术相结合，能够实时监控和追踪货物的位置和状态，提供灵活的库存管理、智能的数据分析以及高效的配送方案，实现了仓储环节的数字化、智能化和高效化。

云仓同传统仓储相比有哪些优势呢？首先，云仓通过整合城市的诸多仓储空间，按需配对，优化仓配体系，满足商家的城市仓配一体化的需求，降低商家的成本，实现仓储资源的优化。其次，云仓利用信息化手段将众多零散地贴近终端消费者的仓储空间进行集中整合，形成虚拟的云仓。通过信息化手段与商家、物流企业进行整合，云仓不仅提高了末端配送的效率，也为企业提供了更加灵活、可扩展的仓储解决方案。最后，随着人工智能技术的发展，云仓中的物流开始伴随并行的信息流，如射频数据通信、条形码技术、扫描技术和数据采集技术等更多地应用于仓库堆垛机、自动导引车和传送带等设备，推动云仓向智能自动化方向发展。此外，云仓提供了许多优势，如降低仓储物流成本、提升物流时效、降低经营风险、降低管理难度等。通过使用第三方电商仓储服务，企业可以优化资源、人力和财力的配置，专注精力于店铺运营。此外，云仓还提供多样化的保险服务，帮助商家降低运输途中受到的损失和风险。

云仓供应链是基于云仓建立的供应链解决方案。云仓供应链通过云计算平台实现供应链各环节的信息共享和实时交互。它依托云端技术，将仓储物流系统与供应链管理系统进行整合，实现全链路物流信息的实时追踪、在线协同和智能决策。

云仓供应链的功能设计通常围绕提高供应链效率、降低成本、增强透明度和灵活性等方面展开。云仓供应链功能设计的关键要素，包括实时信息共享、数据分析和预测、仓储设备管理、库存管理、订单管理、配送管理和安全管理等。具体描述如下：

（1）实时信息共享。通过云计算技术，实现供应链各环节信息的实时共享，包括库存、订单、配送等。这有助于提高信息传递的速度和准确性，减少信息丢失和耗时。

（2）数据分析和预测。利用大数据分析和智能算法，对供应链中的各项数据进行分析和预测。这有助于企业做出准确的决策，优化供应链运作，提高预测准确率，降低库存积压和滞销产品的风险。

（3）仓储设备管理。云仓供应链可以实现对仓储设备的智能化管理，包括设备状态、温湿度、容量等信息的实时监控。这有助于企业实时掌握仓储设备的使用情况，优化仓储设备的使用效率。

（4）库存管理。通过实时数据管理和物联网技术，云仓供应链可以实时监控库存的变化情况，实现对库存的精确管理和追踪。这有助于企业快速响应市场需求，准确预测库存需求，降低库存积压和滞销产品的风险。

（5）订单管理。云仓供应链可以实时掌握订单的流转情况，包括订单接收、处理、配送等各个环节。这有助于企业优化订单处理流程，提高订单处理效率，降低订单处理成本。

（6）配送管理。云仓供应链可以实现对配送过程的实时监控和管理，包括配送路径优化、配送进度跟踪等。这有助于企业提高配送效率，降低配送成本，提升客户满意度。

（7）安全管理。云仓供应链采用先进的技术手段，如区块链技术，实现数据的安全存储和交易验证。这有助于保障供应链各环节的信息安全，降低数据泄露和被盗用的风险。

综上所述，云仓供应链的功能设计旨在提高供应链的整体效率和透明度，降低成本，增强灵活性和安全性。通过实时信息共享、数据分析和预测、仓储设备管理、库存管理、订单管理、配送管理以及安全管理等功能的设计，云仓供应链可以为企业提供更高效、更准确的供应链管理支持。

数商模型中，云仓供应链的基本流程是：工厂生产产品，将产品信息上传到数字云仓，数字店铺到数字云仓申请产品，数商家庭消费购买数字商品，物流将实物商品从仓库直接配送到消费者家中。

那么，数商模型采用云仓供应链有哪些好处呢？首先，云仓供应链通过云计算技术实现供应链的信息化、智能化和协同化运作，提高供应链的效率和灵活性，降低成本，提高客户满意度。具体来说，云仓供应链与传统的供应链相比，具有以下特点：

（1）云仓供应链通过云计算技术，实现了对库存商品的信息化管理。云仓供应链可以实时追踪、管理和优化库存，确保货物的及时供应和降低库存成本。

（2）云仓供应链基于大数据分析和人工智能技术，可以实现智能化决策。云仓供应链可以实现智能预测、库存优化、需求响应等方面的决策支持，提高供应链的灵活性和响应速度。

（3）云仓供应链实现了供应链各环节的协同运作。云仓供应链通过云计算平台实现供应链各环节的信息共享和实时交互，促进供应链各成员之间的协同化运作，提高整体供应链的效率。

在数商模型中，使用云仓供应链的优势，还体现在以下几方面：

（1）节约成本和提高效率：通过智能化和协同化运作，云仓供应链可以优化库存管理和物流配送，降低物流成本和中间环节的损耗，提高经营效率。

（2）保障品质和灵活定制：作为供应链的源头，厂家对产品的质量有着严格把控。云仓供应链可以确保产品品质的可靠性，并根据消费者需求提供定制化服务，满足个性化需求。

（3）快速交付和提高客户满意度：云仓供应链通过优化物流配送和实时追

踪，可以确保商品快速到达消费者手中，提高购物的便利性。同时，通过直接沟通获取市场反馈和消费者需求，不断优化产品和服务，提高客户满意度。

二、云仓供应链的搭建

如何搭建云仓供应链？通常云仓供应链由仓储管理系统、订单管理系统、物流管理系统、云计算平台以及智能设备和技术等关键要素组成。这些组成部分之间共同协作，实现了云仓供应链的高效、智能和协同化运作。因此，搭建云仓供应链需要具备以下几个关键要素：

（1）仓储管理系统（WMS）：负责整个云仓供应链中的仓储管理，包括货物的入库、存储、出库等操作。通过云计算技术，WMS 能够实时追踪库存情况，实现库存信息的快速更新和共享。结合智能算法，WMS 还可以实现库存的自动预警和补货建议，确保库存水平的合理性和充足性。

（2）订单管理系统（OMS）：负责接收、处理和跟踪客户订单，与 WMS 进行实时交互，确保订单信息的准确性和一致性。OMS 可以自动化处理订单流程，如订单确认、拣货、打包、配送等，提高订单处理效率。结合大数据分析，OMS 还可以对订单数据进行分析和挖掘，为供应链的优化提供数据支持。

（3）物流管理系统（TMS）：负责货物的运输和配送管理，与 WMS 和 OMS 进行无缝对接，实现信息的实时共享和协同作业。TMS 可以优化运输路线、选择合适的运输方式和运输工具，降低运输成本和提高运输效率。通过云计算和物联网技术，TMS 还可以实现货物的实时追踪和可视化监控，提高物流服务的透明度和可靠性。

（4）云计算平台：作为云仓供应链的技术支撑，云计算平台提供了强大的数据处理能力和存储能力。通过云计算平台，云仓供应链可以实现各环节的信息共享和实时交互，提高供应链的协同性和响应速度。云计算平台还提供了安全、可靠的数据存储和备份服务，确保供应链数据的安全性和完整性。

（5）智能设备和技术：包括 RFID、物联网、自动化拣货系统、智能配送机器人等技术和设备。这些智能设备和技术可以应用于云仓供应链的各个环节，提高作业效率、降低人力成本、减少错误率。例如，RFID 技术可以实现货物的快速识别和追踪，物联网技术可以实时监控货物的状态和位置，自动化拣货系统可以提高拣货效率和准确性，智能配送机器人可以实现无人化配送服务，等等。

为数商生态搭建云仓供应链，利用云计算和大数据等先进技术，可以实现快速响应与订单处理、实时库存与货物追踪、定制化服务与个性化推荐、优化配送与物流、售后服务与支持、智能化技术应用以及强化供应链协同等方式，可以为客户提供更加便捷、高效、准确的服务，从而提高客户体验。

第二节　现代物流体系

在建设云仓供应链的同时，还要建设现代物流体系，将实物商品从仓库配送到消费者的家中。数商生态的现代物流体系，利用先进的信息技术和管理方法，对物品的运输、仓储、装卸、包装、配送等环节进行一体化、智能化的管理，将物品从仓储中心直接配送到消费者家中，无须其他中间环节。

一、现代物流体系功能规划

数商现代物流体系的建设将融合各种先进技术，实现信息化、自动化、网络化和智能化。在保障商品及时配送的同时，还能够降低各种成本。

首先，要实现信息化，充分利用信息技术，如物联网、大数据、云计算等，实现物流信息的实时采集、传输、处理和分析，提高物流运作的透明度和可追溯性。

其次，要实现自动化，通过自动化设备和技术，如自动化立体仓库、自动化分拣系统、无人驾驶运输车等，实现物流作业的自动化和智能化，提高作业效率和降低人力成本。

再次，要实现网络化，具有完善的物流网络，包括公路、铁路、水路、航空等多种运输方式，以及配送中心、中转站等物流节点，实现物流资源的优化配置和高效运作。

最后，要实现智能化，借助人工智能、机器学习等技术，对物流运作进行优化和决策支持，提高物流系统的智能化水平，降低运营成本和风险。

二、现代物流体系的建设

数商现代物流体系的建设是一个复杂的过程，涉及技术、管理、人才和战略等多方面，其关键的步骤和策略归纳总结如下：

（1）明确目标和战略定位。确定物流体系建设的目标和愿景，如提高物流效率、降低成本、提升客户满意度等。根据企业发展战略和市场需求，确定物流体系在企业中的战略地位和作用。

（2）制订详细规划。根据目标和战略定位，制订详细的物流体系建设规划，包括物流网络布局、设施设备配置、信息系统建设等。规划应考虑到未来市场变化和业务拓展的可能性，确保物流体系的灵活性和可扩展性。

（3）加强基础设施建设。投资建设先进的物流设施和设备，如自动化仓库、智能分拣系统、智能运输车辆等。提升物流设施的智能化、自动化水平，提高物流运作效率。

（4）建设高效的信息系统。构建完善的信息系统，实现物流信息的实时采集、传输、处理和分析。利用大数据、云计算、物联网等先进技术，提升物流信息处理的效率和准确性。加强与供应商、客户之间的信息共享和协同，提高整个供应链的协同效率。

（5）引入先进的管理理念和模式。引入先进的物流管理理念，如供应链管理、精益物流、绿色物流等。推行标准化的物流操作流程和管理制度，提高物流运作的规范性和一致性。加强人才培养和引进，提升物流团队的专业素养和创新能力。

（6）优化物流运作流程。对物流运作流程进行全面分析和优化，消除无效和多余的环节。引入先进的物流技术和设备，提高物流运作的自动化和智能化水平。加强与供应商、客户之间的协同和沟通，实现供应链的高效运作。

（7）注重环保和可持续发展。推行绿色物流理念，减少物流活动对环境的影响。采用环保的包装材料和可再生的能源，降低物流活动的碳排放和资源消耗。加强废弃物处理和资源回收，实现物流活动的可持续发展。

（8）持续改进和创新。定期对物流体系进行评估和改进，及时发现问题并采取措施加以解决。推动物流体系的持续创新和发展。关注行业动态和新技术发展趋势，及时引入新的技术和理念来优化物流体系。

总之，数商现代物流体系的建设，需要从多方面入手，包括明确目标和战略定位、制订详细规划、加强基础设施建设、建设高效的信息系统、引入先进的管理理念和模式、优化物流运作流程、注重环保和可持续发展以及持续改进和创新等。通过这些措施的实施，可以构建一个高效、智能、绿色、可持续的现代物流体系，为数商生态体系的建设提供有力支持。

第三节　数商解决假货问题

数商模型在建立“云仓供应链 + 现代物流系统”时，还致力于杜绝和防范假货进入生态系统。

自电子商务兴起以来，互联网上假货泛滥，成为一直备受诟病的问题，严重损害了消费者的利益。未来，在数商生态内这一问题如果得不到解决的话，也会使消费者对数商生态的信任度降低，不利于数商生态的良性发展。因此采取相应措施来杜绝和防范假货进入数商生态，就变得至关重要。数商生态致力于为消费者打造绿色清净的购物环境，从源头到配送全过程进行智能化监控，竭力保障货品质量。

一、互联网假货问题的现状分析

互联网假货现象指的是在网络平台上销售假冒伪劣商品的行为。这些商品通常模仿知名品牌的设计、包装和标志，以低廉的价格吸引消费者。随着电子商务的快速发展，网络购物已成为人们日常消费的重要方式之一。互联网电商给人们带来了便捷的购物体验，但同时线上销售模式也使得假货在网上泛滥，严重扰乱了网络销售的环境。

根据《2023 年中国网络零售市场数据报告》，互联网假货市场规模在逐年增长，2022 年已达到数千亿元的规模。据统计，2023 年我国假货的市场规模达到 1.2 万亿元，占整个商品市场的 10.4%。假货常见的领域包括护肤品 / 彩妆、服装鞋帽、电子产品等。在服装鞋帽类电商平台上，假货占比高达 20%

至 30%。据中国香精香料化妆品工业协会的调查，网上销售的化妆品中，假冒伪劣商品占比超过 60%。据某电子产品行业报告，市场上约有 10% 的电子产品是假冒伪劣产品。调查显示，46.5% 的受访者在网购过程中买到过假货，27.2% 的受访者不清楚买到的是不是正品。

互联网上假货日益严重，造成了诸多不良影响。主要表现在：(1) 损害消费者权益。购买假冒伪劣商品会给消费者带来经济损失和健康风险。消费者可能因为购买了假货而蒙受经济损失，甚至可能因为使用不合格产品而受到伤害。(2) 破坏市场秩序。互联网假货现象破坏了正常的市场秩序和竞争环境，导致正品的市场份额被侵占，影响市场公平竞争。(3) 损害品牌声誉。假冒伪劣商品损害品牌的声誉和形象。消费者在购买到假货后，会将这种负面体验归咎于品牌本身，导致品牌信誉受损。

对于网络上假货横行的原因分析，首先是利益驱动。假冒伪劣商品的成本低廉，制假售假者可以获取高额利润。在激烈的市场竞争中，一些不法商家为了追求更高的利润，不惜铤而走险，生产和销售假冒伪劣商品。

其次是消费者对品牌和产品的了解不够深入，容易受到虚假广告和低价诱惑的影响，无意间购买了假冒伪劣商品。同时，由于市场信息不对称导致买卖之间的信息不一致，误导消费者进行消费。比如，消费者从网上购物，看到的是商家上传到网上的商品信息，这些信息可能是真实的，也可能是假的，消费者无法通过图片信息来进行辨识。只有当消费者收到货品之后，才能同网上看到的商品信息进行比对，辨别货品的真假。这种购物时的信息不对称和时间差，给商家可乘之机。一部分不法商家在发货的时候，用劣等品和假货来欺骗消费者，谋求暴利。

再次，由于互联网平台的监管难度较大，加上相关法律法规的滞后和不完善，使得一些不法商家有机可乘。网络平台上的商品数量庞大、种类繁多，且交易具有匿名性和跨地域性，使得监管部门难以对所有商品进行逐一检查。最后，监管技术和手段也存在一定的局限性，导致一些假货能够逃过监管。当前关于互联网假货的法律法规还不够完善，存在漏洞和空白。一些不法商家利用这些漏洞，通过伪造资质、隐瞒真实信息等方式规避平台的监管，从而销售假货。

二、数商生态如何解决假货问题

要解决假货问题，首先要从源头抓起。在企业和产品入驻数商生态时，就建立严格的认证和监测机制，对企业资质进行认证，对产品质量进行检测认证。只有经过检测质量合格的产品，经过认证部门的授权认证，才能够进入数商生态。

数商模型中的产品需要符合两个基本条件：一是产品质量好、符合国家法规要求；二是要符合绿色消费生态的要求。所以，数商模型致力于构建一个数字供应链企业和产品准入机制。绿色消费生态供应链企业的认证机构——商务部国富泰认证机构专门从事企业的相关认证，具体负责认证标准及组织实施。

在数字经济中，消费者对产品的质量要求越来越高，而监管标准可以为产品质量提供明确的衡量标准。例如，对于保健食品及食品等方面的监管标准，可以规定产品必须达到一定的质量标准才能在数商模型的平台上销售，这样消费者就能够放心购买。对于不合格产品，可以要求商家召回或更换，以保障消费者的合法权益。

其次，建立直接高效的配送体系。云仓供应链和现代物流实现产品从入库到配送到消费者手中全过程的实时追踪，避免货品在代理商、批发商和零售商手中流转时，将假货混杂其中，以假乱真。在数商生态中，数字化代理商、批发商和零售商销售的是数字产品。当消费者下单并付完款项之后，云仓供应链系统会接收到消费者的该笔订单，并安排仓库给配备相应的产品。产品直接从仓库发出，经过现代物流系统，实现全程追踪，保障其安全地送到消费者的手上。在产品配送环节中，产品不经过代理商、批发商和零售商的流转，这就避免了产品在流通过程中出现假货掺杂其中的问题。只要从源头把控好，经过检验和认证合格的产品才能入驻数商生态，就可以有效保障送到消费者手中的产品也是合格产品。

再次，建立透明准确的信息机制。在数字经济中，消费者与商家之间存在着信息不对称的现象。消费者往往难以获取完整的产品信息，而商家则拥有更多的信息和资源。为了确保交易的公平性，就要防止商家利用信息优势进行欺诈或误导消费者。例如，对于广告宣传、产品描述等，要求商家提供真实、准确的信息，避免夸大其词或隐瞒真相。这样，消费者才能做出理智的决策，从而保护自己的权益。

最后，建立公平透明的交易环境。在数字经济中，由于市场主体众多且交易方式多样化，市场秩序的维护显得尤为重要。监管标准的制定有助于规范市场行为，防止不正当竞争和垄断行为的发生。例如，对于价格欺诈、虚假宣传等行为进行监督，可以明确规定入驻数商生态的企业不得有不正当竞争行为，维护市场的公平竞争。同时，对于数据安全、隐私保护等方面的监管，可以要求数商模型采取必要的技术和管理措施，确保消费者的个人信息安全。

第四节　从价格到价值变化

产品积压、卖货难，使企业陷入恶性的“价格战”之中。“价格战”的结果使得生产端的企业不断地压缩生产成本，产品的质量很难保障。数商模型将消费者和经营者相结合，使得消费者在消费的同时还能够获得收入分配，从而降低消费者对商品价格的敏感度。消费者会更愿意购买优质的商品而非低价商品，这将打破“价格战”带来的僵局。

一、商品价格和价值的关系

根据马克思的劳动价值论，商品的价值包括两部分：一部分是商品生产过程中耗费的生产资料的价值，它是劳动即物化劳动所形成的价值转移到商品中来的；另一部分是商品生产过程中由劳动创造的价值。商品的价值是由劳动创造的。各种商品在质上都是相同的，都是凝结在商品中的人的一般劳动，因而商品的价值只有量的区别。既然商品价值是人的一般劳动的凝结，那么商品价值的量就是由生产商品劳动的量决定的。衡量劳动量的单位是劳动时间，所以商品的价值是由生产商品的劳动时间决定的。然而，商品的价值不是由某个商品生产者所消耗的劳动时间决定的，而是由生产商品的社会必要劳动时间决定的。所以，我们通常所说的商品价值，就是指商品的社会价值，即由生产商品的社会必要劳动时间所决定的价值。

马克思还提出，商品价格是商品价值的货币表现。那么，是不是说，在商品交换中商品的价格必须与价值完全一致呢？其实，商品价格与价值相一致只是偶然情况，不一致则是经常现象。这是因为，商品价格虽然以价值为基础，但引起价格变动的因素多种多样，其中主要的是市场上商品的供求关系。当某种商品供不应求时，由于商品购买方之间的竞争，商品价格往往高于商品价值。当某种商品供过于求时，由于商品出售方之间的竞争，商品价格便会降低到商品价值之下。由于受到商品供求矛盾的变化影响，使得商品价格围绕商品价值上下波动。

当一个产品刚被研发出来时，一开始少量投入生产。这时，商品的价格往往会被定得较高，这时商品价格是高于价值的，商品所能创造的利润也较大。此时，市场上的消费需求是大于商品的供给的。随着商品的量产，以及更多的企业看到利润后进入该行业，开始生产同类产品并抢占市场的时候，市场上的供求关系发生了变化，商品供过于求了，于是商品的价格就会自动地下降，甚至低于商品的价值。这通常是一个商品从刚上市、增长期到成熟期过程中，所表现出来的商品价格和商品价值之间的关系。

商品价格受到供需关系、市场竞争、消费者偏好等多种因素的影响。在短期内，围绕商品价值波动。例如，在需求大于供应的情况下，价格可能上涨；而在供应过剩的情况下，价格可能下跌。但从长期来看，商品的价格往往会趋向于价值。如果某个商品的价值很高，那么它的价格通常也会较高。对于某些商品或服务，如艺术品、奢侈品等，其价值更多地取决于消费者的主观感受和偏好。在这种情况下，价格可能高于其生产成本或价值。

此外，企业会通过营销手段提升商品的品牌形象和价值感，从而使其价格高于同类商品。这种情况下，价格更多地反映了品牌价值和消费者心理预期。在某些市场中，消费者可能无法充分了解商品的真实价值，导致价格与价值之间存在差异。例如，在二手车市场中，买家往往难以准确评估车辆的真实状况和价值。在现实生活中，企业和消费者需要综合考虑价格和价值两方面的因素，以便做出明智的决策。

二、消费者关注点从价格到价值的变化

在市场竞争激烈的行业中，价格往往成为吸引消费者的关键因素。商家会通过降低价格、提供优惠等方式来吸引消费者购买，这时价格在消费者购物决策中所占的比重会相对较高。当然不同的消费者在不同的市场环境下，对价格的敏感度可能有所不同。一些消费者更注重性价比，愿意在价格合理的前提下购买产品；一些消费者则更注重品质和服务，对价格因素考虑较少。包括收入水平、产品类型、消费频次、品牌忠诚度等，都会影响到消费者对价格的敏感度。

通常情况下，低收入消费者对价格的敏感度较高，因为他们的购买力有限，更倾向于选择价格较低的产品。相反，高收入消费者可能对价格的敏感度较低。对于必需品（如食品、日用品等），消费者通常对价格的敏感度较高，因为这些产品的需求相对稳定，价格变动会直接影响购买决策。而对于奢侈品或非必需品，消费者可能对价格的敏感度较低。对于经常购买的商品，消费者更容易产生对价格的敏感度和认知。因此，在购买频率较高的商品中，价格对消费者购物决策的影响较大。对某个品牌有高度忠诚度的消费者可能对价格的敏感度较低，他们更愿意为喜爱的品牌支付更高的价格。因此，我们可以看出，价格对消费者的购买行为有很大的影响，在消费者购物决策中占据着比较重要的位置。

正是因为价格对消费决策的重要性。在商业活动中，面对同质化、无差别的同类产品竞争时，企业往往会通过降价来吸引消费者。以我国彩电行业的“价格战”为例。我国彩电行业起步于20世纪70年代，在1996年之前保持着高速增长。然而随着投资规模不断加大，产能越来越大，加上进口关税下调导致进口彩电的涌入，1995年我国彩电市场的总供给量为2100万台，而总销售量不超过1500万台。这就导致我国彩电市场产大于销、供需失调。在这种情况下，我国彩电市场自1996—1998年掀起了多次降价潮，开始了我国彩电市场的价格大战。1996年3月，四川长虹将所有规格彩电在一夜之间在全国范围内均降价8%～18%，即每台降价多达100～850元，拉开了价格大战的序幕。接着，熊猫、康佳和TCL等公司立即响应，纷纷采取降价策略。1998年继长虹降价之后，康佳集团紧随其后，掀起了更大规模的降价浪潮。

随着一轮又一轮的价格大战，最终的结果是彩电业在2000年出现首次的全行业性亏损。其中康佳在2001年亏损达7亿元之多。价格战的直接后果之一是企业利润空间的压缩。由于价格战导致的价格下降，企业的销售收入未见增长，而成本却难以降低，导致利润空间被大幅压缩。“价格战”不是市场唯一的竞争手段，却是中国企业频繁使用的“搏杀利器”。从彩电、空调、洗衣机、热水器、微波炉、DVD、汽车到家装建材、房地产、软件、报纸、手机、电脑、珠宝首饰、药品医疗，无不降价声一片。价格战甚至成了企业的一种生存方式，很多企业宁愿赔“血本”也要把一轮又一轮“价格战”进行到底。

从过往“价格战”的实际情况来分析，可以看出：“价格战”可以刺激销售，打击竞争对手。但同样的，竞争对手也可以降价来进行反击。大家都竞相降价的后果，就是同类产品价格越来越低，利润越来越薄，企业难以生存下去，纷纷倒闭。即便有些企业在价格战中勉强生存下来，但也会带来诸多负面影响。比如，为了在价格和利润之间寻求平衡，企业不得不降低成本，采用廉价的原材料或降低生产标准，从而影响产品的质量和性能。频繁地降价，会使早期购买的消费者支付较高价格，后面购买的支付较低价格，从而影响到消费者的心理预期和对品牌的认可度。此外，一些品牌可能采取不正当手段进行竞争，如恶意降价、虚假宣传等，从而破坏市场的公平竞争环境。

数商模型的搭建，将从根本上改变这一现象。数商模型将使消费者的关注点从价格转移到价值上，从而降低消费者对价格的敏感度。当消费者高度关注价格的时候，价格是消费者购物决策的重要影响因素，消费者的价格敏感度也较高。企业为了适应消费者的这一购物心理，不得不被动地采用降价策略。当消费者开始关注商品价值的时候，消费者对价格的敏感度就会降低。价格不再是影响消费者消费决策的重要因素，而由商品的价值取而代之。

我们知道，商品的价值是商品的自然属性，而商品价格是商品价值的货币表现。消费者从关注商品价格转移到关注商品价值，这是对商品本质属性的关注。所以，数商模型构建的商品价值分配，可以引导消费者关注商品的价值。同时由于消费者可以参与一部分商品价值的分配，因此更希望能够购买到名副其实的好商品，即商品价值和价格相一致的商品。

数商模型可以让消费者参与商品的经营，消费者肯定会考虑自己要销售什么样的商品。消费者会从多个维度来思考。首先，消费者作为数字零售商是以家庭成员为销售对象，所以会优先选择优质的商品，也就是价值与价格相一致的商品。商品价值代表了商品所凝聚的社会劳动，同类产品价值高通常代表更高的品质。当然这也不是绝对的，这里面还有技术创新的因素在，但属于个别情况。在大多数情况下，商品价值和商品品质是相对等的。其次，消费者作为批发商和代理商，他们所经营的商品代表了自身的品位和生活观，这些会影响到与他们关联的家庭店铺。因此为了彰显自身的品位，通常也会推荐高价值的商品。最后，消费者作为数商，可以参与商品价值的分配。他们消费高价值的商品的同时，也可以获得较多的价值分配。这些价值分配可以转化成为收入，进而提高他们的购买力。

所以，在数商模型的引导下，消费者会降低对价格的敏感度，进而转向关注商品的价值。这是让消费者成为数商，参与商品价值分配的必然结果。当消费者开始关注商品价值的时候，也会反过来影响到企业的决策。当消费者不再关注价格而开始关注价值时，企业采用降价策略就不再能够吸引消费者购买了。消费者更希望企业生产优质的、高价值的商品。企业在决策时，开始关注如何提高商品的价值，进而投入更多的研发经费不断创新，优化生产流程和工艺，生产出让消费者满意的高品质商品。这也在一定程度上杜绝了假货现象。

第八章

数商模型的价值结算体系

为了保障绿色消费积分持有者的权益，数商模型中设立了由第三方来负责的价值结算中心。生态运营企业在将绿色消费积分以贡献值的方式记录给数商时，其商品销售分账系统也同时将相应价值的现金分账给第三方结算中心结算账户，确保积分价值的真实性与用户权益。

第一节　数商的价值结算中心

绿色消费积分是数商模型的价值载体和结算凭证。数商生态系统将配套独立的价值结算中心，由专业的金融机构来负责绿色消费积分价值的结算，保障数商生态系统资金运转的安全性和可靠性。根据数商模型的算法机制，进行绿色消费积分的分配。各个参与方获得绿色消费积分后，可以在数商生态内使用绿色消费积分用来支付，也可以到价值结算中心结算。价值结算中心统一负责该数商生态中绿色消费积分的价值结算和资金划拨，进行统一的集中结算。

绿色消费积分统一在价值结算中心结算。价值结算中心是数商生态的重要组成部分，是保障数商生态正常合规运转的核心部门。本章节就绿色消费积分的价值结算中心的有关职能、设立、结算规则和风险防范，以及结算过程中的税务处理进行说明。

一、价值结算中心的职能

数商模型解决的是商品的价值分配，让消费者成为数商，即数字代理商、数字批发商和数字零售商，参与商品流通过程中的经营，参与商品价值的分配，从而获得收入。在这个过程中，数商模型还引入绿色消费积分，作为收入的价值凭证。也就是说，在数商生态内，当有消费行为发生时，数商所获得的收入一开始并不是以现金形式发放，而是以绿色消费积分来发放。绿色消费积分是数商经济中的一种通证，可以在数商生态内自由流通，可以用来购物、兑换企业股权或者上市企业的股票。此时，绿色消费积分将从数商的手中流转到企业端。企业获得绿色消费积分后，可以到价值结算中心结算，将其兑换成现金。

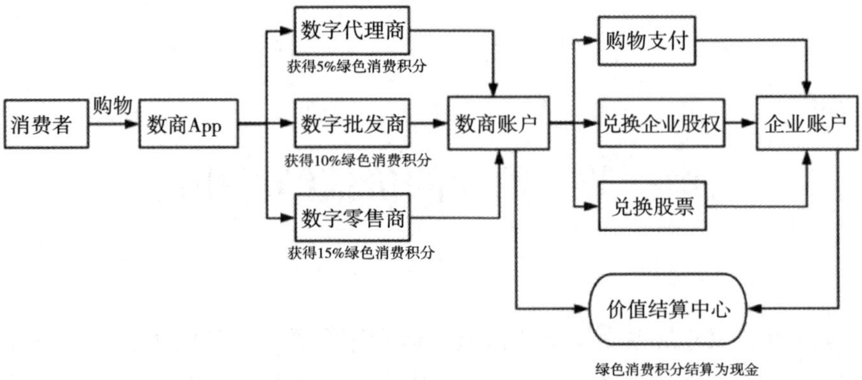

图8-1　绿色消费积分分配、流通和结算的过程

（说明：图中所示的绿色消费积分分配比例为假定情况，具体商品的分配比例以录入系统的实际数据为准）

从图 8–1 中可以看到，价值结算中心负责整个数商生态中绿色消费积分的结算。首先是对数商绿色消费积分的结算。数商获得绿色消费积分后，可以到价值结算中心将手中的绿色消费积分兑换成现金。

其次是对入驻企业的绿色消费积分结算。数商获得绿色消费积分后，可以在数商生态中用于再消费的购物支付，或者兑换企业的股权和股票，这时绿色消费积分就从数商手中流转到企业手中。企业获得绿色消费积分后，可以到结算中心将其兑换成现金。价值结算中心在结算的时候，会将相应的资金结算到对应的账户中。

价值结算中心负责整个数商生态绿色消费积分的现金结算，其主要职能有资金结算、数据分析、风险管理和数商服务。

其中，资金结算是其主要职能。数商生态内的数商和企业要兑换绿色消费积分时，可在手机 App 上进行操作，向价值结算中心发送结算的交易指令。价值结算中心收到交易指令后，对交易指令进行审核；审核通过后，执行资金划转操作，将资金划拨到指定的收款人账户中，完成交易指令。交易完成后，价值结算中心会保存交易的数据，并提供结算对账服务，确保交易双方的结算金额一致，若有问题则及时处理。

这里有个关键的环节，就是数商在进行绿色积分兑换之前，需要在手机 App 端输入用来结算的银行卡账户信息，点击保存。系统会将数商输入的银行卡信息传输给价值结算中心，价值结算中心在划拨资金时，会将资金划拨到数商提供的结算银行卡中。同样的原理，企业在数商生态系统中也需要添加自己的对公银行账户信息，这些信息在保存的同时都会传输到结算中心，结算中心在进行结算时，会将资金划拨到他们各自录入的对公账户中。

数据分析是价值中心的一项重要职能。数据对数商生态来说，是重要的生产要素。价值结算中心的数据统计与分析，可以反馈数商的交易对象、类型和金额，从而帮助数商生态来统计结算业务的实际运行情况，如数商的收入情况和消费情况等。风险管理也是价值中心的重要职能，通过建立风险管理制度和内部控制体系，对结算过程中的信用风险、操作风险等进行识别、评估和控制，从而确保资金安全。同时，价值结算中心还针对数商提供咨询服务，解答结算流程中的疑问和处理投诉问题等，提高数商资金结算业务的服务效率，提高数商的满意度。

二、价值结算中心的设立

价值结算中心对数商生态来说至关重要，是数商生态资金流入流出的枢纽，也是整个数商生态安全运行的基本保障。因此，为了搭建安全规范的结算体系，数商模型将由国家颁发金融牌照的第三方金融机构来承担价值结算中心的职能。由第三方结算机构来负责资金结算，可以实现资金的安全托管、资金结算的独立性，从而可以充分保障数商生态中各参与主体的权益。

价值结算中心的设立，通过委托合同的方式，由数商模型的系统运营方同第三方金融机构进行合作，开设专门的共管账户，进行资金的托管和划拨业务。第三方金融机构可以是银行、第三方支付平台和专业的结算公司等。可以根据具体情况，由数商模型的运营方确定具体的合作对象。这里，仅对它们之间的优劣势进行分析对比。

首先，银行作为第三方结算机构，其优势主要表现在安全性、可靠性、全球网络覆盖、多样化的服务、强大的技术支持、专业的风险管理等优势。在安全性方面，银行作为传统的金融机构，具有严格的风险管理和安全控制体系。在结算过程中，银行能够确保交易资金的安全，有效防止欺诈和非法活动的发生。在可靠性方面，银行作为信誉良好的金融机构，其结算服务具有高度的可靠性。银行遵循相关的法律法规，确保结算过程的合规性和公正性。

同时，银行通常拥有广泛的全球网络覆盖，这使得它们能够为客户提供跨境支付和结算服务。目前，银行提供的结算服务种类繁多，包括但不限于国际银行转账、电子支付、票据交换等，结算方式十分灵活，能够满足客户的不同需求。银行在技术方面拥有强大的支持，能够为客户提供高效、便捷的结算服务。例如，通过网上银行、手机银行等电子渠道，客户可以随时随地进行交易和查询。这些优势使得银行在结算领域具有重要地位和竞争优势。但银行由于严格的制度，也导致其存在流程烦琐和费用较高等劣势。

其次，银行是第三方支付平台。2010 年，央行发布《非金融机构支付服务管理办法》，并向符合条件的机构颁发支付业务许可证（第三方支付牌照），正式确认第三方支付的合法性地位。第三方支付平台最具影响力的是支付宝、微信支付和银联商务。支付宝是阿里巴巴集团旗下的第三方支付机构，成立于 2004 年。支付宝致力于为用户提供便捷、安全、快速的支付服务，目前已经发展成为全球最大的移动支付平台之一。微信支付是由腾讯公司推出的第三方支付平台，成立于 2011 年。微信支付凭借着微信社交软件的巨大用户群体，迅速占领了市场。微信支付不仅支持线上支付，还支持线下支付和扫码支付等多种方式，方便了用户的日常生活。银联商务是中国银联旗下的第三方支付机构，成立于 2002 年。银联商务拥有庞大的线下收单网络，为各类商户提供支付服务。银联商务在市场上具有较高的知名度和信誉度。

第三方支付平台的优势是便捷、灵活性强和创新能力强。第三方支付平台提供了便捷的在线支付和结算服务，用户可以随时随地进行交易。在支付方式和产品创新方面具有较强的能力，能够不断推出新的支付产品和服务，可以满足多场景支付。劣势是涉及大量资金的流转，存在一定的资金安全风险，对网络的依赖性强。

此外，还有一些专业的结算公司。专业的结算公司通常具有丰富的结算经验和专业技能，能够为客户提供高质量的结算服务。服务机制也比较灵活，可以根据客户的需求提供定制化的结算方案，满足客户的特殊需求。但其劣势是知名度较低，客户的信任度不高。专业的结算公司往往只专注某一领域或某一行业的结算服务，服务范围相对有限。

以上是对银行、第三方支付平台、专业的结算公司各自优劣势的简要分析，不同机构在结算服务中各有特点，数商模型运营方可以根据实际情况选择合适的第三方结算机构。

三、价值结算中心的服务流程

价值结算中心负责接收数商和企业发送的交易指令，进行审核通过后，安排资金划拨至对方的账户，同时会把交易内容和完成回单反馈给数商 App，实现数据的双向互动。下图以数商的结算为例，如图 8-2 所示。

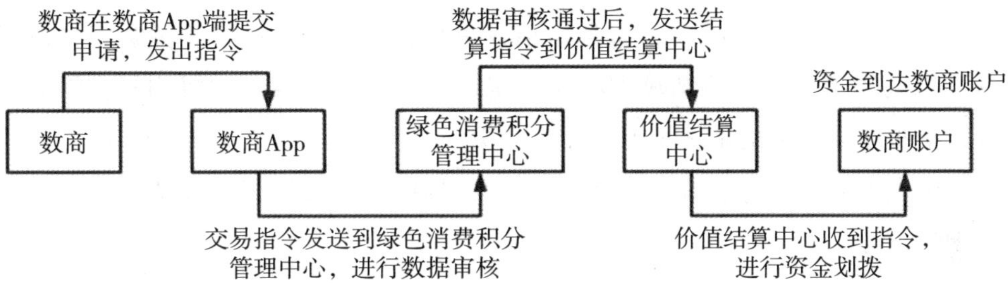

图8-2　数商兑付现金的结算流程图示

价值结算中心关于绿色消费积分的结算，全部在线上完成。价值结算的流程具体包括用户（这里指数商模型中各参与主体）的申请、绿色消费积分管理中心对其进行审核、结算指令下达、资金划拨、结算确认与核对、信息反馈与报告等环节。这中间涉及不同运营主体之间的数据往来，需要数商生态系统提供一定的技术支持和机构间的接口对接等工作。

用户首先在手机端的数商 App 上进行操作，生成交易指令。用户可根据自己拥有的绿色消费积分数额，选择要兑换的项目。比如，在购物时进行结算支付、兑付现金到银行卡、企业股权或上市公司股票等。选择相应的操作之后，指令会发送到绿色消费积分管理中心。该中心将会对绿色消费积分做相应的扣除，然后将资金结算的指令给到价值结算中心。价值结算中心审核无误后，就会按照指令内容划拨资金到用户的账户。此笔交易完成，价值结算中心会将交易完成的凭证返回给绿色消费积分管理中心。若价值结算中心未能将资金划拨至用户账号，也会将信息反馈给绿色消费积分中心，绿色消费积分中心会将扣除的绿色消费积分返回给用户。

数商可以用绿色消费积分进行不同类型的兑付。针对不同类型的兑付，在兑付流程上又有所不同，这个要根据业务的实际情况进行规范设计。比如，数商申请兑付现金，则价值结算中心将现金划拨到数商的账户中。若数商申请兑付企业的股权，则数商获得是企业的股权，由绿色消费积分管理中心扣除相应的绿色消费积分，并将购买的企业股权权益转移到数商的账户中，同时发送指令给价值结算中心将资金划拨给出让股权的企业。

资金划转完成后，价值结算中心会进行结算确认，确保资金已经准确、及时地到达收款人账户。同时，价值结算中心会与绿色消费积分管理中心进行结算核对，确保结算金额、收款人信息等与申请和指令一致。价值结算中心会建立完整的结算档案，包括申请、审批、指令、凭证等相关资料，以便后续查询和审计。价值结算中心还会定期向上级部门或相关机构提交结算报告，汇报结算业务的整体情况和相关数据。

以上都是价值结算中心的基本功能，具体业务需根据实际情况进行更为详细的设计。

第二节　价值结算中心的结算规则和风险防范

为了保障绿色消费积分持有者的权益和结算工作的顺利开展，结算中心还要制定相应的结算规则和风险防范措施。

一、结算规则

价值结算中心的结算规则通常因组织类型、业务性质和内部政策的不同而有所差异。这里，根据数商模型的业务类型，罗列一些基本的结算规则。这些规则可以供数商模型的运营方参考。运营方也可以结合实际情况进行调整、补充和进一步完善。

（1）结算周期。绿色消费积分可以随时结算。根据业务流程，绿色消费积分是伴随消费行为即时产生的。绿色消费积分到了数商手中，数商可以立刻进行结算，或者根据需要选择其他时间结算。通常情况下，绿色消费积分可以在数商的账户中累积，累积到一定的数额后再进行结算。或者，当消费者有了购物的需求，需要用绿色消费积分进行支付，企业得到绿色消费积分后也可以随时到价值结算中心结算。

（2）结算对象。凡是涉及绿色消费积分的使用和兑付，都需要到价值结算中心结算。数商生态中各参与方获得绿色消费积分后，均可到价值结算中心结算。

（3）结算方式。所有绿色消费积分的结算，都以银行转账方式结算。即便是数商和企业要将绿色消费积分兑换成现金，也是由价值结算中心执行资金划拨指令，通过银行间的转账将相应额度的资金划拨到数商和企业绑定的银行账户。

（4）结算时间。规定每天结算的具体时间段，确保资金能够及时、准确地结算。资金结算要在可结算的工作时间内执行，除非特殊的情况，可以联系客服申请特殊审批。

（5）结算流程。明确结算的流程和步骤，包括交易确认、结算指令发送、资金划转、结算确认等环节，确保结算过程高效、准确。在流程设计上，在保障资金安全的情况下，尽可能简化结算流程。一方面可以提高结算效率，提高用户的满意度；另一方面简化流程也可以降低费用成本。

（6）费用分摊机制。对于涉及多方交易的结算，需要明确费用的分摊方式和标准，在生态系统中公示，确保各方权益得到公平处理。

（7）数据记录与报告。建立数据记录和报告制度，对结算数据进行记录和保存，并定期编制结算报告，为数商生态的运营提供决策支持。

（8）合规性要求。确保结算过程符合相关法律法规和监管要求，如反洗钱、反恐怖融资等。

二、风险防范

为了确保价值结算中心的稳定、高效运行，风险防范和管理显得尤为重要。要进行风险防范，首先要识别潜在风险，评估风险的影响，设定风险阈值。其次，针对不同的风险制定相应的风险防范措施。同时，还要制定风险监测体系，随时对系统的风险进行检测，一旦发现问题就要及时处理止损。定期出具风险报告，并不断优化风险管理措施。

为建立全面、系统的风险管理体系，确保结算业务的稳健运营和可持续发展，价值结算中心可采取以下措施：

（1）建立健全内部管理制度

根据业务内容，制定详细、明确的业务操作流程和规则，确保所有业务操作都按照流程和规则来执行。建立岗位责任制，明确各岗位的职责和权限，确保业务操作的独立性和相互制约。实行双人复核、多级审批等制度，降低操作风险。

（2）加强风险管理文化建设

增强风险意识，培养员工遵守规则、防范风险的自觉性和主动性。加强员工的安全培训和意识提升，确保员工了解并遵守安全规定和操作流程。同时，鼓励员工报告可疑行为和安全问题，形成全员参与的安全文化氛围。

（3）实施风险识别与评估

识别价值结算中心面临的各类风险，如信用风险、市场风险、操作风险等。对各类风险进行量化评估，确定风险的大小和可能带来的损失。根据风险评估结果，制定相应的风险控制措施。

（4）建立风险预警机制

设定风险预警指标和阈值，实时监测业务运行状况和风险变化。当风险指标超过预警阈值时，及时启动风险应对机制，采取相应措施降低风险。

（5）加强风险监控与报告

定期对业务进行风险监控和评估，确保风险控制在可接受范围内。向数商模型的运营方定期报告风险状况、风险防控措施及效果等信息。比如，建立审计和监控机制，对价值结算中心的交易、数据访问和操作进行实时监控和记录。这有助于及时发现异常行为和潜在风险，并采取相应的应对措施。

（6）优化风险处置流程

制订风险处置预案，明确风险处置的流程、责任人和具体措施。在风险事件发生时，迅速启动预案，采取有效措施降低损失。比如，制订应急响应计划，明确在发生安全事件时的处理流程和责任分工。同时，定期组织应急演练和测试，确保应急响应机制的有效性。

（7）强化信息技术支持

引入先进的信息技术系统，提高业务操作的自动化水平和准确性。加强信息安全防护，比如，在数据加密、身份验证、访问控制、防火墙和网络安全方面采用最新技术，确保业务数据和客户信息的安全。

数据加密。使用先进的加密技术对交易数据进行保护，确保数据在传输和存储过程中的机密性和完整性。这包括使用 SSL/TLS 等安全协议对交易进行加密，以及采用加密算法（如 AES、DES 等）对敏感数据进行加密存储。

身份验证。实施严格的身份验证机制，确保只有经过授权的用户才能访问和操作价值结算中心。这可以通过使用用户 ID、密码、生物识别技术、数字证书等多种方式进行验证。

访问控制。实施细粒度的访问控制策略，限制用户对数据和功能的访问权限。根据用户的角色和职责，分配不同的权限级别，并定期进行权限审查和更新。

防火墙和网络安全。部署防火墙和网络安全设备，保护价值结算中心免受外部网络攻击和恶意软件的威胁；同时，定期更新和修补安全漏洞，确保网络基础设施的安全性。

（8）加强外部合作与监管

遵守法律法规和监管要求，及时了解最新的安全标准和规定，并采取相应的措施来确保价值结算中心的安全性。与其他金融机构、监管机构等建立合作关系，共同防范风险。接受外部监管机构的监督和检查，确保业务合规性。

总之，价值结算中心的风险控制方法需要综合运用制度建设、文化建设、风险评估、预警机制、监控报告、处置流程、信息技术支持和外部合作等多种手段，确保业务稳健运行和风险控制的有效实施。

第三节　关于税收问题

消费者通过数商生态获得收入，这部分收入，根据国家相关税收法律的规定应纳税。数商生态的运营方，将在向消费者结算时，根据应纳税比例履行代扣代缴义务，及时向税务部门缴纳所得税款项。因此，数商生态系统的建设，在增加个人收入的同时，也增加了国家的税收。

为什么数商会产生税收？税收是从哪里产生的呢？在传统的代理渠道中，

由于代理商、批发商和零售商都是经营主体，须按照国家的税收规定缴纳相应的税收。在数商模型的生态系统中，数字代理商、数字批发商和数字零售商，分享了原本属于传统代理商、批发商和零售商的那部分收益，因此数商应该按照税收规则，缴纳这部分收益所对应的税收。

在数字经济中，平台化的组织模式，精简了传统经济形态中的诸多中介环节，但同时也产生了新的参与者，且呈现多元化趋势。以网络消费为例，随着越来越多的互联网平台涉足电商业务，网购用户的线上消费渠道逐步从传统电商平台向短视频、社区团购和社交平台扩散，消费场景更加丰富，参与者也更加多元。然而，平台、商户、用户、政府及其他参与者之间的权利、责任和义务界线往往并不明晰，协同机制难以建立，存在着纳税主体认定困难和课税对象界限模糊等挑战。

挑战具体表现在：一是纳税主体确定难度增加。数字经济商业模式主要通过交易平台实现，第三方支付平台、网络交易平台、产品提供方均应承担纳税义务。但现实中部分交易平台管理不规范，未进行税务登记，交易双方可通过技术手段变更或隐匿身份信息，加大税收征管难度。二是课税对象界限模糊。数字经济交易活动涉及较多无形资产、知识产权、数据以及其他数字产品流转，课税对象界限相对于传统产品或服务更为模糊，产品价值评估难度较高，导致抵扣等环节避税风险提高。三是对税收征管能力提出更高要求，如针对传统支付方式的监控手段无法满足网上支付的监管需求。

解决这些难题需准确把握数字化、网络化和智能化方向，重塑政府与市场体系，探索与数字经济持续健康发展相适应的治理方式，建立协调适应的治理框架和规则体系，形成政府主导、多元参与、法治保障的数字经济多元治理格局。数商模型以绿色消费积分作为数商的贡献值的记录凭证，得益于《绿色消费积分技术规范》的颁布实施，给数商贡献值提供了一个可靠的计量工具，具有权威性。

在数字经济的时代，构建数字商业税收管理系统是税收现代化建设的必然选择。通过数字商业税收管理系统的建设，可以提高税收征管效率、降低税收成本、减少税收流失、促进税收公平。税务机关也应根据实际情况，制订系统建设规划，加强税收数据资源整合，推进税收信息化建设，建立健全系统运行机制，加强系统应用培训与宣传，为税收现代化建设提供有力支持。

第九章

数商生态是最有价值的数据公司

数商 App 利用科技手段形成了便捷的数据采集、存储、分类、处理、使用和流通的方式。数商 App 在日常的使用过程中，自动形成了数字化产品、数字化销售渠道和数字化订单信息等，从而实现了生态内各产业的数字化。产业数字化是数字产业的基础，产业数字化是将传统的产业实现数字化的过程，有了这些数据之后才有了数字产业化。因此，数商 App 在使用过程中，首先实现了产业数字化，拥有了公共的数字资产。数商生态以数据为生产要素，协同相关资源，推动生产方式的改变，实现数据要素的分类应用和价值交易，推动数字产业化。

第一节　数字经济和数字化发展趋势

一、我国数字经济的发展现状

当今世界，各行各业利用数字技术创造了越来越多的价值，科学技术的信息化、智能化和数字化升级，推动社会数字化转型，加速数字经济的发展。人类社会在经历了农业社会、工业社会和信息化社会后，进入数字经济社会。数字经济社会最主要的特征，就是各行各业的数字化。数字化驱动社会经济发展，数据成为社会经济发展过程中的关键生产要素，给生产方式带来创新。我国的数字化进程不断加快，国家、地方和企业都高度注重科学技术的创新与应用，注重产业数字化的转型与发展。

数字经济成为我国经济新的重要增长点。数字经济涵盖了云计算、大数据、物联网、人工智能、区块链和5G技术等多项技术。这些技术和经济深度融合，推动了产业数字化发展。数字化的技术、商品与服务不仅在向传统产业进行多方向、多层面与多链条的加速渗透，即产业数字化，而且在推动诸如互联网数据中心建设与服务等数字产业链和产业集群的不断发展壮大，即数字产业化。中国重点推进建设的5G网络、数据中心、工业互联网等新型基础设施，本质上就是围绕科技新产业的数字经济基础设施，数字经济已成为驱动中国经济实现又好又快增长的新引擎。数字经济所催生的各种新业态，成为我国经济新的重要增长点。

我国政府及时推出了数字中国发展战略。2023年2月底，中共中央、国务院印发了《数字中国建设整体布局规划》（以下简称“规划”），指出：建设数字中国是数字时代推进中国式现代化的重要引擎，是构筑国家竞争新优势的有力支撑。加快数字中国建设，对全面建设社会主义现代化国家、全面推进中华民族伟大复兴具有重要意义和深远影响。“规划”提出，到2025年，基本形成横向打通、纵向贯通、协调有力的一体化推进格局，数字中国建设取得重要进展。到 2035 年，数字化发展水平进入世界前列，数字中国建设取得重大成就。数字中国建设体系化布局更加科学完备，经济、政治、文化、社会、生态文明建设各领域数字化发展更加协调充分，有力地支撑全面建设社会主义现代化国家。

我国数字经济发展正在进入快车道。为加快“数字中国”建设，中国政府开展了很多工作。包括积极实施“互联网 +”行动，推进实施“宽带中国”战略和国家大数据战略等。同时，还将启动一批战略行动和重大工程，推进 5G 研发应用，实施 IPv6 规模部署行动计划等。积极稳妥推进空间信息基础设施演进升级，加快布局卫星通信网络等，推动卫星互联网建设。提高物联网在工业制造、农业生产、公共服务、应急管理等领域的覆盖水平，增强固移融合、宽窄结合的物联接入能力。加快构建算力、算法、数据、应用资源协同的全国一体化大数据中心体系。在京津冀、长三角、粤港澳大湾区、成渝地区双城经济圈、贵州、内蒙古、甘肃、宁夏等地区布局全国一体化算力网络国家枢纽节点，建设数据中心集群，结合应用、产业等发展需求优化数据中心建设布局。加快实施“东数西算”工程，推进云网协同发展，提升数据中心跨网络、跨地域数据交互能力，加强面向特定场景的边缘计算能力，强化算力统筹和智能调度。

二、产业数字化的发展趋势

产业数字化转型已经成为当前我国社会经济发展的必然趋势。产业数字化带来了生产方式的变革、商业模式的创新、社会治理模式的重塑和生活方式的改变等。数商模型正是在产业数字化的背景下提出的，这里我们对产业数字化的发展这一背景做相关研究。

关于产业数字化的内涵。什么是产业数字化？各国产业数字化的概念略有不同，概括起来说，产业数字化是指在新一代数字科技支撑和引领下，以数据作为关键的生产要素，以价值创造和释放为核心，以数据赋能各行各业为主线，对产业链上下游的全要素实现数字化升级、转型和再造的过程。

产业数字化是以数字技术为关键支撑和引领，这里的数字技术包括大数据、云计算、人工智能、物联网、5G 等新一代数字技术。这里对这些数据技术做简要介绍：

（1）大数据：是一种在获取、存储、管理、分析方面规模达到超出传统数据库软件工具能力范围的数据集合，具有海量的数据规模、快速的数据流转、多样的数据类型和价值密度低四大特征的技术。其核心技术内容是大数据采集、大数据预处理、大数据存储、大数据分析等。

（2）云计算：以数据为中心进行密集计算，融合了多种技术。其中，云计算平台的重要技术特点是资源的分散化、虚拟化和管理的集中化。

（3）人工智能：是计算机科学的一个分支，旨在模拟、延伸和扩展人的智能。这一领域的研究包括机器人、语言识别、图像识别、自然语言处理、专家系统、机器学习、计算机视觉等多方面。人工智能的研究往往涉及对人的智能本身的研究，以及如何让计算机去完成以往需要人的智力才能胜任的工作。人工智能的工作原理涉及算法、数据处理、语音信号处理、声学模型和语言模型等多方面。例如，自然语言处理的工作原理是通过算法和数据处理使计算机能够理解并处理人类语言；机器学习的工作原理是通过数据处理和算法使计算机从数据中学习和提取模式。

（4）物联网：是指通过信息传感设备，按照约定的协议，将任何物品与互联网连接起来，进行信息交换和通信，以实现智能化识别、定位、跟踪、监控和管理的一种网络。物联网的原理主要包括传感器技术、通信技术、云计算和大数据、人工智能等方面。传感器技术能够感知和测量物理世界的各种参数，如温度、湿度、光照等，并将物理量转化为电信号以获取数据。通信技术则负责将传感器获取的数据传输到云端，并支持设备之间的相互通信和协作。

（5）5G 技术：第五代移动通信技术，是最新一代蜂窝移动通信技术。5G 的性能目标是高数据速率、减少延迟、节省能源、降低成本、提高系统容量和大规模设备连接。相比 4GLTE，5G 在高速率、低时延、大连接等方面具有显著优势，能够为用户提供更加极致的体验。

产业数字化离不开上述各项技术的支撑，正是技术的进步带来了产业数字化的变革。产业数字化过程涉及多方面，包括：（1）变革生产工具。数字科技被用来改变传统的生产工具，实现更高效、智能的生产方式。（2）数据资源作为关键生产要素。数据资源在产业数字化中扮演了核心角色，成为企业价值创造的重要基础。（3）重构产品结构。数字内容被用来重新设计产品结构，以满足消费者的多样化需求。（4）信息网络为市场配置纽带。通过信息网络，企业可以更有效地进行资源配置，实现更高效的供应链管理。（5）服务平台为产业生态载体。服务平台在产业数字化中发挥着重要作用，为企业提供了更广阔的合作空间和发展机会。

产业数字化的现实意义体现在多方面。首先，它有助于传统企业实现数字化转型，提升企业的生产效率和质量，从而再造企业质量效率新优势。其次，数字化促进了产业提质增效，重塑了产业分工协作新格局，推动了产业流程和决策机制的优化。最后，数字化孕育了新业态新模式，加速了新旧动能转换，为经济发展注入了新的动力。

然而，产业数字化也面临着一些挑战。例如，一些企业可能由于自身数字转型能力不够、数字化改造成本偏高、资金储备不足、数字化人才储备不足、数字化转型战略不清等原因而难以实现数字化转型。为了解决这些问题，需要政府、企业和社会各界共同努力，加强政策引导、资金投入、人才培养等方面的支持。

在产业数字化的发展趋势方面，数字化与智能化将更加紧密地融合，数字化产业链将进一步优化，数字化将推动产业绿色化发展。同时，数字化应用场景也将不断拓展，涉及越来越多的领域，如智能物流、智能制造、智能医疗、智能交通、智慧城市等。这些领域的发展将深刻影响人们的生产、生活和社会发展。

数商模型的提出，正是在产业数字化过程中，企业创新应用数字化管理、数字化营销和数字化服务的新模式。数字营销渠道的建设可以利用大数据技术优化营销网络，能够更好地控制终端，提高渠道效率。用户数字化管理，可以对用户的数据进行全面管理，并加以收集、处理、剖析和利用，进而更好地协助企业完成销售计划。数商模型的构建，使企业在数字化升级过程中，实现了生产方式和分配模式的变革。正如刘权博士在《产业数字化：以数字技术加速产业转型增长》一书中所描述的，数字化带来了生产方式的深刻变革。随着数字技术水平不断提高，数字革命不断推进生产要素升级，推动生产力水平的进步和生产关系的数字化，继而带来生产方式的变革。

三、数字化产业的发展趋势

数字产业化，也称为数字经济基础部分或信息产业，是指利用信息通信技术来推动经济和社会各领域的发展，实现社会化、市场化、网络化，提高全要素生产率，推进数字化和工业化深度融合，不断催生新产业、新业态、新模式，形成新增长点和新动能的过程。

具体来说，数字产业化包括为产业数字化发展提供数字技术、产品、服务、基础设施和解决方案，以及完全依赖数字技术、数据要素的各类经济活动。它涵盖了电子信息制造业、信息通信业、软件服务业等多个领域，是推动数字经济发展的重要基础。

数字产业化的核心是将信息技术进行产业化，以便更好地赋能传统行业。随着数字化浪潮的推进，数字产业化不仅加速了传统产业的转型升级，还催生了大量新兴产业，如大数据、云计算、人工智能、物联网等。这些新兴产业正成为推动经济高质量发展的新引擎。

同时，数字产业化也面临着一些挑战，如数据安全、隐私保护、数字鸿沟等问题。因此，在推进数字产业化的过程中，需要加强政策引导、法规建设、技术创新和人才培养等方面的支持，确保数字产业化的健康发展。总之，数字产业化是推动数字经济发展的重要基础，对于促进经济转型升级、提升国家竞争力具有重要意义。

四、数商生态中的产业数字化和数字化产业进程

未来数商生态将开发自己的 App 系统，消费者在手机上登录 App，便可形成数商生态的网络营销系统。

可以看到，数商 App 在日常的使用过程中，自动形成数字化产品、数字化营销渠道、数字化服务和数字化供应链等，从而实现了生态内各产业的数字化。通过便捷的网络传输系统，可以实现数商生态中的数据采集、存储、分类、处理、使用和流通的方式。

数字化产品以数字化为着眼点、根据场景化体验、云体验和远程连接为用户提供前所未有的产品体验。数字化产品以数字制造、数字设计为手段，以

产品全生命周期管理为新的管理模式，以不断创新来满足用户对产品的个性化需求。

数字化营销渠道依靠数商模型构建网络营销渠道，打造基于移动终端的代理商、批发商和零售商网络系统，实现数字化产品的网络营销，数字化管理运营商数据和消费数据。

数字化服务是指充分应用大数据、物联网和云计算等数字技术，加速企业由传统的响应型向主动作为、实时感知的服务型转型，实现产品的主动服务、远程诊断、需求预测、场景感知和远程连接等。从购买产品本身过渡到购买产品价值，从被动收集消费数据到消费者主动贡献数据，发挥数据要素在价值分配中的作用。

数字供应链建设，借助物联网、人工智能和大数据等新一代数字技术，构建一个由供应商、数字代理商、数字批发商和数字零售商构成的功能性网络结构，实现供应链网络的智能化、自动化和透明化，赋能高效的网络销售渠道、智能化云仓储和现代物流，实现产品灵活供应和个性化定制。

数商生态中的数字产业化过程。产业数字化是数字产业的基础，产业数字化是将传统的产业实现数字化的过程，有了这些数据才有了数字产业化。数商 App 在使用过程中，首先实现了产业数字化，拥有了公共的数字资产。其次，数商生态以数据为生产要素，协同相关资源，推动生产方式的改变，实现数据要素的分类应用和价值交易，推动数字产业化。

第二节　每个生态都有一个公共的数据资产池

数据抱团，形成共同的数据资产。大家抱团、利润共享、资源共享，形成一个公共的数据资产池。对每个数商生态来说，会拥有大量的数商和数商所提供的消费数据，这些数据会形成一个公共的数据资产池。生态公共数据资产可以转化为生态内企业的生产要素，推动生态自身和生态内企业的可持续发展。生态公共数据资产是由数商共建共享的，其收益也将由数商共同参与分配，实现了共同参与、共享红利的发展模式。

一、数据资产的有关研究

数据资产作为一个新的概念，得到了社会各界的认可。在产业数字化和数字产业化的发展过程中，人们对数据资产进行了诸多的研究和应用探索。这里就数据资产的相关定义、数据资产的评估和数据资产的管理进行简要概述。

（一）什么是数据资产

数据资产的概念，最早是由理查德·彼得斯于 1974 年提出的。他从金融资产的角度，提出数据资产包括持有的政府债券、公司债券和金融产品债券等资产。目前，我们所说的数据资产已经远远超出这个范畴。

2009 年，托尼·费希尔出版了《数据资产》一书，书中指出，数据是一种资产，企业应该把数据作为企业资产来对待。过去企业的资产主要是实物资产，有形资产，是看得见、摸得着的资产。托尼·费希尔则提出数据作为一种无形资产，也是企业的一种资产。

2011 年，世界经济论坛发布的《个人数据：一种新资产类别的出现》报告指出，个人数据正在成为一种新的经济资产类别。这是首次对个人数据资产研究的报告。

2013 年，《美国陆军信息技术应用指南》提出数据资产的定义：数据资产可以是系统或应用程序输出的文件、数据库、文档或网页等，也可以是从数据库返回单个记录的服务和返回特定查询数据的网站；人、系统或应用程序均可创建数据资产。数据资产的概念、产生、内容和范畴得到进一步丰富。

2018 年 12 月，中国信息通信研究所云计算与大数据研究所发布的《数据资产管理实践白皮书》将数据资产定义为：由企业拥有或控制的，能够为企业带来未来经济利益的，以物理或电子的方式记录的数据资源，如文件资源、电子数据等。该白皮书对企业数据资产形式进行了更为具体的描述。

随着社会经济的不断发展，数据资产也呈现不同的形态，人们对数据资产的认识也更加深入。总的来说，数据资产既具有资产的特性，也具有数据自身的特性。数据资产具有的资产特性表现在：（1）由相关主体拥有或控制的资源；（2）由过去的交易或者事项所形成的；（3）预期未来能够给相关主体带来经济利益或价值。数据资产具有与资产的特性相似外，还存在自身独特的属性，具体表现在：（1）可读取性，即数据资产的存在属性，可以被读取和查看；（2）无消耗性，数据资产可以被无限次复制和重复使用，不会在使用过程中出现磨损和消耗；（3）增值性，随着企业发展，数据资产的规模和数据维度会不断积累，整体价值进一步提升；（4）依附性，数据资产不能独立发挥作用，需要依附相应的软件和硬件；（5）价值易变性，数据资产受到数据容量、数据时效性、应用场景等因素的影响，其价值易因此发生变化。

（二）数据资产的评估

数据作为企业的资产的价值主要包括数据资产建设成本和数据资产效益两方面。数据资产建设成本是指企业在数据资产建设和运维上的投资，包括人工成本、材料成本、硬件购置成本、技术运维成本和其他一些费用成本。数据资产的效益包括社会效益、经济效益和管理效益。

在数据资产评估过程中，对数据资产的确权也非常重要。具体来说，数据产权包括个人数据权和数据财产权。个人数据权是指自然人对其个人数据进行控制和支配并排除其他人干涉的权力。数据财产权是指权利人直接支配特定数据财产并排除其他人干涉的权力，它使数据财产权人能够对自己的数据财产享有的占有、使用、收益和处分。数据财产权是企业利用数据资产创造价值以获取收益的根本保障，也是数据资产价值分析不可或缺的内容。

从数据资产的开发流程和数据生命周期的角度来看，首先需要区分用户个人信息的原始数据，同处理加工形成数据产品后的衍生数据，并判断其归属。从理论上来讲，企业对用户数据的采集、存储和转化提供了技术支持和一定的劳动，但鉴于原始数据是由用户提供的，因此原始数据的所有权归属用户个人，企业依照合同取得的是原始数据的处置和使用权。企业享有数据财产权益的是企业对原始数据进行脱敏化处理和加工形成的衍生数据资源。

目前，对数据资产评估的方法，沿用的是对无形资产的评估方式，主要有成本法、市场法和收益法三种方法。

其中，成本法认为数据资产的价值取决于资产建构时的成本耗费。对数据资产而言，如果数据是企业自创的，可以借助创建过程中所投入的成本核算；如果数据是外购的，则考虑市价类比或者物价指数法估算。市场法则认为数据资产的价值取决于数据交易市场上类似数据产品的成交价格。收益法是从数据资产能够给企业带来的未来收益为出发点，计算企业生产价值链上因数据资产产生的收入增量和成本降量。考虑到企业数据资产具有丰富的价值内涵和独有特性，可以考虑结合层次分析法和德尔菲法对企业数据价值进行扩展分析和评估。具体可以依循“成本—收益”的横向构建和基于“数据价值要素”的纵向构建两种思路展开。当评估的数据规模较大时，还可以采用数据抽样技术，如分层抽样、系统抽样、整群抽样、滚雪球抽样等。

数据资产评估应用的实例：2015 年，北京中关村成立国内首家开展数据资产登记确权赋值的服务机构——中关村数海数据资产评估中心，用于推动大数据作为资产的确权、赋值并促进交易等。

（三）数据资产的管理

国际数据管理协会 (DAMA）对数据管理的概念是这样描述的：数据管理 (Data Management，DM）是交付、控制、保护并提升数据和信息资产的价值，在其整个生命周期中制订计划、制度规程和实践活动，并执行和监督。[①]2015 年，国际数据管理协会将数据管理扩展为 11 个管理职能，分别是数据治理、数据架构、数据建模与设计、数据存储与操作、数据安全、数据集成与互操作、文件和内容管理、参考数据和主数据、数据仓库和商务智能、元数据、数据质量等。

在工信部、国家标准化管理委员会的指导下，由全国信息技术标准化技术委员会大数据标准工作组组织编写的《数据管理能力成熟度评估模型》（*Data Management Capability Maturity Assessment Model*，DCMM）是我国首个数据管理领域的国家标准。DCMM 借鉴了国内外数据管理的相关理论设想，并结合了当前我国大数据行业的发展趋势，创造性地提出了符合我国企业的数据管理框架。这个框架将组织数据管理能力划分为 8 个能力域：数据战略、数据治理、数据架构、数据标准、数据质量、数据安全、数据应用和数据生存周期。

在数据资产化的大背景下，数据资产管理是在数据管理基础上的进一步发展，可以视作数据管理的升级版，主要区别在以下三方面：一是数据管理

---

① DAMA 国际 .DAMA 数据管理知识体系指南：原书第 2 版 [M].DAMA 中国分会翻译组译 . 北京：机械工业出版社，2020.

的视角不同，数据资产管理强调数据是一种资产，基于数据资产的价值、成本、收益开展全生命周期的管理。二是管理职能有所不同，数据资产管理包含数据模型、元数据、数据质量、参考数据和主数据、数据安全等传统数据管理职能，同时整合数据架构、数据存储与操作等内容，将数据标准管理纳入管理职能，并针对当下应用场景、平台建设情况，增加了数据价值管理职能。三是管理要求有所升级，在“数据管理转向数据资产管理”的理念影响下，相应的组织架构和管理制度也有所变化，需要有更专业的管理队伍和更细致的管理制度来确保数据资产管理的流程性、安全性和有效性。

二、数商生态所形成的数据资产

数商模型是在产业数字化背景下提出的，它是以数据为生产要素，协同相关资源，推动生产方式的改变。数商模型在实际应用中，基于数商的消费经营场景，将在数商生态中形成大量的数据资源。这些数据资源被采集、整理和分析后，会变成数据资产。这些数据资产是由数商创造和提供的，数据的所有权也归数商所有，未来数商可以凭借贡献值参与数据资产所创造的价值分配。数商提供的这些数据资产，会在数商生态系统内形成一个公共的数据资产池。这些数据的使用权归生态系统所有，生态系统可以将这些数据进行加工处理，释放其信息价值，使这些数据发挥生产要素的功能，推动整个生态系统的生产方式的变革。

前面提到的数字经济和数据资产的研究，都围绕着企业的数据资产。数商生态是将大量的企业和消费者组织在一起，打造的商品生产、流通、营销、消费和物流运输的生态系统。因此，这里的数据资产是所有参与数商生态的主体贡献的数据，它是多个企业的数据汇集而成的大数据库。数商生态内的消费者成为消费经营者，他们在数商生态中消费并参与商品的经营活动，将为数商生态提供大量的数据资源。这些数据资源经过整理，都可以转变为数据资产。

数商生态中形成的公共数据资产池，是所有数商共同参与贡献的，未来也是所有数商共同参与数据资产所创造价值的分配。这也正是我们说数商模型是这种共同参与、共享红利发展模型的具体体现。数商模型的核心是对数据资产的管理，数据资产是数商模型在日常运行过程中不断产生的，这些数据会日复一日、年复一年地产生，数据资产会不断地积累和壮大。

数商模型将个体所贡献的数据资源汇集在一起，变成一个规模庞大的数据资产池。单一个体所贡献的数据价值对企业而言并不大，但将大量的个体贡献的数据汇聚在一起形成大数据，对企业的影响就会显现出来。这也是为什么在传统的商品交易市场上，消费者相对较弱。通常作为卖方的商品供应方比消费者更具有优势。供应商掌握着更多的商品交易主动权，消费者是相对弱势的一方。原本平等的商品交易中，消费者为什么会成为弱势一方？这是因为相对于企业这一组织形式，消费者只是个体，而且是分散的、单独的个体，所以相对而言，消费者的力量是弱小的。他们在商品交易过程中的议价权很小，供应商凭借这种交易中的优势，可以赚得盆满钵满。

但消费者的力量真的弱小吗？答案并非如此。单个的消费者力量是分散的、相对弱小的。若把消费者整合在一起，就会形成一股巨大的力量。在数商生态中，通过互联网可以将消费者的消费需求整合在一起，实现数据抱团，形成共同的数据资产。

同样，既然生态的公共数字资产是由数商贡献的，那么公共数字资产所创造出来的价值，就应该归所有的数商所拥有。即生态公共数字资产是由数商共建共享的，其收益也将由数商共同参与分配，实现共同参与、共享红利的发展模式。

第三节　每个生态都有*N*家上市公司

数商生态中未来会有大量的公司和海量的产品，产品深得消费者欢迎的企业，将能够从数商生态中获得大量的消费数据资源。这些消费数据资源会转化为企业丰厚的收益回报，成为企业未来上市的资本。每个数商生态都将培育出数家上市公司，上市公司的数量主要取决于数商生态自身体量和企业可以获取的数据量。数商生态培育出上市公司后，上市公司会拿出部分股票回赠生态内的数商。数商通过绿色消费积分可以兑换上市公司的股票，从而享有分红权。每个数商生态可以培育 N 家上市公司，每个数商也可以用绿色消费积分兑换多家上市公司的股票。

未来基于互联网和数商模型，将消费者及其家庭联结起来，打造数商生态。在数商生态中，供给端是生产类的商家，为数商生态提供大量的优质商品；消费端是由家庭组成的消费者群体，在互联网上形成数商生态的网络节点。互联网平台成为商品销售的“高速公路”，供给端的商品上传后，可以通过互联网将所有的数字化商品信息传递到每个网络节点，即消费者手机端。消费者作为数商帮助数商生态中的商品销售出去，并获得相应的绿色消费积分。

在数商生态的供给端，未来会诞生 N 多家上市公司。这里的“N”是个不断增大的数字。在数商生态构建初期，数商的数量也是有限的，但随着数商生态的运行发展，数商的数量会迅速增大，所形成的公共数据资产池也会越来越大。这时，会有越来越多生产端的企业随着生态的壮大而壮大。它们拥有足够的消费市场、消费数据和销售盈利，随着第一家满足上市条件的企业上市后，后面会连续有满足上市条件的企业陆续上市。所以，这里用“N”来表示一个不断增长的数字。

数商生态上有大量的消费者及其家庭，作为消费的终端，每天都在数商生态平台上进行消费，这就意味着供给端的大量商品可以通过数商生态销售出去。只要供给端的企业生产的商品是优质的，能够满足消费者的需求，消费者自然会选择能够给自己和家庭带来收益的数商生态进行消费。对供给端的企业来说，只要具备足够的生产能力，就可以通过数商生态将产品销售出去，有着稳定的销售渠道和忠实的消费者群体。

未来，生产型企业只要专注于生产质量优良的商品，就不愁销路。通过数商生态，可以为其提供相对稳定的销售渠道和消费数据资源。

每个数商生态中，消费者消费的商品种类很多，供给端也不需要不同类型的生产型企业。因此，每一类产品中总会有那么几款产品深得消费者的喜爱，凡是深得消费者喜爱的商品生产厂家，未来都有可能成为上市公司。所以，我们说每个生态都将有 N 家上市公司。上市公司的数量和数商生态的规模有关。数商生态的规模取决于消费者数量，生态中的消费者越多，数商生态就会拥有更多的消费数据资源，就能支撑更多的企业成为上市公司。

作为数商生态本身上市不是目的，培育和孵化生产端的更多企业上市才是数商生态的目标。数商生态培养出越多的上市公司，数商生态就越有价值。通过上市公司到资本市场去获利，可以更好地回报数商生态中的消费者，消费者获利后就会更加支持企业的上市。从某种程度上来说，这种方式将形成一个良性的循环。企业上市给数商生态中的消费者带来好处，数商生态中的消费者就拥有更大的消费能力，为数商生态提供更多的消费数据资源。同时，数商生态可以吸引更多的消费者，数商生态的规模将不断扩大，从而也拥有更强的培育和孵化上市公司的能力。

第四节　股票与数字资产是每个家庭的标配

数商模型是以家庭为单位来构建的，未来每个家庭都将成为数商，通过家庭自身的消费和经营的其他家庭的消费来获得收入。每个家庭为数商生态贡献家庭消费的数据资源，同时也拥有了相应的数字资产。数商共同参与生态共建、共享生态红利，通过消费或者经营获得绿色消费积分，兑换成生态内上市公司的股票。在未来，每个家庭成员都将拥有数字资产，以及在数商生态内经营数字资产所获得的股票。这也意味着，股票和数字资产未来将成为每个家庭的标配。

一、以家庭为单位的数字资产的形成

数商模型是以家庭为单位构建的，未来每个家庭都会开设一个或者多个数商账号。数商账号是数商的身份标识，数商在数商生态上的所有活动都将在数商账户中进行详细记录。消费者在手机端注册了数商 App 的账号后，生态系统会分配给数商一个家庭数字店铺。家庭数字店铺是消费者参与消费经营的虚拟网络场所。消费者有了家庭数字店铺，也就拥有了数商的身份，可以进行商品的消费和经营。数商日常通过登录数商账号，就可以查询到数商

生态的相关信息和自家店铺在数商生态中的经营情况及相关数据，这些数据就形成了数商的数字资产。前面，我们研究的主要是企业和个人的数字资产，数商模型建立起以家庭为单位的数字资产，我们也可以称之为家庭数字资产。

家庭数字资产的形成。家庭店铺以家庭成员的消费作为经营收入，参与商品价值的分配。每个家庭每天都需要消费，他们通过手机端浏览数字产品信息，选择自己喜爱的商品，通过网络下单形成消费订单。这些行为都将被数字化，生态系统会通过网络将这些信息给数字化后存储到云端，进入生态的公共数据资产池。这些数字资产的所有权和使用权分离，数商拥有的是数字资产的所有权，因此也享有数字资产所带来的价值收益。生态获得是数字资产的使用权，通过使用这些数据释放其价值，为生态创造新的价值。

消费者除了依靠自家的店铺贡献数据资产外，还可以成为系统中的数字批发商和数字代理商，这时数商还可以拥有与其相关联的家庭店铺的部分数字资产。比如，消费者小张成为数字批发商后，除了自家店铺，还管理了其他 10 家数字零售商店铺。若这 10 家数字零售商店铺进行日常消费，在他们各自的家庭店铺形成数字资产的同时，也能够为小张带来数字资产的积累。具体积累的数值可按照实际消费商品的贡献值分配表和数商价值分配模型来计算。

若小张成为数字代理商后，他的数字资产积累的方式，是他所打造的数商代理商组件中所有家庭的消费行为所形成的数字资产。数字代理商组件以小张为数字代理商，下设数字批发商和数字零售商。但无论是组件中哪种身份的数商产生了消费行为，形成了数字资产，小张都将获得不同数值的数字资产的积累。数字资产是对每个数商为生态所做贡献的动态反映，它每时每刻会因为消费行为的发生而发生变化。数字资产也是对每个数商所有的数据贡献做出的反馈，这既包括数商自身的消费数据，也包括数商的经营数据。

二、股票是共享红利的具体体现

在本章的第三节中，我们讲述了数商生态可以培育 *N* 家上市公司。这些公司能够上市，在很大程度上依靠数商所贡献的数据资产。因此，上市公司为了回报数商，会允许数商用绿色消费积分来兑换企业的股票。绿色消费积分是数商为生态贡献数据的价值凭证，用绿色消费积分来兑换企业的股票，实际上是数商通过数据贡献来获得企业的股票。

数商获得的股票和传统市场的上股票有所不同。传统市场上的股票，是一种投资工具。对发行者来说，股票是一种筹集资金的方式。通过发行股票，企业可以筹集到大量的资金，用于扩大生产、研发新产品或进行其他投资活动。对投资者来说，购买股票是一种实现资本增值的方式。如果投资的公司在未来表现出色，其股票价格可能上涨，投资者可以通过出售股票获得收益。传统的股票也是需要投资者以资金来投资的，投资者只能选择自己经济能力能承受的股票投资。

数商获得的股票，是通过绿色消费积分来兑换的。上市企业之所以拿出股票来给数商兑换，是为了让数商能够分享企业成长所创造的价值。这里更多的成分是价值共享，数商和企业之间能够共享红利，是企业对数商所贡献的数据价值的回馈。数商用绿色消费积分兑换了企业的股票，是根据他们为生态所贡献数据价值的兑付，是他们参与生态长期价值分配的一种方式。和传统的股票相比，数商获得的股票是基于价值的分配。

同时，用绿色消费积分兑换成数商生态中上市企业的股票，使数商享受企业未来成长价值的分配，才能在更大程度上实现共同参与社会财富的分配。这也是数商模型突出的特色，它构建了一种基于数商模型的新的财富分配方式，使数商既享受到短期的财富分配，同时也能够享有长期的财富分配。绿色消费积分兑换成企业股票，数商的“数字资产”变成“数字资本”，给数商带来了长期的资本收益，实现了共享红利的模式。

三、股票和数字资产成为家庭的标配

数商模型的构造，可以让每个家庭都拥有数字资产和股票。这是因为，数字资产是基于家庭消费产生的。每个家庭都需要消费，因此每个家庭都可以拥有数字资产。随着家庭数字资产的不断积累，到了合适的时间就可以将持有的绿色消费积分兑换成上市公司的股票。虽然股票的兑换需要一定时间的积累，但只要消费者能够积极参与商品的经营，为生态多贡献数据，就有可能积累足够的绿色消费积分来兑换股票。未来股票和数字资产将成为每个家庭的标配，每个家庭都将通过数字资产来参与商品流通过程中的价值分配，通过股票来参与资本市场的价值分配。

中国证券登记结算有限责任公司（以下简称“中国结算”）于 2022 年 2 月 25 日披露的数据显示，A 股投资者数量在 2022 年 2 月 25 日已达 2.87 亿，这标志着 A 股投资者数量突破 2 亿大关。可见由于股票市场存在投资门槛和投资风险，涉足股票市场的人数并不是很多。大部分家庭的收入主要是工资性收入和经营性收入。数商模型的构建，则为每个家庭拥有股票提供了机会。但家庭在投资股票时，应根据自身的风险承受能力、投资目标和财务状况来制定合理的投资策略。

每个家庭在数商生态中消费，均可获得绿色消费积分。各家庭根据自己对企业提供商品的满意度和对企业的认可度，选择一家或者多家上市公司的股票进行兑换。数字资产和股票可能成为每个家庭收入来源中除劳动收入之外的重要组成部分。

第十章 数商模型的监管、政策和发展

在数商模型的发展过程中，合规有序的成长是数商模型可持续发展的关键要素，数商模型亟待标准监管和引导。面对数字经济条件下市场体系的特征变化及治理挑战，政府要处理好与市场的关系，从优化公共政策供给、深入市场化改革、补足公共物品供给、构建激励与机制、风险防控治理等方面锚定数字经济中的“有为政府”，应对数字经济发展的时代需要。大量实践证明，只有“有效市场”和“有为政府”有机融合，我国数字经济才能更健康地发展。

第一节　“数商”发展存在的问题

一、公众对数商模型缺少清晰认知

数字经济是一个涵盖广泛的概念，包括电子商务、计算、大数据、人工智能等多个领域。然而，社会大众往往只将其理解为电子商务或者互联网经济，对其深层次含义和内涵理解不足。数字经济下的数商模型更是如此。数商模型对传统的商业模式进行创新和改造，从而提高商业活动的效率和效果，涉及的不仅仅是技术的运用，还包括商业模式的创新、数据的收集与分析、消费者的行为研究等多方面。但是，社会大众往往对这些方面的理解较为肤浅，无法全面理解和掌握数商模型的实质。通常误以为数商模型只是一种新型的营销手段或者销售策略，而忽视了它在提高效率、降低成本、增强客户体验、促进共同富裕等方面的重要作用。

数商模型的发展对社会经济的推动作用不容忽视，而社会大众对其的合理认知则是推动其发展的关键因素之一。因此，需通过媒体、教育机构等途径，加大对数商模型的宣传力度，提高社会大众对其的了解和认识；开设相关的培训课程，帮助社会大众了解数商模型的基本原理和运作方式，提高他们的认知水平；鼓励和支持企业开展数商模型的实践应用，让社会大众在实际操作中感受和理解数字商业模型的价值和作用；建立健全相关的法律法规，保障数商模型的健康有序发展，消除社会大众的疑虑和担忧。

二、数商模型从业者缺少从业许可

目前，我国对数字经济从业者的管理主要依赖相关法规和政策的引导，而缺乏统一、明确的强制性从业许可制度。这意味着任何个人或企业都可以在不具备特定资质的情况下进入数商模型这一领域，从事相关业务。这种状况导致市场主体及从业人员的良莠不齐。

数商模型从业者中未进行个体工商户登记的比例较高。许多从业者以个人身份在数商模型这一平台上开展业务活动，并未有强制性的规定，需要按照法律法规的要求办理相关的工商登记手续。这种情况导致了一系列问题，如税收管理困难、市场监管缺失等。分析从业者未登记的原因：一是由于数商模型的特殊性，其依托网络平台进行商品推广和销售，使得一些从业者认为无须进行工商登记；二是法律法规认知不足，部分数商模型从业者对相关法律法规了解不足，不清楚个体工商户登记的重要性和必要性；三是行政成本和时间成本考虑，办理个体工商户登记需要一定的行政成本和时间成本，一些从业者可能认为这是一项不必要的负担。

三、政府对数商模型缺少针对性的监管机制

“数商”模式打破了传统行业的界限，实现了跨行业、跨领域的融合发展。尽管带来了诸多机遇，但也伴随着一系列发展中的困难。当前，相关监管部门对数商模型的监管机制存在不足，主要体现在以下几方面：一是法律法规滞后，现有的法律法规未能及时跟上数字经济的发展步伐，对于新兴的商业模式和业态缺乏明确的法律界定和监管框架；二是监管资源不足，数商模型的快速发展要求政府投入大量的监管资源，但目前很多地方的监管机构在人力、技术等方面的配备尚未满足需求；三是监管手段单一，传统的监管手段往往难以适应数商模型的特点，如线上线下结合、绿色消费积分运作等，需要开发新的监管工具和方法。

过度的监管可能抑制数字经济的创新活力，但缺少监管同样也会阻碍新技术、新业态的发展。因此，相关监管部门需完善监管机制，既要保障市场的公平竞争，又要促进创新发展；同时确保消费者权益得到充分保护，进而确保数商模型健康、有序、可持续地发展，为社会带来更大的福祉。

四、品质控制和标准化难以落实

数商模型以信息技术为核心，具有高度的信息化、网络化和智能化特点。这些特点使得数商模型平台上的商品和服务具有快速迭代、多样化和个性化等特点，给品质控制和标准化管理带来了新的挑战。从数商模型目前的发展来看，平台商品和服务的标准化难度较大，不仅是因为它们往往涉及复杂的技

术和多变的市场需求。更重要的是缺乏统一的标准和规范，不同企业和地区之间的产品和服务难以实现互操作性和兼容性。这样的现状，也使得企业和消费者难以判断产品的优劣，增加了市场的不确定性。

数商模型平台上商品品质控制和标准化管理是一个复杂而重要的任务，政府和行业组织应加强合作，建立科学的质量评价体系，制定明确的品质评估标准和方法，制定和完善商品和服务的相关标准和规范。这些标准和规范应涵盖产品质量、技术要求、数据安全等方面，不仅能为数商模型提供明确的指导和参考，有助于数商模型合作企业和消费者更好地判断产品的优劣，也有助于市场的公平竞争。

第二节　“数商”发展的监管要素分析

一、“数商”从业人员需经从业资格证培训

不同于传统经济，数字经济以数据资源作为关键生产要素、以现代信息网络作为重要载体、以信息通信技术的有效使用作为效率提升和经济结构优化的重要推动力，具有“技术”和“经济”的双重属性。数字化是数商模型最显著的特征之一，它将数字技术应用于经济活动的各个环节，改变了信息的生成、存储、传输和处理方式，也改变了经济活动，为经济发展注入新的活力。具体来看，数商模型具有较强创新性、虚拟性、全球性，以及数据化、智能化、平台化和生态化等特征。

“数商”系统是一个由多个规范与标准构成的体系，“数商”的从业人员必须了解及掌握数商模型的标准与规范，否则会造成“数商”体系的扭曲，或被有其他目的的群体利用，造成负面社会影响与危害。“数商”从业人员的培训是保证“数商”系统合规合法运营的基本条件。“数商”从业人员具体的从业资格培训与认证标准，可由行业协会编制。

二、“数商”从业人员需进行个体工商户登记

2024 年 3 月 22 日，中国互联网络信息中心发布统计报告，2023 年全国网上零售额高达 15.4 万亿元，连续 11 年位居世界第一。中国个体工商户数量远超企业。目前全国登记在册的个体工商户超过 1.11 亿，占市场主体总量的 2/3，带动就业近 3 亿人。个体经济的新技术、新产业、新业态、新模式呈现蓬勃发展之势，已经成为数字经济生态体系中最基础、最广泛、最具特色的重要组成部分，在繁荣经济、增加就业、推动创业创新、方便群众生活等方面发挥着重要作用。

以数字化、网络化、智能化构建的各类平台，打破了时间和空间的限制，改变了传统市场载体结构。用户通过手机、平板电脑等都可以完成在线交易，实现了跨地域、跨时区的市场交易活动。网络直播、微商电商、新媒体等“新个体经济”层出不穷，给生产者和消费者带来便利。但通过网络平台进行交易具有较强的虚拟性，部分还具有一定的隐蔽性，给政府监管带来了难度，给国家税收带来了损失。数商模型如果缺少必要的监管，在不断的发展中必然亦是如此。

“数商”从业人员获得虚拟商户主体是必须遵守的基本要求，依法进行虚拟个体工商登记才能成为经济活动的合法主体资格。因此，数商从业人员取得虚拟个体工商户或企业营业执照，才能实现登记、纳入市场监督管理的监管和税务部门的管理，才能合法取得相关经营许可证、税票开具资格。“数商”从业人员是否取得虚拟个体工商户或企业营业执照，是数商模型的基本要求之一。要求“数商”从业人员需有虚拟个体工商户登记证书，有利于进一步优化个体经济发展环境、不断增强发展信心、持续激发发展活力，解决“数商”从业人员利润空间不断被挤压、融资渠道不够畅通、发展信心明显下滑等诸多问题。

三、“数商”产品供应企业及产品需经绿色消费生态供应链企业认证

数字经济中平台化的组织和运行模式，使市场结构和秩序发生重要变化，在带来规模经济效应的同时，也给政府治理带来大挑战。由于平台企业倾向性的交易规则和定价策略，加上其后台的数据优势和强大的数据处理能力，极可能成为一种可被随意操控的非自由市场。为避免数商模型依托数字技术优

势带来的“赢者通吃”局面和“大而管不了”问题，应做好数字经济生产消费生态圈内相关秩序的设立和维护，即数商产品供应企业及产品需经绿色消费生态供应链企业认证。

2016 年，我国十部委发布的《关于促进绿色消费的指导意见》首次对绿色消费定义：“绿色消费，是指以节约资源和保护环境为特征的消费行为，主要表现为崇尚勤俭节约，减少损失浪费，选择高效、环保的产品和服务，降低消费过程中的资源消耗和污染排放。”2022 年，国家发展改革委等部门发布的《促进绿色消费实施方案》结合碳达峰碳中和工作进一步对绿色消费定义：“绿色消费是各类消费主体在消费活动全过程贯彻绿色低碳理念的消费行为。”方案同时明确了 2025 年和 2030 年促进绿色消费的主要目标。

在政策引导和绿色发展理念的引领下，绿色低碳产品市场占有率持续大幅提升，绿色消费逐渐从理念走向行动，更多的消费者愿意为绿色“买单”。不过，这些消费者也需要更加清晰的消费指引。由于信息不足，消费者在进行绿色低碳消费时仍面临选择困难。同时，绿色产品缺乏统一权威的认证信息、绿色产品溢价过高等问题也制约着绿色消费的扩大。可见数商模型中的产品需要符合两个基本条件：一是产品质量好、符合国家法律；二是要符合绿色消费生态的要求。所以，数商模型致力于构建一个数字供应链企业和产品准入机制。

同时，“数商”产品供应企业及产品经绿色消费生态供应链企业认证后，还可以引入绿色消费积分。绿色消费积分是指消费者在购买绿色商品或服务时获得的积分，可用于兑换其他商品或服务。在传统的消费模式中，消费者的购买力往往受限于其收入水平。而绿色消费积分的引入，通过积分奖励，实质上增加了消费者的购买力。不仅如此，引入绿色消费积分的意义更在于绿色消费积分能够鼓励消费者积极参与环保行动，提高绿色商品和服务的市场占有率，促进可持续经济发展。

四、“数商”所销售产品均应配备绿色消费积分贡献值分配表

在数字经济视域下，需要重新思考政府与市场的边界，厘清治理体系所需的“变”与“不变”。一方面，“市场更有效，政府更有为”的目标“不变”；尊重市场经济规律，充分发挥市场在资源配置中的决定性作用，更好地

发挥政府作用的治理逻辑“不变”。另一方面，政府治理需在把握数字化、网络化和智能化方向上主动“求变”，进行政府职能转变和履职方式转变，探索形成与数字经济持续健康发展相适应的赋能方式、培育方式、监管方式和治理方式。

数商模型中所销售产品均配备着绿色消费积分贡献值分配表。贡献值分配表是一种表明商品在数商模型中所产生的价值分配数据，是一种智能合约。

绿色消费生态贡献值分配表	
数字零售商	
数字批发商	
数字代理商	
根据《绿色消费积分技术规范》团体标准（T/CIET 166—2023）执行	

表10–1　绿色消费生态贡献值分配表

它包括角色和收入分配系数两列，角色就是“数商”名称，包括数字零售商、数字批发商、数字代理商及其所获得的分配比例，以上因素缺一不可。配备贡献值分配表，一方面可以区别于其他商品；另一方面也可以让消费者、“数商”一目了然，明确商品的贡献值数值。

为顺应数字经济的发展需要，我国积极推进数字经济领域的立法进程。2022年，《关于推动平台经济规范健康持续发展的若干意见》印发。同时，随着《网络安全法》《数据安全法》《互联网平台分类分级指南》《互联网平台落实主体责任指南》等的颁布，我国在法律文本中完善了数字经济的规范化管理，行政监管实现了有规可依，可对数字经济领域的相关违法行为进行有效监管。同时，全国各地也积极完善数字经济的相关行业规范。浙江、广东、河南、江苏、贵州、上海、福建、安徽、北京、湖南等地先后出台规范数字经济及数据应用的促进条例和发展条例，促进数字经济有序发展，为当地数字经济发展设立“新航标”。

在政府为主导平台监管措施出台与实施以外，多主体应共同参与配合，充分发挥平台企业、行业协会、平台经营者和消费者各自的作用，为共同建设一个良好的平台生态做出努力。绿色消费积分贡献值分配表就可视作数商模型建立的自我监测与监管机制，是站在更高的视野，对平台经济发展中的痛点和问题进行挖掘和探讨，有针对性地探索出的解决方案和落地举措，起到对市场风险、运营风险、法律风险等及时发现与规避的作用。

第三节　数商模型监管标准与政策建议

一、数商模型监管标准

制定合理的监管标准对于促进数字经济的健康发展至关重要。目前，许多国家和地区已经开始重视数字经济的监管问题，并制定了一些相关的标准和政策。然而，由于数字经济的特殊性和复杂性，现有的监管标准和政策仍面临着一些挑战。

首先，数字经济的跨界性使得监管标准难统一。数字经济涉及多个领域，如电子商务、云计算、大数据等，每个领域都有其特定的监管需求和标准。如何在不同领域之间建立统一的监管标准是一个亟待解决的问题。其次，数字经济的动态性给监管带来了困难。数字经济的发展速度非常快，新的技术和商业模式不断涌现。现有的监管标准和政策很难跟上这种快速变化的步伐，需要不断进行调整和完善。此外，数字经济的全球化也加剧了监管的复杂性。数字经济的发展不受地域限制，数据和信息可以在全球范围内流动。如何在全球范围内建立有效的监管合作机制也是一个重要的挑战。

作为数字经济中重要的组成部分，数商模型需要确立完善的监管标准。与数商模型平台合作的企业，身份角色发生了转变。与传统经济不同，数商模型拥有全新的竞争逻辑，竞争理念由静态竞争向动态跨界竞争转变。传统经济下，交叉融合创新有限，企业间竞争多依赖市场内竞争，如降价、收购等来提高自身份额。数商模型中，动态竞争、跨界扩张、长期发展成为合作企业的竞争理念，不断迭代升级，提升产品或服务的吸引力，来颠覆传统市场格局。

数商模型中的企业，其竞争方式也在由产品服务竞争向生态系统竞争转变。传统经济中，企业间竞争主要体现在产品服务质量、品牌等维度，靠物美价廉来赢得顾客青睐。数字时代，数商模型处于“守门人”的地位，把持着人们上网的“入口”，利用其掌握的用户数据、算法和资本等资源，通过规模优势将业务横向拓展至经济社会各领域，如金融、生活服务、产业互联网等，实施跨界竞争和融通合作，打造起根深叶茂的“生态帝国”。

数商模型中的企业，其竞争优势也在由追求规模经济向依托网络效应、规模经济和范围经济叠加转变。传统经济条件下，企业基于“经济人”的利己逻辑，借助成本领先和差异化策略，来构筑其核心竞争优势。数商模型中的企业，结合“利己”和“利他”逻辑，利用数商模型源源不断的数据资源、分析技术和强大算力，增强自身学习能力、提升决策科学性、促进供需精准对接，从而获取更多用户和市场，实现“滚雪球”式发展。另外，数商模型利用自身数据和算法匹配能力，赋能入驻平台上的各类主体，促进各方互动、共同成长，进一步强化平台的差异化竞争优势，巩固其作为市场枢纽、价值创造中心的地位。

数商模型中的企业，竞争格局由竞争性结构向垄断性结构转变。传统经济条件下，受限于成本下降速度、市场空间约束，企业扩张速度慢，在大部分时间内，多数市场是竞争性市场。数字时代，数商模型中的企业突破了时间和空间约束，用户数和数据量“指数级”增长，结合数商模型的独特优势在全球范围扩张，由此让这些企业在很短的时间内，就在核心业务领域发展到难以想象的规模，实现用户份额、市场份额的高度集中。

综上所述，在数字经济时代，数商模型面临着更多的选择和更复杂的市场环境，因此监管标准的制定和执行需从以下方面考量。

一是确保公平交易。在数字经济中，消费者与商家之间存在着信息不对称的现象。消费者往往难以获取完整的产品信息，而商家则拥有更多的信息和资源。监管标准的制定有助于确保交易的公平性，防止商家利用信息优势进行欺诈或误导消费者。例如，对于广告宣传、产品描述等方面的监管标准，可以要求商家提供真实、准确的信息，避免夸大其词或隐瞒真相。这样，消费者在做出购买决策时能够基于充分的信息，从而保护自己的权益。

二是维护市场秩序。监管标准对于维护市场秩序至关重要。在数字经济中，由于市场主体众多且交易方式多样化，市场秩序的维护显得尤为重要。监管标准的制定有助于规范市场行为，防止不正当竞争和垄断行为的发生。例如，对于价格欺诈、虚假宣传等行为的监管标准，可以明确禁止与数商模型合作的企业进行不正当的市场行为，维护市场的公平竞争。同时，对于数据安全、隐私保护等方面的监管标准，可以要求数商模型采取必要的技术和管理措施，确保消费者的个人信息安全。这样，消费者在市场中能够享受到公平、透明的交易环境。

三是提高产品质量。监管标准对于提高产品质量具有重要作用。在数字经济中，消费者对产品的质量要求越来越高，而监管标准可以为产品质量提供明确的衡量标准。例如，对于保健食品及食品等方面的监管标准，可以规定产品必须达到一定的质量标准才能在数商模型的平台上销售。这样，消费者在购买产品时能够更加放心，因为他们知道所购买的产品符合一定的质量标准。同时，对于不合格产品的监管标准，可以要求商家召回或更换，从而保障消费者的合法权益。

四是促进创新发展。适当的监管标准可以促进数字经济的创新发展。在数字经济中，技术创新和业务模式创新层出不穷，而适当的监管标准可以为创新提供明确的指导和规范。例如，对于新兴技术如人工智能、区块链等方面的监管标准，可以鼓励企业在合法合规的前提下进行创新探索。同时，对于不符合监管标准的创新行为，可以进行适当的引导和规范，避免其对市场造成不良影响。这样，消费者在享受创新带来的便利的同时，也能够得到有效的保护。

五是增强消费者信心。监管标准的制定和执行要有助于增强消费者信心。消费者在购买产品或服务时，往往会关注产品的质量、商家的信誉等因素。当市场上存在明确的监管标准时，消费者会更加信任市场，愿意进行购买。例如，对于知名品牌或经过认证的产品，消费者往往会更加信任其质量和信誉。这样，消费者在市场中能够更加自信地进行购买决策，从而促进市场的繁荣和发展。

六是推动国际合作与交流。在数字经济时代，跨国经营和国际贸易日益频繁，数商模型的未来发展也必然涉及跨境贸易。通过制定国际通用的监管标准，可以促进数商模型中的企业国际贸易便利化，降低贸易成本，提高交易效率。同时，对数商模型来说，遵循国际监管标准也可以减少其在不同国家和地区面临的法律风险和合规成本。这样，消费者在全球范围内能够享受到更加一致的产品质量和服务水平。

二、数商模型的监管政策建议

我国数字经济规模快速扩张，但是地区之间、行业之间数字经济发展不平衡，数字经济衍生出数据安全、隐私保护、算法歧视、平台垄断等一系列问题，不正当竞争和侵害用户权益等现象不断涌现，现有的法律条款难以完全覆盖。同时，全方位、多层次、立体化的数字经济监管体系还未形成。完善我国的数字经济治理，需要加快完善新型基础设施、相关法律法规体系、数据治理机制、协同监管机制、多元共治机制。建立完善政府、平台、企业、行业组织和社会公众多元参与、有效协同的数字经济治理新机制。

对数商模型而言，建议以构筑国家竞争新优势为着眼点尊重数字经济市场竞争规律，提升治理效能。监管政策力求在流通促进和安全监管、数据“放管服”之间探索平衡，营造公平公正、竞争有序、预期稳定的数字市场环境。具体建议如下：

（1）加强数商模型的理论研究。进一步加大对数商模型的监管研究，全面认识和把握数商模型运行的特征，尤其是数商模型的内在逻辑，统筹处理好数商模型市场结构与技术创新之间、发展与监管之间、产业政策与竞争政策之间的关系，加强数商模型发展形势的监测和研判，更好地发挥各类研究机构对数商模型的科学决策和竞争治理的支撑能力。

（2）完善数商模型监管制度规范。持续完善数商模型竞争监管基本制度，对一时存在争议或者“看不清”的行为，不急于立法规范。针对数商模型，要坚持包容审慎监管理念，最大限度地降低准入和退出门槛，但要加强监管协调，及时发现和弥补制度空白。紧扣数商模型的资本、数据、算法、技术、行为等的关键要素，分门别类研究制定竞争监管相关指南，发挥其竞争合规的指引作用，增强制度可预期性。

（3）健全完善公平竞争审查制度。数商模型对传统线下各个领域产生了巨大冲击，而地方政府和部门有动力也有意去干预市场，其中就可能存在保护传统产业的冲动。针对地方保护、地区封锁和行业垄断等问题，建议相关部门要进一步分类完善公平竞争审查制度，从源头上防范限制竞争的政策出台。

（4）建立健全法律法规体系。鉴于数商模型的特殊性，建议制定专门针对数商模型的法律法规，明确数商模型的定义、经营逻辑、交易规则。这些法规应与国际标准接轨，同时考虑到国内的实际情况。

（5）完善高效执行机制。制定法律法规只是第一步，关键还是在于执行。建议加大对数商模型违法违规行为的查处力度，探索建立跨部门跨区域执法机制，推进违法线索相互报、处理结果互享互认，消除监管盲区，降低监管成本。推进“互联网 + 监管”、信用监管、智慧监管，增强主动发现、监测和取证等能力，提升对数商模型监管的针对性、科学性和时效性。

（6）加强技术创新和人才培养。建议政府应出台相关政策，加大对数商模型技术创新的支持力度，鼓励数商模型进行技术研发和创新。这可以通过提供研发资金、税收优惠等方式实现。同时，数商模型需要大量具备数字经济知识和技能的专业人才，建议建立数字经济人才培养体系，包括高等教育、职业培训等，培养具备数字经济素养的人才。

（7）完善数据安全管理制度。加强对数商模型的数据安全评估和审查。对数商模型的数据收集、存储、传输、使用等环节进行监管，确保其合法合规使用。根据数的敏感程度和重要性，对其进行分类管理，制定相应的保护措施。例如，对于个人隐私数据，应有更严格的法律法规，要求数商模型采取更为严格的保护措施。加强对企业的数据安全评估和审查。

（8）加强宣传教育和培训。开展数字经济知识普及活动，提高公众对数字经济的认识和理解。这包括举办讲座、展览等活动，向公众普及数字经济知识。

加强对企业和从业人员的培训，提高数字经济素养和管理能力。这包括提供培训课程、研讨会等，帮助企业和从业人员了解数字经济的最新动态和监管要求。

第四节 “数商”发展的保障

当前，发展数商模型已经具备了多方面的保障措施，能够推动数商模型的迅速落地实施和健康发展。这些保障措施分别如下。

一、数字技术的发展保障“数商”发展

习近平总书记指出，“数字技术正以新理念、新业态、新模式全面融入人类经济、政治、文化、社会、生态文明建设各领域和全过程，给人类生产生活带来广泛而深刻的影响”。数字技术已成为新一轮科技革命的主导技术，并赋予生产力新的内涵，“新质生产力”这一概念就反映了新一轮技术创新引领经济社会变革与发展的趋势。

在数字经济时代，数字技术链接、渗透、赋能万物，赋予劳动资料数字化的属性，实现了与再生产各环节的深度融合，打破了时空限制，推动资源要素快捷流动和高效匹配，推动着生产力的提高。在未来，数字技术的快速发展与广泛应用为数商模型提供了核心动力，是数商模型实现各种构想的基石。相较于传统工业的粗放型、大规模生产方式，数字技术的跨时空、强链接和瞬时性特征，可在一定程度上化解生产成本、产品多样性、生产周期等多目标之间的冲突，从而以柔性生产方式缓解传统制造业产能过剩的问题。在数字技术的保障下，数商模型与实体经济的深度融合，推动传统产业尤其是制造业生产方式、组织方式的数字化转型和智能化升级，有助于优化市场的供需匹配机制和资源配置效率，铸造产业发展的新动能新优势。

具体来看，数字技术中的云计算技术的发展，为数商模型提供了无处不在的计算能力和数据存储，从而提高了工作效率和灵活性，也使数商模型中的企业降低 IT 成本，避免了大规模的资本投入；数字技术中的大数据技术的发展，使得企业能够收集和处理海量的数据，从而更好地了解市场和客户需

求。通过大数据分析，企业可以发现潜在的商业机会，预测市场趋势，优化产品设计和营销策略；数字技术中的5G则极大地提高了数据传输速度和可靠性，物联网（IoT）将物理世界与数字世界连接起来，区块链技术为数据提供了安全性和可篡改性。

此外，数字技术的综合发展还会促进不同行业之间的跨界合作。例如，数商模型与物流公司合作，提供更快速的配送服务；数商模型与金融机构合作，推出更便捷的支付解决方案。数字技术的发展和结合不断扩展着数商模型的边界，保障着数商模型健康发展。

二、商业模式创新保障“数商”发展

近年来，在数字科技和数字经济快速发展的驱动下，中国的商业模式已经迎来数字化创新机遇，带动了新业态新模式发展，深刻改变了国内消费、流通、贸易模式以及企业的经营方式和个人的生产生活方式，也为中国经济发展注入了新动能。

从国内商业看，近十多年来，国内商业数字化变革步伐明显加快。尤其是数字商业新模式，在疫情后经济复苏中发挥了十分重要的作用。线上展会、虚拟产业园、无人超市、无接触服务、线上办公、共享经济、零工经济等接踵而来。数字经济和数字商业逆势增长，极大地增强了中国经济的活力和韧性。电子商务更是中国新兴数字商业的一大名片，以此为例可一窥中国新兴数字商业的活力与实力。国际统计调查机构STATISTICA网站数据显示，2023年中国电子商务销售收入规模达9351.4亿美元，是全球第一大电子商务市场。据商务部统计数据，2023年中国网上零售额达15.42万亿元，连续11年成为全球第一大网络零售市场。

从国际商业看，数字化也深刻影响了当前全球的贸易模式，中国在这一进程中无疑走在前列，贸易数字化已成为推动中国外贸稳定增长的重要因素。商务部数据显示，2023年中国跨境电商进出口2.38万亿元，同比增长15.6%，可见跨境电商已成为中国外贸增长的重要稳定力量。

展望未来，随着互联网技术革命产业应用加速发展，尤其是人工智能、区块链、大数据、物联网等数字新技术在国内商贸流通和国际商务活动中的应用落地，全球商业发展模式将得到极大改变。这种商业模式的变化也会保障数商模型的发展。首先，这种商业模式打破了传统的地域限制，使得商务活动不受地理区位限制，企业和消费者可以在全国甚至全球范围内进行交易，实现市场和资源在更大范围的配置；其次，加速了商业信息和数据的共享与传播，使企业和消费者能够更便捷地获取各类商品和商务信息，做出更优的经营决策和消费决策；最后，提高了商务活动的效率，降低了商务成本，减少了时间和资源的浪费，还有利于绿色低碳经济发展。

三、数字消费保障“数商”发展

2024年政府工作报告提出，“培育壮大新型消费，实施数字消费、绿色消费、健康消费促进政策，积极培育智能家居、文娱旅游、体育赛事、国货‘潮品’等新的消费增长点”。随着我国经济快速发展，国民收入水平稳步提高，在科技赋能和消费升级驱动下，以新业态、新模式、新场景、新服务为主要特征的新型消费蓬勃发展，数字消费成为创新最活跃、增长最迅猛、发展潜力最大的消费领域之一。数字消费是消费者通过数字平台在数字空间进行消费的新业态，也是数字经济时代的主流消费形式，包括消费产品和服务数字化、消费方式数字化、消费场景数字化。通过数字消费打造数字家庭，建立起以贡献数据产生收入的新型分配机制。

数字消费以“场景＋平台＋生态”为载体，以全链路服务能力为驱动，呈现线上线下消费、商品消费与信息消费、产品消费与服务消费、物质消费与精神消费有机融合的特征，形成新的消费形态。未来，数商模型的健康发展在一定程度上也来自数字消费。这是源于直播电商普及后，为很多资源禀赋欠佳的中小企业提供了“小步快走”的数字化转型切入点。很多企业能通过数商模型，以短视频、直播平台等方式直面消费者，根据消费者反馈规划生产，这就是消费端反馈指导供应链模式不断创新的典型场景。这些企业从产业链下游入手，发挥数商模型在产品推广和销售中的作用，建立互联网新营销渠道、优化产销链条、低成本开发个性化产品，并为日后整体数字化转型积累经验及技术能力。企业的这一数字化的过程也会反向影响数商模型的健康发展。

从消费者的角度来看，在数字消费中，消费者开始有个性化、便捷性、安全性、可持续性等需求。在个性化的需求中，消费者越来越注重个性化服务和产品。他们希望得到定制化的产品和服务，以满足自己独特的需求和偏好。例如，消费者可以在网上定制自己喜欢的衣服、鞋子等产品，或者在餐厅预订时指定菜品口味和配料。在便捷性的需求中，消费者希望能够随时随地获取所需的产品和服务。他们希望能够通过手机、平板电脑等移动设备随时随地进行购物、支付、预订等操作。在品质与安全的需求中，消费者对产品和服务的品质和安全性有更高的要求。他们希望购买到高品质、安全可靠的产品和服务，以保障自己的利益和健康。在环保与可持续发展的需求中，随着环保意识的提高，消费者对环保和可持续发展的要求也越来越高。他们希望购买到环保、可持续的产品和服务，以减少对环境的负面影响。

数商模型作为新兴消费模式，以内容、社交为核心，提供便捷的线上服务和移动应用，降低了搜索成本，要求企业加强产品质量管理和安全保障措施，提高产品和服务的品质和安全性；规定企业采用环保材料和生产工艺，推广绿色产品和服务，满足了消费者以上的消费需求，为自身的发展铺平了道路，也为经济高质量发展提供增量。在可以预见的未来，数商模型链接中国式现代营销体系的各个行业，以多元消费场景不断激发消费新活力，促使中国式现代营销体系的各个行业充分发展。

数商模型还将通过中国式现代营销体系覆盖到旅游、交通、汽车制造、教育培训、餐饮、会议展览、家电、房地产、电信、电脑等十余个行业和产业领域，通过自身的健康发展对这些行业和产业进行拉动。

四、政策支持保障“数商”发展

近几年，多个和数字经济、数字商业相关的重要政策“靠前发力”，在不断深化和落地中持续激发数字经济市场主体活力，传递出稳增长信号。从数据要素市场化改革试点启动到“数据二十条”正式落地，从“建设全国统一大市场”到《扩大内需战略规划纲要（2022—2035年）》等一系列的重点政策聚焦于数字经济，在坚持稳字当头、稳中求进的主基调下，释放出深化改革的鲜明信号。

《要素市场化配置综合改革试点总体方案》聚焦数据采集、开放、流通、使用、开发、保护等全生命周期的制度建设，推动部分领域数据采集标准化，分级分类、分步有序推动部分领域数据流通应用。在完善数据分级分类安全保护制度、探索制定大数据分析和交易禁止清单、有利于风险可控的前提下，不断探索突破制度前沿，进而系统集成各要素领域单项改革，引导各类要素协同向先进生产力集聚，提高改革系统性、整体性、协同性。

在《“十四五”数字经济发展规划》中，数字经济被定义为继农业经济、工业经济之后的主要经济形态，是以数据资源为关键要素，以现代信息网络为主要载体，以信息通信技术融合应用、全要素数字化转型为重要推动力，促进公平与效率更加统一的新经济形态。根据“规划”，“十四五”时期，我国数字经济转向深化应用、规范发展、普惠共享的新阶段。

《关于构建数据基础制度更好发挥数据要素作用的意见》又称“数据二十条”，是我国专门针对某一要素的第一份基础制度，对我国数据要素的发展方向起到“指南针”的作用。“数据二十条”提出构建数据产权、流通交易、收益分配、安全治理等制度，初步形成我国数据基础制度的“四梁八柱”；首次提出了探索数据产权结构性分置制度，建立数据资源持有权、数据加工使用权、数据产品经营权“三权”分置的数据产权制度框架，构建了中国特色数据产权制度体系。

中共中央、国务院印发的《扩大内需战略规划纲要（2022—2035 年）》，明确未来一段时期实施扩大内需战略的主要目标和重点任务，提出培育完整内需体系的具体政策举措，进一步提升内需对经济高质量发展的重要支撑作用。“纲要”把加快培育新型消费作为重点，支持线上线下商品消费融合发展，培育“互联网 + 社会服务”新模式，促进共享经济等消费新业态发展，发展新个体经济。

我国已把数字经济作为推动高质量发展、实现转型跨越的新赛道、主赛道，高质量发展的动能不断激活。2024 年的《政府工作报告》指出，制定支持数字经济高质量发展政策，积极推进数字产业化、产业数字化，促进数字技术和实体经济深度融合。深化大数据、人工智能等研发应用，开展“人工智能 +”行动，打造具有国际竞争力的数字产业集群。这就意味着，面向未来，国家将再次出台一批利于数字经济发展的相关政策，为数字商业的高质量发展注入澎湃动能，而数商模型也必将从中获益。

第五节　数字经济推动“数商”发展

数字经济是推动产业结构转型、建设现代化产业体系的重要引领。党的十八大以来，在党中央的高度重视下，数字经济已经成为经济发展的重要增量。2022 年，我国数字经济规模达 50.2 万亿元，增速连续 11 年高于同期国内生产总值名义增速，数字经济占国内生产总值比重达 41.5%。2023 年中央经济工作会议对做好 2024 年经济工作提出了“稳中求进、以进促稳、先立后破”的总体要求，特别是将“先立后破”上升至推进新旧动能转换及统揽经济社会发展全局的高度。“先立后破”的核心就是用发展的办法解决发展中的问题，通过培育壮大增量调整优化存量。

数字经济以“先立后破”的方式加快发展是稳中求进工作总基调的应有之义，是遵循事物发展规律、扎实推进新旧动能转换和产业结构升级、加快构建新发展格局的重要抓手。与传统经济形态相比，数字经济具有数据驱动、网络效应、规模效应、互惠互享等核心特征，包含数字产业化和产业数字化两大内涵。其中，前者是指数字技术创新和数字产品生产，是要积极“立”的部分；后者则是指数字技术与传统产业的融合，是要在立的基础上应对“破”的问题。

“先立”，就是以数字产业化为基础，主动培育新动能。数字产业化强调通过数据资源活化和数字技术创新培育新的产业形态，符合新质生产力发展的内在要求，也是国际产业竞争的前沿阵地，是数字经济发展需要“立”的增量部分。2022 年，我国数字产业规模达 9.2 万亿元，在数字经济中占比 18.3%，同时形成了一批具有国际竞争力的数字产业高地、数字产业集聚区和数字产业集群。这些数字产业集群往往以龙头企业为主体，具备完善的数字基础设施、较强的技术创新能力以及较为成熟的产业生态，为推动我国经济高质量发展提供了有力支撑。

“后破”，就是以产业数字化为契机，加快新旧动能转换。产业数字化强调融合数字技术推动传统产业转型升级，引导传统产业走出粗放式增长模式，通过改造传统动能、逐步淘汰落后产能，提升传统产业的产出效率和综合竞争力，是数字经济发展需要“破”的存量部分。

在“先立后破”中发展数字经济是辩证统一的过程。数字产业化为产业数字化提供数字基础设施，是产业数字化的先决条件；产业数字化为数字产业化积累数据要素、提供应用场景，是数字产业化的重要动力。坚持“先立后破”，就是循序渐进地推动产业结构转型，不断做强做优做大数字经济，为构建现代化经济体系提供新引擎，为增强我国国际竞争力提供新抓手。作为数字经济的一部分，数商模型未来的发展也将是一个“先立后破”的过程。

数商模型的“先立”意味着企业要切实加强关键领域数字技术创新能力，一方面，充分利用既有的税收优惠、财政补贴、产业引导基金等支持政策，对智能传感器、集成电路等关键技术研发攻关，实现高水平自立自强；另一方面，充分发挥新型举国体制优势和超大规模市场优势，结合不同区域的比较优势和产业特征，开展前瞻性的产业规划与空间规划，围绕数字经济核心企业，搭建多层次的“雁阵格局”创新生态，汇聚优势资源，引导和支持建设一批专业化、特色化的数字产业集群。

数商模型的“后破”是面向数字经济融合新生态，搭建为传统产业数字化转型提供有力支撑的数字基础设施。作为数字技术应用场景的综合载体，数商模型以数字技术和数字网络设备为支持，对传统产业进行全方位、全链条的改造，且在人口、空间等方面发挥组合效应，带动政府、企业和其他社会力量共同参与。例如，通过完善“互联网＋政务服务”一体化平台，助力电子政务系统在内部互联互通、资源共享的基础上，面向全社会提供便捷化的公众服务，实现纵横联动、数据融合、专业深入的数据应用，为加快传统产业数字化变革提供良好的协作生态。针对一些传统企业在产业数字化过程中“不会融、不能融”的问题，加快建立统一、融合、开放的工业互联网标准体系，为传统产业数字化转型提供“硬”支撑。

在未来，数商模型还将面向数据要素新价值，构建安全有序的数据供给和治理机制。充分发挥数据作为新型生产要素的潜能，注意收集、筛选有价值的数据资源，加快培育数据要素市场。在保障数据安全和有效管理的前提下，建立健全数据产权制度和共享机制，合理引导各类数据资源在不同企业、产业间贯通融合，夯实数据流通交易基础，以此促进传统产业转型升级，同时也为数字产业化进一步深化积累宝贵资源。

大力发展数字经济，既需要能够引领数字技术创新的科研型人才，也需要熟练掌握数字技术、能够加快数字产业化的应用型人才。还需要兼备传统产业知识和数字经济技能、有助于推动产业数字化进程的复合型人才。我国现有的人才供给还难以满足突出的数字人才缺口，因此，数商模型还在计划从产、学、研三端共同发力。通过在职培训、在线教育、传统学校教育等方式，以校企合作为基础，加快培养满足不同类型企业需求的数字人才，为各类劳动者提供符合需要的培训课程，切实提升其数字技能和数字素养。

综合来看，我国数字经济发展势头强劲。随着我国在算力、算法、数据量和人才等方面的不断充实，数商模型将成长为领先的数字平台企业和数字经济新创企业，“数商”商业模式将成为推动传统产业全方位、全链条改造的重要工具。数商模型有助于中国居民家庭建立起基于贡献数据价值产生收入的新型家庭收入模型。

第十一章 数商模型赋能新质生产力

新质生产力的核心要素是科技创新。通过加强科技创新，特别是原创性、颠覆性科技创新，以催生新产业、新模式、新动能。新质生产力表现为战略性新兴产业和未来产业的发展，其核心是技术创新、管理创新和模式创新。数商模型作为一种新的模式，正是在新质生产力发展的背景下提出的，它符合新质生产力的基本特征和相关要求，成为新质生产力的代表。数商模型的提出和广泛应用，能够赋能新质生产力。

数商模型在以下五方面赋能了新质生产力：（1）数商模型实现了模式创新；（2）数商模型是对数据要素作为生产要素的应用；（3）数商模型推动了商业领域数字化和智能化发展；（4）数商模型提高要素协同效应，提升产业发展效率；（5）数商模型推动了企业的高质量发展。

第一节　认识新质生产力

2023年9月，习近平总书记在黑龙江考察调研期间首次提到“新质生产力”。2024年1月31日，习近平在中共中央政治局第十一次集体学习时强调，加快发展新质生产力，扎实推进高质量发展。习近平总书记指出，高质量发展需要新的生产力理论来指导，而新质生产力已经在实践中形成并展示出对高质量发展的强劲推动力、支撑力，需要我们从理论上进行总结、概括，用以指导新的发展实践。2024年3月5日，李强总理在做政府工作报告时强调“大力推进现代化产业体系建设，加快发展新质生产力”。

一、什么是生产力?

为了深入理解新质生产力，我们先对生产力做一简述。马克思政治经济学对生产力有着专门的研究。在马克思政治经济学中，对生产力的定义是，生产力是人们对自然实践的结果，它反映的是人与自然的关系。生产关系反映的是人与人的关系。生产力和生产关系共同构成了生产方式。马克思最早在《德意志意识形态》中确认了生产力概念的科学内涵和生产力的组成要素，认为生产力是历史发展的根本动力。在《资本论》中，马克思将构成生产力这种客观物质力量的要素归结为人自身的“自然力”、社会劳动的“自然力”、自然界的“自然力”三方面。生产力的基本要素包括劳动者、劳动资料、劳动对象。马克思说，劳动过程的简单要素是：有目的的活动或劳动本身、劳动对象和劳动资料。劳动者是具有一定生产经验、劳动技能和科学知识的从事生产活动的人，是生产力诸要素中最重要、最活跃的因素。劳动资料和劳动对象只有与劳动者的活动相结合才能转变为现实的生产力。

随着现代科学技术的发展，大量繁重的体力劳动将逐步被机器代替。从事生产的劳动者，体力劳动会不断减少，脑力劳动会不断增加。劳动资料中最重要的是生产工具。生产工具是人们在劳动生产过程中对劳动对象进行加工的物或物的综合体。它直接传递人对自然界的作用，标志着生产力的性质和发展水平，也是区分各个经济时代的标志。马克思形象地把它比喻为骨骼系统和肌肉系统，说它更能显示一个社会具有决定意义的特征，认为它是人类社会发展的指示器。各种经济时代的区别，不在于生产什么，而在于怎样生产，用什么劳动资料生产。劳动资料不仅是人类劳动力发展的测量器，而且是劳动借以进行的社会关系的指示器。劳动对象是劳动者在劳动过程中加工的对象，包括自然界的现存物和人类劳动加工过的物质资料。劳动对象和劳动资料合称生产资料，是生产力中物的因素，是社会生产的物质技术基础。马克思说，生产力中也包括科学。科学技术能够运用于生产过程，渗透到生产力基本要素之中而转化为实际生产能力。科学技术的创造与运用会促进劳动者素质、劳动资料、劳动对象的深刻变革，极大地提高社会生产力。

生产力具有历史性，是一个由低级向高级发展的动态过程。依照所使用的生产工具的不同，可以把人类历史上生产力的发展分为若干阶段，包括石器时代、铜器时代、铁器时代、蒸汽时代、电气时代以及电子信息时代等。生产力是社会生产中最活跃最革命的因素，在社会发展过程中一般地表现为主要的决定的作用。生产力的性质决定生产关系的性质。生产力的发展决定生产关系的变革与发展。不同社会形态的依次更替，反映了生产力发展的客观要求。同一社会形态中不同阶段的区分和发展，也是由生产力的发展决定的。生产关系的变更是由生产力的发展引起的，而不是由人们的意志决定的。

社会主义的本质就是要解放生产力和发展生产力。在社会主义本质问题上，邓小平从马克思主义的基点出发，并从功能的角度深度诠释了社会主义的本质，即“解放生产力，发展生产力，消灭剥削，消除两极分化，最终达到共同富裕”。邓小平还指出：“在社会主义国家，一个真正的马克思主义政党在执政以后，一定要致力于发展生产力，并在这个基础上逐步提高人民的生活水平。”

二、什么是新质生产力？

2023 年 9 月 7 日下午，习近平总书记在哈尔滨主持召开新时代推动东北全面振兴座谈会时说，“积极培育新能源、新材料、先进制造、电子信息等战略性新兴产业，积极培育未来产业，加快形成新质生产力，增强发展新动能”。2023 年 9 月 8 日上午，习近平总书记在听取黑龙江省委省政府工作汇报时强调，“整合科技创新资源，引领发展战略性新兴产业和未来产业，加快形成新质生产力”。2023 年 12 月 11 日至 12 日中央经济工作会议指出：以科技创新引领现代化产业体系建设。要以科技创新推动产业创新，特别是以颠覆性技术和前沿技术催生新产业、新模式、新动能，发展新质生产力。

新质生产力是新时代党领导下先进生产力的具体体现。从生产力到新质生产力，体现的是一种生产力的跃迁。随着科学技术的不断进步，科技创新推动生产力发展，孕育先进生产力。新时代以来，科技创新的广度、深度和融合度使生产力的发展水平与先进程度不断提高，逐步形成了涉及领域新、科技含量高、交叉属性强、符合高质量发展要求的新质生产力，实现了生产力的跃迁和质变。

要理解新质生产力，就要从新技术、新要素和新产业三方面来看。首先，新质生产力提出的社会经济背景。进入新时期，人类迎来了新一轮科技革命和产业变革。这是在信息革命基础上孕育兴起的第四次科技革命。以大数据、互联网、云计算、区块链及人工智能等工具体系为代表的生产力，是完全不同于传统的新质生产力，会带来根本不同于以往的新发展。其次，“新”体现了新一轮科技革命的成果，包括新技术、新模式，新产业、新业态，新领域、新赛道，新动能、新优势。科技创新在新质生产力形成过程中发挥主导作用。科技创新能够催生新产业、新模式、新动能，是发展新质生产力的核心要素。必须加强科技创新，特别是原创性、颠覆性科技创新，加快实现高水平科技自立自强，打好关键核心技术攻坚战，使原创性、颠覆性科技创新成果竞相涌现，培育发展新质生产力的新动能。最后，“质”体现了高质量发展的现代产业体系。以创新驱动为引领，逐步摆脱传统的人力和资源能源驱动型增长模式，实现低成本优势向创新优势的转变，创造新产业、培育新动能、形成新优势。加快构建具有智能化、绿色化、融合化特征和符合完整性、先进性、安全性要求的高质量现代化产业体系，包括支柱产业、战略性新兴产业、未来产业。

根据生产力的定义，新质生产力所带来的“新”，具体表现于六个维度：

（1）新质劳动者。劳动者是生产力的能动要素，也是最重要的要素，劳动者的劳动素质和劳动技能直接决定了生产力的发展。新质生产力对劳动者的劳动素质和劳动技能提出了新的要求，不同于传统以简单重复劳动为主的普通技术工人，参与新质生产力的劳动者是能够充分利用现代技术、适应现代高端先进设备、具有知识快速迭代能力的新型人才。当数据成为劳动对象、算法成为劳动工具时，劳动者必然需要具备一定的数字素养，掌握一定的数字技能，能够操作、控制、维护数字技术和设备，成为新时代新质生产力劳动者的标配。

因此，新质生产力的形成，需要打造与新质生产力发展相匹配的新型劳动者队伍。打造新型劳动者队伍，主要包括两方面：一是能够驱动科技创新、创造新质生产力的科技型人才。着力造就拔尖创新人才，培养造就更多战略科学家、一流科技领军人才以及具有国际竞争力的青年科技人才“后备军”。二是能够与时俱进，熟练掌握新质生产资料的应用型人才。针对新质生产力对应的新产业、新业态，培养一批能够熟练应用新质生产资料的应用型人才。

（2）新劳动对象。劳动对象是指人们通过自身劳动进行加工使其成为能够满足社会需要的那部分物质资料。劳动对象是体现了时代的生产力发展水平，不同的生产力水平有不同的劳动对象，劳动对象的质与量也制约着生产力的发展水平。伴随着科技创新的推进，人工智能、生物技术等领域的发展，劳动对象的范围和领域不断扩大。与新质生产力相适应的劳动资料和劳动对象，不仅包括物质形态的高端智能设备，还包括数据等新型生产要素和新劳动对象。

（3）新劳动工具。新时期，劳动对象和劳动资料正在发生深刻变化，掌握和用好新型生产工具是发展新质生产力的重要环节。其中掌握关键核心技术是重中之重，如人工智能、虚拟现实和增强现实设备、自动化制造设备等。新质生产力的形成，需要整合科技创新资源，集聚各方力量进行原创性、引领性科技攻关，打造更多引领新质生产力发展的“硬科技”。加大重要产品和关键核心技术攻关力度，攻克“卡脖子”难题；实施产业基础再造工程，加快补齐基础零部件及元器件、基础软件、基础材料、基础工艺和产业技术基础等瓶颈短板；巩固提升优势产业领先地位，持续增强高铁、新能源、通信设备等高端制造业领域全产业链优势。促进数字经济和实体经济深度融合，纵深推进产业数字化转型，加强人工智能、大数据、物联网、工业互联网等数字技术融合应用，大力推广应用数字化、网络化、智能化生产工具，加快建设数字化车间和智能制造示范工厂。

（4）新型基础设施。新型基础设施以技术创新为驱动，以信息网络为基础设施。它包括5G基站建设、大数据中心、人工智能、工业互联网等信息基础设施；深度应用互联网、大数据、人工智能等技术，支撑传统基础设施转型升级，进而形成的融合基础设施，如智能交通基础设施、智慧能源基础设施等融合基础设施；支撑科学研究、技术开发、产品研制具有公益属性的基础设施，如重大科技基础设施、科教基础设施、产业技术创新基础设施等创新基础设施。新型基础设施的建设为新质生产力的发展提供了有力的支撑和保障，为新质生产力的形成和发展提供了必要的技术和物质条件。新质生产力的形成和发展需要更加高效、智能、绿色的基础设施支撑，这推动了新基建向更高水平、更高质量、更可持续的方向发展。

（5）新的产业体系。战略性新兴产业、未来产业，是构建现代化产业体系的关键，是发展新质生产力的主阵地。战略性新兴产业知识技术密集、物质资源消耗少、成长潜力大、综合效益好，是具有重大引领带动作用的产业，包括新一代信息技术、生物技术、新能源、新材料、高端装备、新能源汽车、绿色环保以及天空海洋产业等。未来产业代表着未来科技和产业发展新方向，是在新一轮科技革命和产业变革中赢得先机的关键所在，是全球创新版图和经济格局变迁中最活跃的力量，是实现创新引领发展的重要抓手。新质生产力将催生新能源、新材料、先进制造、电子信息等一大批战略性新兴产业和类脑智能、量子信息、基因技术、未来网络、深海空天开发等产业，培育形成新的经济增长点，构筑创新引领型发展新优势。

（6）全要素生产率的提升。新质生产力以全要素生产率提升为核心标志。全要素生产率反映了资源配置状况、生产手段的技术水平、生产对象的变化、生产的组织管理水平、劳动者对生产经营活动的积极性，以及经济制度与各种社会因素对生产活动的影响程度，其主要依托于技术进步和生产要素重新组合两种途径实现，这与新质生产力的内涵要义基本一致。即新质生产力强调由技术革命性突破、生产要素创新性配置和产业深度转型升级驱动，其结果直接表现为全要素生产率的提升。

综上所述，新质生产力是由技术革命性突破、生产要素创新性配置、产业深度转型升级而催生的当代先进生产力，它以劳动者、劳动资料、劳动对象及其优化组合的质变为基本内涵，以全要素生产率提升为核心标志。新质生产力是马克思主义生产力理论的创新和发展，其概念是由技术革命性突破、生产要素创新性配置、产业深度转型升级而催生的当代先进生产力。新质生产力的出现，不仅意味着生产力、社会经济层面的变迁，还意味着生产关系、社会制度层面的深刻变革。

第二节 如何发展新质生产力？

加快发展新质生产力，符合高质量发展的要求，有助于实现国民经济良性循环，更好地发挥超大规模市场优势，增强经济增长和社会发展的持续性。加快发展新质生产力是一项长期任务和系统工程。我们要坚持系统观念，坚持以实体经济为根基，以科技创新为核心，以产业升级为方向，着力推动劳动者、劳动资料、劳动对象及其优化组合的跃升和质变。

发展新质生产力，要依托科技、依托创新。科技创新是形成新质生产力的核心要素，尤其是原始创新。我国应从“跟随型”创新转向“引领型”创新，应从集成创新转向原始创新。要实现从概念设计、技术研发到中试，再到产品的“全链条”创新，推动新技术、新工艺、新产品的研发和推广。充分实现科技创新与产业创新的深度融合，为高质量发展注入更为强劲的动力、奠定更为坚实的基础。

数字化转型是新质生产力的引擎，能够为新质生产力的形成和发展提供底层支撑。数字化转型过程中所运用的新技术、新要素，能够提升产业发展效率，是新质生产力的核心动力和形成关键。新质生产力表现为战略性新兴产业和未来产业的发展，其核心是技术创新、管理创新和模式创新。数字化转型通过提升生产效率和优化生产流程实现技术创新，通过提出新型生产战略和创造标准管理方式实现管理创新，通过创新发展模式和打造创新生态实现模式创新。技术创新、管理创新和模式创新，又共同驱动以新材料、新能源、生物技术、先进制造为代表的战略性新兴产业和以机器人、量子信息、人工智能、工业互联网、卫星互联网为代表的未来产业的发展，实现新质生产力的快速发展。

此外，加快发展新质生产力，还需要相配套的人才、教育、体制、产业、市场、分配机制和营商环境等，具体阐述如下。

（1）要打造新型劳动者队伍，包括能够创造新质生产力的战略人才和能够熟练掌握新质生产资料的应用型人才。为此，要畅通教育、科技、人才的良性循环，弘扬科学家精神和企业家精神，营造鼓励大胆创新的良好氛围。发展新质生产力，依靠创新科技，依靠创新人才，归根结底还要依靠创新教育。强化人才培养的家国情怀和创新能力，强化科教协同和产教融合育人，构建由高校、科研机构、企业、科技服务机构等创新主体相互作用的创新生态系统，激发和释放人才活力。

（2）发挥好政府的战略导向作用，让企业成为创新主体，让人才、资金等各类创新要素向企业聚集。新型举国体制，是社会主义市场经济条件下的举国体制，既要发挥好政府的战略导向作用，也要发挥好企业的创新主体作用。健全新型举国体制，抓好关键核心技术攻关，要加快补上工业化基础、深层次积累等方面的差距，不断强化产业链供应链韧性，提高现代化产业体系的安全水平。

（3）支持战略性新兴产业和未来产业发展，激励企业加快数智化转型，实现实体经济与数字经济的深度融合。积极主动适应和引领新一轮科技革命和产业变革，大力发展数字经济，加快发展人工智能，打造生物制造、商业航天、低空经济等若干战略性新兴产业，开辟量子、脑科学等未来产业新赛道，鼓励绿色低碳产业发展。要运用数智技术、绿色技术等先进适用技术为传统产业注入新动能，加快实现转型升级。要根据产业的当下亟须和长远发展需要，部署一批关系全局、影响长远的国家重大科技项目，不断加强应用基础研究和前沿研究，进一步发挥好国家实验室体系等国家战略科技力量的作用。要通过鼓励发展创业投资、股权投资，支持长期资本、耐心资本更多地投向科技创新。2024 年的《政府工作报告》提出，大力推进现代化产业体系建设，加快发展新质生产力。习近平主席在参加江苏代表团审议时强调，要牢牢把握高质量发展这个首要任务，因地制宜发展新质生产力。

（4）加快建设全国统一大市场，持续优化民营企业发展环境，发挥超大规模市场的应用场景丰富和创新收益放大的独特优势。推动产业组织和产业形态变革调整，不断提升生产要素组合效率，提高全要素生产率。要做大做强一批产业关联度大、国际竞争力强的龙头骨干企业和具有产业链控制力的生态主导型企业，培育一批专精特新“小巨人”企业和“单项冠军”企业，鼓励龙头骨干企业发挥好产业链融通带动作用，实现大中小企业融通发展。依托生产要素的自由流动、协同共享和高效利用，推动生产组织方式向平台化、网络化和生态化转型，打造广泛参与、资源共享、精准匹配、紧密协作的产业生态圈，加速全产业链供应链的价值协同和价值共创。

（5）健全要素参与收入分配机制，激发劳动、知识、技术、管理、数据和资本等生产要素活力，更好地体现知识、技术、人力资本导向。健全要素参与收入分配机制是深化收入分配制度改革的重要方向。通过完善市场机制、实行差异化税收政策、加强知识产权保护、建立健全激励机制等措施，可以激发各类生产要素的活力，推动经济的高质量发展。同时，也需要关注数据等新兴生产要素在收入分配中的作用和机制，积极探索和创新适合其特点的分配方式和制度。展望未来，随着经济的不断发展和科技的不断进步，要素参与收入分配机制将不断完善和优化，为经济的高质量发展提供有力支撑。

（6）扩大高水平对外开放，不断改善营商环境，加强知识产权保护，形成具有全球竞争力的开放创新生态，与全球企业和人才共享中国的发展红利。优化数字营商环境，有利于激发市场主体活力，释放数字经济潜力，而法治在经济社会发展中始终发挥着固根本、稳预期、利长远之基本功能和重要使命。习近平总书记指出，法治是最好的营商环境，要把平等保护贯彻到立法、执法、司法、守法等各个环节，依法平等保护各类市场主体产权和合法权益。在营商环境建设过程中，法治的保障必不可少，这一保障体现在产权保障、市场准入、公平竞争、社会信用等方方面面。

2020 年 11 月，习近平主席在亚太经合组织第二十七次领导人非正式会议上发表重要讲话，首次提出了“数字营商环境”，强调“倡导优化数字营商环境，激发市场主体活力，释放数字经济潜力，为亚太经济复苏注入新动力”。

2020年施行的《优化营商环境条例》对政务信息系统整合、政务数据共享、运用数据加强监管等方面加以规定，重点关注利用数字技术优化政务服务。

进入新时代，新一轮科技革命和产业变革与我国加快转变经济发展方式形成历史性交会。唯有完整、准确、全面贯彻新发展理念，打破依靠传统要素驱动经济增长的路径依赖，才能真正形成新质生产力，走出一条高质量发展新路。

第三节　数商模型赋能新质生产力

新质生产力的核心要素是科技创新，通过加强科技创新，特别是原创性、颠覆性科技创新，以催生新产业、新模式、新动能。新质生产力表现为战略性新兴产业和未来产业的发展。其核心是技术创新、管理创新和模式创新。数商模型作为一种新的模式，正是在新质生产力发展的背景下提出的。它符合新质生产力的基本特征和相关要求，成为新质生产力的代表。数商模型的提出和广泛应用，能够赋能新质生产力。

（1）数商模型实现了模式创新。数商模型打造的是基于互联网和移动互联网的新型营销体系和销售模式。个人及其家庭通过手机端的App注册即可链接到数商生态，在数商生态上有着高品质的商品。消费者只要在数商App上注册，即可成为数商并参与生态内数字化商品的营销。数商营销体系可以快速帮企业将商品销售出去，解决了企业卖货难的难题。消费者作为数商参与商品的经营过程，也能够参与商品价值分配和获得相应的收入。根据数商模型的设计，数商可以获得绿色消费积分。绿色消费积分是数商参与价值分配的凭证，它可以直接到结算中心结算成现金收入，也可以用来在生态内购物或者兑换企业的股权、股票等获得长期的资本收益。数商模型联合云仓供应链和现代物流体系，打造了数字化产品营销的创新生态，实现了商业模式的创新。

（2）数商模型是对数据要素这一新的生产要素的应用。数据作为新的生产要素，成为新质生产力的关键要素。数商模型构建的正是将数据作为生产要素的生产关系。在数商模型中，数据作为生产要素和劳动对象发挥着重要的作用。数商作为数据提供商，将数据作为主要的劳动对象，通过参与商品的数字化营销和日常的消费行为，为数商生态创造了大量的消费数据，这些数据成为数商参与价值分配的重要依据。数商模型打造了以“数据贡献”作为价值分配的模型，推动了数据要素的应用，健全要素参与收入分配机制。

（3）数商模型推动了商业领域数字化和智能化发展。新质生产力以科技创新作为核心要素，科学技术推动了生产力的跃升，进入新质生产力发展阶段。新质生产力以数字化、网络化、智能化等新技术为支撑。数商模型对区块链、云计算、大数据、人工智能和5G等新技术的应用，带来新型基础设施快速发展，促进相关的网络技术、云计算、大数据和人工智能等信息技术与应用不断成熟，消费应用场景不断拓展，推动了商业领域的数字化和智能化发展，进而推动产业深度转型升级，促进新质生产力的形成和发展。

（4）数商模型提高要素协同效应，提升产业发展效率。新质生产力由技术革命性突破、生产要素创新性配置、产业深度转型升级而催生，体现了生产力的现代化和高质量发展要求。数商模型又以全新的数字化、系统化思维引导实体经济产业链的解构与重构过程，通过实体经济数字化、智能化、网络化变革，激活市场主体，带来产出增长和效率提升。数商模型汇集多种市场交易主体，收集行业主体、产品生产、物流、售后等海量信息，促使各类市场主体直接沟通、寻找合作伙伴，将分布在全国的市场主体与企业内部各环节连接起来，提高行业运行效率，降低交易成本。各产业利用数商模型，打通生产、交换、销售等经济循环过程中关键环节的堵点，使信息、物流流通更加顺畅，提升产业链供应链效率，提升产业的发展效率。

（5）数商模型推动了企业的高质量发展。新质生产力的“质”，体现在高效能、高效率、高质量，着力于高质量发展。数商模型有助于解决企业销售难的困境，使企业能够专注于产品和技术创新，推动企业的高质量发展。数商生态形成将数商数据形成公共的数据资产池，使得数据要素贯通于供需两端，可推动大规模生产实现向定制化生产的转变，从而更好地促进生产供需两端的动态平衡，实现生产流程的优化，使生产计划更有针对性，降低了生产端无序生产所带来的资源浪费，高效地利用了生产资源。

第十二章 数商是实现共同富裕的路径

商品承载社会财富分配的价值和使命，在商品经济环境下，人们通过参与商品流通的各个环节，参与社会财富分配，从而获得财富。但对消费者来说，他们的每一笔消费，都是工厂、代理商、批发商、零售商等参与商品流通环节这部分群体的分配，消费者没有参与自身消费的分配。数商模型则为消费者提供了参与财富分配的机会。数商模型将消费者和经营者、投资者合为一体，消费者作为数商取代了传统销售渠道的代理商、批发商和零售商，并分享了在传统商品流通过程中总代理、批发商、零售商等角色所获得的这部分商品价值。更为重要的是，数商模型使消费者得到企业股权、上市企业股份的分红收益，使消费者享有更多的收益分配权，为实现共同富裕提供了可参考的路径。

第一节　关于共同富裕

习近平总书记强调："共同富裕是社会主义的本质要求，是人民群众的共同期盼。我们推动经济社会发展，归根结底是要实现全体人民共同富裕。"

一、共同富裕的本质

马克思和恩格斯在《德意志意识形态》中指出，人们所达到的生产力的总和决定着社会状况，没有生产力的发达就无法实现社会富裕。在未来社会，生产将以所有人的富裕为目的，真正的财富就是所有个人的发达的生产力。共同富裕的实现需要建立在发达的生产力基础之上，生产劳动是实现共同富裕的必要手段。

社会主义的本质，是解放生产力，发展生产力，消灭剥削，消除两极分化，最终达到共同富裕。我们党自建立新中国以来，一直在努力探索实现共同富裕的路径。党和国家始终将共同富裕放在重要的位置上，党的十九届五中全会对扎实推动共同富裕做出重大战略部署；"十四五"规划《纲要》在2035年远景目标中提出"人的全面发展、全体人民共同富裕要取得更为明显的实质性进展"；党的二十大报告把实现全体人民共同富裕摆在更加重要的位置，将其作为中国式现代化五大特征和本质要求之一，并把逐步实现全体人民共同富裕写入党章。

那么，什么是共同富裕？如何实现共同富裕呢？这是一个值得认真思考和研究的内容。全国各地、各行各业和每个人的基础不一、条件不一、禀赋不一，不可能所有人同时同步同等富裕。从其本质来看，共同富裕是一个全体人民共同劳动创造财富和共同分享财富的过程。这里有两个关键的环节：一个是全体人民共同劳动创造财富；另一个是全体人民共同分享财富。

首先是全体人民共同劳动创造财富。创造财富是共同富裕的基础，只有社会生产力的进步和创造了大量的财富，才能够满足人民群体的生活所需。财富的创造也并非个人的力量或者一部分人的力量所能实现的，这里需要调动全体人民共同劳动、共同创造。

从这句话中，可以看出很关键的两点，一个是对全体人民的强调。全体人民指的是我们每一个人，大家作为个体是渺小的，但整个社会就是由无数渺小的个体组成。社会财富的创造需要每个人的努力，每个人都能够参与劳动、参与创造。无论在什么样的岗位上、从事着什么样的职业，我们每个人都是在为社会创造财富贡献力量。社会财富的创造，离不开我们每个人的努力。另外一点是共同劳动创造财富。这里强调了共同劳动。共同劳动并不是时间上的概念，而是时间和空间非并行结合的概念。比如，有些人白天上班，夜间休息。有些人白天休息，晚上工作，他们仍属于共同劳动。共同劳动是指在社会财富的创造过程中，每个人都有所参与，无论你参与哪个环节、哪个时间段，都属于社会财富创造的过程中的一部分。

我们研究就业，是因为就业正是每个人参与劳动的具体体现，关系到全体人民是否能够共同劳动、共同创造财富。随着社会经济的发展和产业结构的变化，一些人会失去原有的工作，是否有新的工作给他们，决定了他们是否还能够继续参与劳动、参与社会财富的创造。我们要研究共同富裕，就要研究共同劳动、共同创造社会财富，妥善解决人们的就业问题，才能使人们有机会参与社会财富的创造。只有充分发挥全体人民的积极性、主动性、创造性，才能源源不断地创造出社会财富。

其次是全体人民共同分享财富。财富的分配环节，是实现共同富裕的关键环节。财富被创造出来以后，是否能够实现共同富裕，还有很关键的一步，就是要看全体人民是否能够共同分享社会财富。社会财富的分配问题，最终决定了我们是共同富裕，还是少部分人的超级富裕。历史证明，社会上普遍存在着分配不公、两极分化和贫富悬殊，这样的社会无论创造多大的社会财富，都无法实现共同富裕。这是因为财富不能公平分配。对劳动人民来说，他们参与了社会财富的创造，但因为无法公平地参与分配，甚至食不果腹，每天在吃饱和穿暖的边缘挣扎。这样的社会无论怎么发达，都是无法实现共同富裕的。

要实现共同富裕，就要建立全体人民共同分享财富的机制。共同分享财富并不是将社会财富平均分给每个人。实行平均化的分配，就等于忽视了每个人在创造财富时所做努力和贡献有所不同。这就会导致另一种不公平，即无论大家付出的努力多少和创造多大的财富，都能分配到相同的财富。这就出现了付出和回报的不对等，实际上也是一种分配的不公平。同时，这种模式还容易养“懒汉”。因为无论努力付出或者不努力付出，大家得到的结果都一样，人们自然会选择不努力付出。因此，为了鼓励努力劳动创造更大的社会财富，就必然要给予不同的奖赏。这种差异化奖赏并不会影响共同富裕，因为机会对于每个人都是平等的，只要自己肯努力，创造出更大的社会财富，自然就会获得相应的奖励和财富分配。

二、如何实现共同富裕?

实现共同富裕是一个不断探索的过程。习近平总书记指出：“我们要实现14亿人共同富裕，必须脚踏实地、久久为功，不是所有人都同时富裕，也不是所有地区同时达到一个富裕水准，不同人群不仅实现富裕的程度有高有低，时间上也会有先有后，不同地区富裕程度还会存在一定差异，不可能齐头并进。这是一个在动态中向前发展的过程，要持续推动，不断取得成效。”

全体人民是创造财富的主体，每个人的素质、技能对推进共同富裕实践具有基础性作用和意义。要实现共同富裕，就要致力于增强每个人的致富动能，充分尊重、调动和发挥每个人创造财富的积极性、主动性、创造性。深入改革阻碍人们创业创新积极性的体制机制，积极畅通通过努力向上流动的通道，增强就业创业的公平性、普惠性，给更多人创造致富的机会，形成人人参与创造社会财富的良好发展环境。只有充分发挥全体人民的积极性、主动性、创造性，才能源源不断地创造出社会财富。

共同富裕需要建立让人们参与分享财富的机会，根据天赋和后天努力的程度，合理评估其为社会财富的创造做出的贡献，并根据贡献值参与社会财富的分配。每个人只要有足够的努力，只要参与了社会财富的创造，就可以根据贡献的大小，获得相应的社会财富。人人都拥有这样的机会，我们的社会才能够最终实现共同富裕。

第二节　数商模型对实现共同富裕的贡献

一、创造共同参与的就业机会

数商模型在引领共同富裕的探索过程中，首先要解决的问题就是让人们共同参与财富的创造。为此，就要让人们有就业的机会。然而，在技术进步和智能化应用带来失业的背景下，传统的工作岗位消失了，在传统岗位上工作的人自然就失去了工作。这就需要有新的工作岗位，来解决这部分人的就业问题。

数商模型为社会各阶层提供数字化的就业岗位。在传统的商品流通过程中，存在着代理商、批发商和零售商等职业，解决了很多人的就业问题。比如，有能力和资金的人，可以申请成为代理商，代理某个厂家的某款商品。各个地方的批发市场有大量的批发商，他们从代理商那里拿货再销售给零售商。零售商一般是大型超市或者是个体商家，他们分散在城市的各处，为周边的人群提供商品的销售。代理商、批发商和零售商构成了商品流通的销售渠道，他们是商业活动的重要组成部分，解决了一大批人的就业问题。

随着互联网和移动互联网的发展，改变了人们传统的购物方式。由于网络购物的便捷性，人们开始从线上购物，平台经济出现了。平台经济取代了传统商品流通模式，商品通过电商平台在网上进行展示和销售，通过物流配送直接到消费者手中，因此传统的代理商、批发商和零售商逐渐消失了。这也意味着传统商品流通环节中的就业者被挤出了商品流通环节。传统的实体店铺开始关闭，被雇用人员失业。

这种现象是时代发展的必然。电商的发展虽然对实体商业产生很大的冲击，但适应了时代的发展。它比过去的销售方式更便捷，更能满足消费者的需要。因此，我们也无法要求再回到传统的购物时代。人们已经开始习惯通过互联网来购物和消费。中国互联网络信息中心（CNNIC）在京发布第52次《中国互联网络发展状况统计报告》称，截至2023年6月，我国网络购物用户规模达8.84亿人，占网民整体的82.0%。可见，通过网络购物已经是家常便饭了。

在这种情况下，如何解决就业问题呢？数商模型给我们提供了新的思路，即让消费者参与商品的流通环节，实现消费即销售过程，让消费者也成为经营者，成为数商生态中的代理商、批发商和经销商，取代传统商业中的代理商、批发商和经销商。这就从消费端为人们提供了一个就业的机会。这个机会适用于每一个人，只要愿意参与，即可成为数商生态中的一个角色，可以参与商品的流通环节，并获得相应的经营性收入。

要实现共同富裕，就要有让人们参与财富创造的机会。数商模型为消费者提供的就业机会适合每一个人。首先，人人都需要消费。每个人都可以下载数商App，注册成为消费会员。消费者完成注册后，即可拥有家庭店铺，日常家庭各类消费就会进入家庭店铺的销售收入，从而给到消费者一笔零售商收入。在这个环节中，对消费者没有任何约束条件，任何人都可以下载和注册数商App，都可以免费拥有家庭店铺。这就相当于给予这个人一个就业的机会。消费者在拥有家庭店铺后，就拥有了零售商的收入。若消费者想拥有更多的收入，还可以帮助其他人开设家庭店铺，这时消费者就成为批发商，拥有了批发商的收入。在这个环节中，消费者只需要付出劳动即可获得相应的收入。这里，没有其他约束条件，这就意味着只要个人愿意付出劳动，即可获得这份职业和相应的收入。

数商模型创造的就业机会适合于我们每个人。下载数商App，就有机会成为数商，获得兼具消费者、经营者和投资者三种身份的收入回报。数商模型提供的就业岗位适应于不同类型的人群，既可以是其唯一的工作，也可以成为第二、第三职业。数商生态根据每个人参与的程度和为数商生态做出的贡献进行记录，并参与数商生态的价值分配。

二、实现共享红利的财富分配

社会财富的分配是个复杂的过程，我国的国民收入形成以初次分配和再分配制度为主，三次分配为补充的收入分配格局。初次分配是根据土地、资本、劳动力、数据等各种生产要素在生产过程中的贡献进行分配，市场在生产要素配置中发挥决定性作用。根据各种生产要素的边际贡献决定的要素价格来进行要素报酬分配，是我国社会主义市场经济初次分配的基本原则。再分配，又被称为二次分配，是指政府在初次分配的基础上通过税收和政府非税收入，然后在各收入主体之间以现金或实物进行的再次分配过程。社会保障是通过国民收入再分配而形成的一种分配关系。“三次分配”（第三次分配）这个概念是 20 世纪 90 年代由著名经济学家厉以宁先生提出的，主要是企业、社会组织、家族、家庭和个人等基于自愿原则和道德准则，以募集、捐赠、资助、义工等慈善、公益方式对所属资源和财富进行分配。

从三次分配的定义来看，数商模型属于初次分配的范畴，数商模型提出的财富分配方式是对初次分配的创新。初次分配是指国民总收入直接与生产要素相联系的分配。初次分配注重效率，是按贡献分配。该贡献包括对创造利润有益的各种因素，如资金、技术、管理、生产资料、劳动力、信息、市场、营销等。数商模型基于数据要素在流通过程中的贡献进行分配。数据被作为一种重要的生产要素提出之后，以数据要素的贡献参与社会财富的分配成为一种趋势。数商模型构建的正是基于在商品流通过程中，数据贡献所创造的社会财富机制和依数据贡献参与社会财富分配机制的研究。

数据贡献所创造的社会财富机制研究。消费者在互联网上的所有行为都会被网络进行记录和存储，这些行为都将转化为数据资源，在商品流通过程中发挥作用。消费者拥有“数商”的身份，体现了消费者对数据贡献的作用。数商即数据提供商，是活跃在数商生态互联网系统上的网络节点。根据数商身份的不同，形成了零售商、批发商和代理商的角色。但无论是哪种角色，数商均以网络节点的形式出现，通过这些网络节点联结成一个网状的网络销售体系，即数商生态网络。每个网络节点之间都是平等的关系，他们分散在城市的各处，通过互联网成为数商生态网络的某个节点。他们通过在手机端的操作，将自己和家人的数据信息录入网络系统。网络系统会归集各个网络节点录入的数据信息，并将这些信息汇总形成庞大的公共数字资产。公共数字资产在整个数商生态中发挥资源配置作用，参与数商生态的财富创造过程。每个网络节点录入的数据信息各有不同，我们通过绿色消费积分来记录各自的数据贡献值。绿色消费积分就是数据贡献值的记录凭证，也是数商参与财富分配的依据。

数据贡献参与社会财富分配的机制研究。数商模型构建的根本目的是建立起基于数据要素的收入分配模型，从而让每个人都拥有参与社会财富分配的机会。依据数据贡献参与社会财富分配的机制是数商模型的最重要的内容。绿色消费积分记录了每个人在数商生态中所提供的数据贡献值，进而参与社会财富的分配。一方面是参与商品的经营收入分配；另一方面是参与供应端企业的资本收益分配。

三、促进社会经济的繁荣发展

数商模型作为通证经济的重要应用，它从生产和消费两个角度共同促进了社会经济的繁荣发展。数商模型打造的数商生态，将为企业提供网络化销售渠道，解决企业卖货难的问题，促进社会生产。数商模型有助于解决人们的就业问题，使人们可以参与商品的销售并获得一份收入，为维持其消费能力注入了内生动力。

（一）数商模型促进了生产

当前困扰生产型企业发展的主要难题，不在于如何提高商品的生产效率，而是如何将产品销售出去。因为只有将产品销售出去，企业才能收回投入的成本，进行新再生产。若产品无法销售，形成库存积压，企业则无法收回投入的成本，必然影响企业的再生产能力。

数商模型可以促进生产。这是因为数商模型打造的网络销售系统，正是为企业提供了产品的网络销售渠道和营销生态。在数商生态中，有不计其数的消费者群体。他们有着巨大的消费潜力，只要有好的商品上架到数商生态，生态系统就可以瞬间将商品信息推送到消费者的手机端，被消费者获知并形成购买订单。这套数商生态系统打通了企业和消费者之间的数字化网络销售渠道，可以形成便捷的销售模式，从而解决了企业产品销售的难题。

企业产品销售的难题解决了，减轻了企业产品销售的压力，并可以快速收回企业投入的资金，开启新一轮的再生产过程。企业销售难题解决了，就会更加专注于生产。企业可以投入更多的资金和精力来研发新产品，提高产品的质量，进而可以获得更多消费者的青睐。所以，数商模型在促进生产方面，可以帮助生产企业形成良性循环，即“产品销售好—投入研发—生产更好的商品—产品销售好—投入研发—生产更好的商品”。这对于提高生产企业的生产水平和研发创新能力，将起到积极的作用。

（二）数商模型促进了消费

数商模型促进了消费。数商模型从销售和收入两方面为消费者提供了便捷性，同时也促进了消费者的消费。

从收入方面来看，数商模型为数商生态内的消费者提供了就业机会和收入来源。消费者为数商生态提供了数据要素资源，参与了数商生态总体价值分配，获得了集消费者、经营者和投资者三个身份的收入。传统商业生态中，消费者作为纯粹的消费者，在生态中是单纯的消费类型。这对消费者来说是不利的。消费者把辛苦赚来的钱，在生态中消费掉了，也就减少了可支配收入，减弱了消费能力。而在新的商业生态中，消费者不再是纯粹的消费者，消费者还是经营者和投资者。这三个身份的结合，使得消费者在生态中消费的同时，还可以获得经营性收入和投资收入。也就是说，消费者不仅在这里花钱，同时也在这里赚钱。消费者因花钱而降低了未来的消费能力，但由于在花钱的同时还能够赚钱，也就意味着未来的消费能力增强了。在数商模型中，消费者可以获得经营性收入和投资收入，提高了消费能力。对消费者而言，他们购买优质的商品，花出去的钱越多，获得的收入回报就越大。因此，他们可以放心购买自己喜爱的产品，而不会过于在意产品的价格。

从销售的方面来看，数商模型为消费者提供了更加便捷和可信赖的购物环境。数商模型基于先进的互联网技术、云计算、大数据和区块链技术，可以将商品的信息数字化并快速地分发到消费者的手机端。消费者能够快速地获知商品的信息，通过精细化的计算，系统给消费者推送的信息是符合消费者购物习惯和消费能力的商品，避免了消费者在购物选择时浪费时间成本。这在一定程度上提高了消费的有效性。数商生态中的商品都是经过系统认证的商品，商品的生产信息都将通过数字化展示给消费者，使消费者能够透明地了解所要购买的产品情况。商品的质量得到保障，给消费者提供了可信赖的购物环境。相对于商家通过传统电商销售假货或劣质商品，欺骗消费者的行径，数商生态为消费者呈现了真实的商品信息和商品的生产过程，从而取得消费者的信赖，使消费者可以放心消费，从而调动了消费的积极性。

第三节　数商模型引领共同富裕的探索

“打工型”收入很难实现富裕，建立“分配型”收入方式，才能实现富裕。通证经济的本质是改变生产关系，改变财富的分配方式，共同参与，共享红利的经济形态。对普通百姓来说，有机会参与家庭所有消费品的价值分配，才能实现富裕。数商模型的核心内容就是让消费者成为消费经营者，做商品流通过程中总代理、批发商、零售商的角色，分享总代理、批发商、零售商的这部分商品价值，从而实现参与社会财富分配的目的，推进共同富裕。

在传统的生产方式下，是很难实现共同富裕的，尤其是基于“打工型”的收入方式更是无法实现共同富裕。探索建立“分配型”的收入方式，才有可能实现共同富裕。

那么这两种收入方式有什么不同呢？接下来，我们对这两种收入方式进行对比分析，辨识其优劣情况。

一、“打工型”的收入方式

首先，“打工型”的收入方式是建立在企业雇佣劳动的基础之上，企业向员工支付工资。“打工型”收取方式的前提是企业拥有货币资本和生产资料，员工没有生产资料而拥有劳动力，于是企业和员工之间形成了雇佣劳动，员工向企业付出劳动并获得劳动报酬。这种收入方式是一种信息和关系不对等的分配方式。

信息不对等体现在员工只了解自己的工作内容，但并不清楚自己的工作为企业创造财富所做出的贡献到底是多少。企业支付给员工的工资大部分以事先约定好的方式进行支付。按照《中华人民共和国劳动法》的规定，企业雇用员工建立起劳动关系，必须签订劳动合同，明确劳动者与用人单位确立劳动关系、明确双方权利和义务。劳动合同应当以书面形式订立，并具备以下条款：（一）劳动合同期限；（二）工作内容；（三）劳动保护和劳动条件；（四）劳动报酬；（五）劳动纪律；（六）劳动合同终止的条件；（七）违反劳动合同的责任。“打工型”的收入是在企业和员工签署劳动合同、建立劳动关系的时候，就要在合同里明确约定的劳动报酬。这也意味着这个劳动报酬是以约定的方式出现的。随着人力资源管理制度的不断完善，薪酬管理也变得多元化，如同员工的业绩和企业效益挂钩等。但整体而言，员工在很大程度上还是根据企业制定的工资标准领取工资，而不是根据劳动的贡献值领取工资。这也就意味着，员工为企业创造了更多的利润，也只能按照约定的工资领取报酬。员工为企业创造的利润较少，也可以按照约定的工资领取报酬。在这种相对僵化的机制下，企业和员工之间经常出现劳动纠纷。约定的工资报酬和员工实际创造价值不一致的时候，企业和员工之间就会发生矛盾冲突。

其次，“打工型”的收入方式体现了关系的不对等。企业老板和员工之间是管理和被管理的关系，员工处于被动的状态。员工为企业创造了利润，但企业的利润由老板来进行分配。员工不能参与企业利润的分配，只是按照约定获得报酬。“打工型”收入方式是将工资计入企业成本，是在计算利润之前的扣除项。也就是说，员工工资并不在利润分配的计算项之内，是不被考虑参与利润分配的。企业老板作为出资人，拥有绝对的利润收益。在这种企业制度和财务模式下，“打工型”员工是无法参与企业利润分配的。他们和老板在话语权和利润分配权方面是完全不对等的关系。

基于以上分析，我们可以看到“打工型”收入方式，只能保障员工的部分权益。这在一定程度上固化了他们的收入，很难获得发财的机会。

二、“分配型”的收入方式

“分配型”的收入方式是一种完全不同的收入分配机制。“分配型”收入方式强调的不是劳动关系，而是价值贡献。在数商生态中，每个人都被看作独立的网络节点，可以根据自己的贡献，参与分配。

“分配型”的收入方式，是依据每个人参与利润创造的贡献，参与分配的机制。这种分配机制强调的“价值贡献”，意味着大家都可以按照价值贡献的大小参与财富分配。价值贡献大的可以获得较多的分配，价值贡献小的获得相对少的财富分配。财富分配的机会对于每个人都是平等的，但财富分配的多少则取决于贡献程度。这种分配制度采用的是多贡献多得、少贡献少得的原则。因此，它可以调动人们工作的积极性，通过多工作、多付出而获得更多的财富分配。

“分配型”收入方式不再受单个企业的决策支配，而是由数商生态制定统一的分配规则，所有加入数商生态的企业都将按照这个统一的规则执行分配。这种分配制度一旦确立，会通过互联网进行录入和保存。基于区块链技术的不可篡改性，分配规则一旦确立，就不会受人为因素的影响，也不会受到单个企业的影响。它是数商生态中统一的规则，对于数商生态中每个人都是公平的，没有职务等级划分和权力划分。每个人都可以根据为数商生态的贡献，按照数商生态中财富分配的规则，获得自己应得的报酬。

每个人的贡献被互联网记录和保存，是不可篡改的。因此，对每个人而言，这种分配制度都是公平的。人人都可以放心地参与数商生态的建设，参与数商生态的财富创造，同时也参与数商生态的财富分配。只要肯付出、肯努力，做出更多的价值贡献，就能获得更多的财富分配。

三、引领共同富裕的探索

正如本章的开篇所述，共同富裕是全体人民共同劳动创造财富和共同分享财富的过程。这里有两个关键环节，即共同劳动创造财富和共同分享财富。“打工型”收入方式实现了共同劳动创造财富，却没有实现共同分享财富。数商模型打造的“分配型”收入方式探索实现了共同劳动创财富，同时共同分享财富。因此，我们说数商模型引领了共同富裕的探索。

数商模型提供了一个人人都可以参与创造财富的就业机会。数商是一个人人都可以拥有的身份。传统的工作岗位是有限的，无论是企业还是事业单位，每个工作岗位都是事先设定好的，而且数量是有限的。数商没有人数的限制，在数商生态内，每个消费者都是数商。消费者越多，数商的数量就越多，公共数字资产就越多，可以承载的供应端的企业和产品也越多。因此，数商提供的就业岗位远远超过了传统企业所能提供的工作岗位。数商可以为每个家庭提供就业的机会。

参与门槛低，大多数普通个人都可参与。每个数商创业者只要家庭成员在自己的数字店铺消费，就享有数字零售商的收入，也就参与了商品流通利润的分配。由于数商经营的是数字化的商品，所以在达成销售交易之前不需要采购实物商品，这同传统实体店铺和其他网络店铺相比就大大节省了开店的成本，降低了创业的风险。数商开设数字商铺，主要是将数字化的商品信息陈列在互联网上的虚拟店铺中，通过互联网工具向消费者进行信息的传递和数字商品的展示。

不需要刻意去推销，只需要通过互联网工具同其他人进行分享即开发市场。其他人在手机上下载数商 App，生成自己的数字店铺，即可成为虚拟的批发关系，享有数字批发商收入；同理，其他人若愿意去开发市场，同另外一群人形成新的虚拟批发关系，此时您就同另外一群人形成了虚拟代理的关系，享有数字代理商收入。在这个过程中，每个人都是互联网销售网络链条上的某个节点，各个节点在互联网上链接起来就形成了庞大的数商网络销售体系。每个人通过信息的传递，就实现了数字化商品的营销，在达成交易后通过物流配送实现实物从厂家到终端消费者的配送。

数商模型实现了消费者、经营者和投资者三者身份合一，使每个人都将拥有经营性收入和投资性收入，从而实现了财富在更大范围和更大程度上的分配。按照三个角色集一身的数商，其在参与消费领域分配所得可达 62 万元 / 年，已达到了中上水平的收入档（据国家统计局数据，2022 年居民人均收入最高的上海市为 79610 元，按一户家庭三口有收入人口计算，年收入为 238830 元）。

传统的电商只解决供应端的生产企业和经营者的收入问题，但对于消费端的消费者则无法参与进来，也无法参与财富的分配。但数商模型打破了这一局面，它为消费者开通了参与经营和投资的机会，让消费者成为零售商、代理商和批发商，同时还允许他们通过绿色消费积分兑换上市公司股票，从而获得利息分红等资本收益。这一举措在很大程度上改变了传统电商的利润和财富分配方式，使更多人能够参与进来获得财富的分配，引领人们探索共同富裕之路。

第四节　数商的未来式

数商模型在商业领域的广泛应用，将给人们的工作、生活和养老带来巨大的变化。数商模型为更多人提供了灵活的、弹性制的就业机会，人们在手机端下载数商 App 就可以成为数商。数商搭建的数字化网络系统，使人们只要参与数据网络节点建设即可根据自身的贡献值参与收入分配，数商可以灵活地、自主地选择工作的具体时间，以代替统一、固定的上下班时间，属于弹性工作制度。数商模型将家庭的消费转变为数字资产，家庭日常的消费能够为家庭带来持续性收入。持续性家庭收入，有助于提高家庭成员的消费能力，有助于人们过上高品质的生活。数字资产和股票在未来有望成为每个家庭的标配，成为家庭收入中长期持续性的收入来源，这对于解决未来的养老问题也有着重要的意义。

一、数商的工作方式

随着社会经济的发展和互联网带来就业机会的变化，灵活就业成为重要的发展趋势。东北师范大学就业创业教育研究院教授、全国高校就业创业指导教师培训特聘专家李亚员说："灵活就业是新的就业趋势和就业渠道，相对于那些长期稳定的就业，灵活就业的人可以随时做、也可以随时走，对企业来说用谁、如何用、用多久也都比较灵活。"长期稳定的就业，虽然可以使人们获得固定薪水、稳定的雇佣状态和相对完善的福利待遇，但存在就业人群数量有限，大多数人无法获得这样的机会。同时，雇佣制的劳动方式，规定了固定的劳动时间和工作地点，具有较强的约束性。

数商模型提供的就业机会，就业机制相对灵活，工作方式也是弹性制。首先，数商模型提供的就业机会，不限制参与人数。数商生态是基于互联网的网络销售渠道，越多的人参与，其销售网络就会越加庞大、销售渠道越加通畅、销售能力越加强大。所以，数商模型的用人机制相对灵活，可提供的就业岗位容量也非常大。其次，数商模型不限制参与人的身份和参与方式。任何家庭及其成员都有可能成为数商模型的参与者。任何一个家庭都需要进行消费，具有一定的消费能力，通过下载数商 App 即可参与对数商生态的贡献，拥有数商的身份。参与者可以是全职参与，也可以是兼职参与，无论是哪一种参与方式，都不会对参与人的工作方式进行限制。在工作时间上，数商可以自由安排工作时间段和时长，上午、下午或者晚间工作均可。在工作地点上也没有限制，无须到固定办公场地进行工作。数商可以选择在家里或者外出，只需在有网络的地方即可通过数商 App 进行工作。数商 App 会详细记录数商的工作内容并核定其贡献值，最终通过贡献值进行价值的分配。

数商模型提供的是一种“分配型”的工作机制，不同于传统雇佣关系下的“打工型”工作机制。雇佣制下的“打工型”工作机制，企业和员工之间是雇佣和被雇佣的关系，也是管理和被管理的关系。企业需要制定各种管理制度来对员工进行激励和约束，既鼓励员工积极地为企业工作，也对员工的行为进行各种约束和限制，甚至对员工行为进行处罚等。这种管理和被管理的关系，容易导致劳资之间的矛盾和冲突，各种劳动纠纷案件层出不穷。数商模型中的就业不以雇佣制为基础，是一种灵活自由的就业机制。这里没有老板，也没有员工，数商在生态系统中开启工作，系统通过互联网技术自动录入数商提供的数据，自动计算出数商贡献数据的价值，配送给相应的绿色消费积分。这一系列的劳动、数据处理和价值评估，都有互联网系统进行自动处理，没有人为干扰因素。系统平台只要能正常运行，数商的工作内容便会被系统自动地记录和计算处理。

数商可以自由安排时间，在手机端进行操作，便可完成每天的工作量。数商的工作时间灵活、处理工作高效，节省了上班途中的通勤时间。数商每天处理自家店铺和相关联家庭店铺的销售信息即可，完成工作后，有大量的时间进行休息或者做其他的事情。因此，数商可以是家庭主妇，可以是退休老人，可以是想兼职的在职人员，就业人群覆盖面较广。

数商模型中对数商的财富分配方式，是基于“分配制”的价值分配体系。每个人获得财富的多少，主要和自己贡献的价值相关。因此，人们是在一种自发的状态下进行工作，无须接受他人的监督和管理。为分配到更多的财富，人们愿意付出更多的时间和精力来参与生态的财富创造。数商模型提供了一种放松和舒适的工作氛围，减少了人际关系冲突。

二、数商的生活方式

数商模型提供了灵活的、弹性的工作方式，不仅改变了人们的工作方式，同时也对人们的生活方式产生很重要的影响。在灵活的就业机制下，人们可以安排更多的时间用来维持夫妻感情、重视家庭教育和投入运动健身等，这些有助于人们拥有更加幸福的家庭生活和健康的身心。数商模型的“分配型”工作机制，可以扩充家庭收入来源，增加居民的收入。

民政部官网公布的《2023 年 4 季度民政统计数据》显示，2023 年全国结婚登记数为 768.0 万对，离婚登记数为 259.3 万对，离婚的比例高达 33.7% 以上。也就是说，2023 年结婚 100 对新人，同时又有 33 对左右的夫妻离婚。离婚率的高升与人们思想观念的变化有关，但也深受工作方式的影响。过于繁重的工作压力，使人们较难平衡好家庭和工作的关系。有些女性为了家庭放弃了工作机会，回归家庭后失去了赚钱能力。数商模型提供的灵活就业机制，可以为家庭主妇提供就业的机会，家庭主妇在照顾家庭的同时，还能够参与数商工作赚取收入，增加了家庭的收入。这将有助于使女性在婚姻生活中拥有更多的尊严，有助于促进夫妻关系和睦。

数商模型的弹性工作机制，使得全职参与者拥有更多的空闲时间。这些空闲时间可以用来照顾小孩，辅导小孩的作业，进行情感交流。有了父母的陪伴和悉心的照顾，可以使小孩子在浓浓的亲情中健康成长。这些空闲时间也可以用来学习，提高自身的知识储备，或者学习某一项技能。除此之外，数商还可以将空闲时间用于体育锻炼，增强自身的体能，使身体更加健康。

如前面章节所述，数商可以给一个家庭带来经营性收入和投资性收入，从而给家庭带来相对稳定的收入来源。

三、数商的养老方式

人口老龄化是人类社会发展的共同趋势，也是我国今后较长时期的基本国情。国家统计局发布的数据显示，2023 年年末我国 60 岁以上人口超 2.96 亿。据专家预测，“十四五”时期，60 岁及以上老年人口总量将突破 3 亿。

2035 年前后，我国 60 岁及以上的老年人口突破 4 亿，占总人口的比例将超过 30%。2050 年前后，我国 60 岁及以上的老年人口将达到 5 亿。由于我国人口基数大，人口老龄化速度快。我国的社会养老事业面临着巨大压力。为此，国家提出积极应对人口老龄化发展战略，坚持调动各方主体的积极性，打造共建共治共享的老龄社会治理共同体。

养老金是解决老龄化问题的一个重要环节。老年人有了足够的养老金，就可以从经济上为其老年生活提供资金保障。我国现行的养老金体系主要以现收现付制为主，即缴纳的养老保险金直接用于支付当期的养老金。这种制度在人口老龄化严重的背景下，容易出现养老金收支失衡和基金缺口问题。2022 年，我国基本养老金支出达 6.6 万亿元，占 GDP 比重约 4.5%。随着老龄化程度日益加剧，养老金支出将继续增长。根据中国社会科学院在今年 4 月发布的报告，养老金预计将在 2028 年之后收不抵支，年度缺口将达到 1181.3 亿元，并在 2050 年扩大近 100 倍至 11.28 万亿元。所以，我国面临日益严峻的养老形势。

为解决养老金的积累问题，国家建立了覆盖范围广泛的社会保障体系，包括社会保险中的养老保险、企业年金和个人养老金等多种养老金的积累方式，此外还有商业养老保险等。个人可以根据自身的实际情况，来选择适合自己的方式，或者通过多种方式来积累养老金。积累足够的养老金是幸福晚年的重要保障。

在养老金的积累过程中，数商模型可以发挥作用。数商下载注册家庭数字店铺之后，就可以积累数字资产，以及获得绿色消费积分后兑换上市公司的股票。数字资产和股票可以成为家庭的长期资产储备，未来用于家庭的养老。数商模型的参与方式和收入分配方式，既可以使家庭获得即期收益，比如，将绿色消费积分兑换成商品或者现金，也可以使家庭获得长期收益，比如，将绿色消费积分兑换成股票。即期收益可以用来支付当下的消费，而长期收益可以用来作为养老资金的储备。

参考文献

[1] 菲利普・科特勒，凯文・莱恩・凯勒，亚历山大・切尔内夫 . 营销管理（第十四版）[M]. 陆雄文，蒋青云，赵伟韬，等译 . 北京：中国人民大学出版社，2012.

[2] 托马斯・埃尔，罗杰・斯托弗斯 . 数字化转型关键技术 [M]. 方志刚，译 . 北京：机械工业出版社，2023.

[3] 迈克尔・波特 . 竞争战略 [M]. 陈丽芳，译 . 北京：中信出版社，2014.

[4] 李庆华 . 迈克尔・波特战略定位思想研究 [M]. 南京：东南大学出版社，2016.

[5] 陈瑜 . 消费资本论（第三版）[M]. 北京：中国商业出版社，2018.

[6] 李晨溪 . 新消费时代营销管理案例与分析 [M]. 北京：清华大学出版社，2024.

[7] 刘权 . 产业数字化：以数字技术加速产业转型增长 [M]. 北京：中国工信出版集团、人民邮电出版社，2022.

[8] 张宁 . 数据资产管理 [M]. 广州：广东高等教育出版社，2023.

[9] 邓世昌，谢佩洪 . 人工智能与未来营销 [M]. 北京：清华大学出版社，2023.

[10] 李清 . 数字化物流平台案例与分析 [M]. 上海：复旦大学出版社，2023.

[11] 黄文霖 . 数字化采购 [M]. 北京：中国工信出版集团、人民邮电出版社，2023.

[12] 郭妍，杨高英，李墨溪 . 智慧仓储运营管理 [M]. 北京：化学工业出

版社，2023.

[13] 国家发展改革委等部门关于印发《促进绿色消费实施方案》的通知（发改就业〔2022〕107 号）.

[14] 国务院办公厅《关于以新业态新模式引领新型消费加快发展的意见》（国办发〔2020〕32 号）.

[15] 全国绿色消费积分制度与监管标准研究（商务部国际贸易经济合作研究院 2022 年 12 月）.

[16] 中共中央、国务院《关于构建数据基础制度更好发挥数据要素作用的意见》（国务院 2023 年 1 号公报）.